ライブラリ 心理学を学ぶ ✺ 2

知覚と感覚の心理学

原口雅浩　編

サイエンス社

監修のことば

　心理学はたくさんの人が関心をもって下さる学問領域の一つといってよい
と思います。「試験勉強しなきゃいけないのに，ついついマンガに手が伸び
ちゃって……」といったように，自分自身の心でありながら，それを上手にコ
ントロールすることは難しいものです。また，「あの人の気持ちを手に取るよ
うに正しくわかることができたらいいだろうな」と願うこともあったりします。
そんな日々の経験が，心理学を身近な学問に感じさせるのかもしれません。

　心理学への関心の高まりは，医学や脳科学，生命科学，進化論や生態学，教
育学や社会学，経営学など，多様な学術領域と連携した研究を活発にしました。
そして，人間の心と行動について驚くほどたくさんのバラエティに富んだ研究
成果を生み出してきています。また，適正な教育や司法の実践，充実した医療
や福祉の構築，健全な組織経営や産業現場の安全管理など，さまざまな社会問
題の解決を図るときに鍵を握る知識や見識を示す領域として，心理学はその存
在感を高めています。国家資格「公認心理師」の創設は，心理学の社会への浸
透を反映しています。

　本ライブラリは，幅広い心理学の領域をカバーしながら，基本となる専門性
は堅持しつつ，最近の研究で明らかにされてきていることも取り入れてフレッ
シュな内容で構成することを目指しました。そして，初めて心理学を学ぶ人に
も理解していただきやすいテキストとなるように，また，資格試験の勉強にも
役立つことも考慮して，平易でわかりやすい記述や図解を心がけました。心理
学を体系的に学ぼうとする皆さんのお役に立てることを願っています。

監修者　山口裕幸

中村奈良江

まえがき

　本書は，「ライブラリ 心理学を学ぶ」の一巻として編さんされた感覚・知覚心理学を学ぶための教科書です。

　感覚や知覚の研究者は，高校生を対象とした出前講義や大学の授業で感覚や知覚の話をすると，決まって，「これも心理学なのですか」という反応が返ってくるという経験をたくさんしています。私たちは「見る」「聞く」「触れる」「嗅ぐ」「味わう」といった行動を，日常生活の中で意識することなく，いとも簡単に行っているため，その背後にある心の働きに気づきにくいのだと思います。人はさまざまな方法で環境に適応しています。私たちは感覚器官を通して，環境についての情報を取り入れ，脳に送っています（感覚過程）。脳がこの情報を解釈して私たちは外界の状況やその変化を知ることができます（知覚過程）。感覚や知覚を学ぶことは，まさにこの人間の基本的な「心の働き（機能）」を学ぶことにほかなりません。本書は，このような「心の機能」について学ぶために編さんされました。

　まず，第1章の生理心理学では，私たちの世界を意味あるものとして理解していくために，神経細胞のネットワークを通る情報が脳からの命令で体を動かしていく仕組みについてみていきます。公認心理師科目としての知覚心理学では，「人の感覚・知覚等の機序とその障害」と掲げられています。そこで，第2章では，最近の脳科学，神経心理学の知見も取り入れて，高次脳機能障害について記載しています。第3章では，刺激のもつ物理的性質（物理量）とその刺激によって生じる人間の心理的過程（感覚量）の関係を研究する心理物理学を取り扱っています。

　その次の章から，知覚心理学の本丸として，これまでの教科書で中心的に扱われてきた視覚と聴覚についてみていきます。第4章と第5章では「見る」，第6章と第7章では「聞く」行動について取り扱っています。みなさんもTVや雑誌，最近ではYouTubeなどで見聞きしたことがある現象もでてくるのではないかと思います。なお，従来の研究の蓄積が多い視覚と聴覚は，それぞれ

2つの章で構成し充実を図っています。また，これまで知覚心理学の教科書で
は視覚が中心であり，聴覚はあまり扱われてきませんでした。そこで，みなさ
んに聴覚に興味・関心をもっていただき，聴覚心理学のおもしろさを味わって
いただくため，少し長めの章になっていますが，わかりやすく平易な文章で，
みなさんの知的好奇心を刺激する内容としています。このことは，第8章の嗅
覚・味覚・痛覚にもあてはまります。

　続く2つの章は，これまで取り扱われることがほとんどなかった分野を取り
扱っています。第8章では，人間が環境に適応して生きていくためになくては
ならない感覚である「嗅ぐ」「味わう」「触れる」といった行動のもつ心理学的
な性質について，第9章では，人間の感じる時間の速さや長さである心理的時
間に関する基礎的な知見を代表的な研究例とともに紹介しています。そして最
後の第10章では，認知への橋渡しとして（詳しくは，本ライブラリ第3巻
『認知と思考の心理学』を参照してください），さまざまな認知機能の基盤とさ
れている注意について取り扱っています。

　本書は，大学で心理学を初めて学ぶ方を主な読者対象としたものですが，感
覚・知覚心理学は実験による研究が中心となるため，どのような方法で実験が
行われて，どのような結果になったのかを理解することが非常に重要です。そ
のため，初学者の方には難しく感じられる箇所があるかもしれません。しかし，
これまでの感覚・知覚心理学における重要な発見は，日常の何気ない観察が発
端となったものも多くあります。たとえば，プルキンエ（J. E. Purkinje）は，
昼間太陽がさんさんと輝いているときと夕方日が落ちて薄暗いときとでは，郵
便ポストの明るさや鮮やかさが違って見えることに気がつきました。昼間と夜
とでは，私たちの網膜の視細胞が入れ替わって，眼の特性が変わっていたので
す。そこで，本書の随所で，紙と鉛筆があれば（それだけではありませんが），
自分自身の眼や耳や感覚で確かめることができるような簡単な実験やデモンス
トレーションを多数紹介しました。錯覚の情報を集めたイリュージョンフォー
ラム（URL：https://illusion-forum.ilab.ntt.co.jp/）のようなウェブサイトもあ
るので，ぜひ一度体験してみてください。本書が，私たち（の感覚器官と脳）
が，どのようにしてこの世界を創造しているのかを理解する手助けとなれば幸

いです。

　また，各章の最後には復習問題と参考図書を掲載しています。復習問題は，各章の内容の理解度をチェックするために使用してください。興味や関心をもった内容については，紹介されている参考図書をぜひ読んで，さらに理解を深めていただきたいと思います。

　本書の編さんにあたっては，それぞれの分野において研究に携わっておられる研究者の方々に執筆をお願いしました。そのため，公認心理師や心理学検定に即した基礎的な内容についてしっかり記述していただいているだけでなく，最新の内容も盛り込んでいただきました。基礎的な学習に役立つだけでなく，どの章をとっても読みごたえのある内容になっており，感覚・知覚心理学という学問の魅力を感じていただけるものと思います。

　最後に，本書のライブラリ監修の労をとっていただいた山口裕幸先生，中村奈良江先生，編集を担当していただいたサイエンス社の清水匡太氏には，この場を借りて厚く御礼申し上げます。とくに清水氏には，原稿の執筆が遅くなり，出版の予定が大幅に遅れる中，辛抱強くお待ち頂きました。重ねて感謝いたします。

　2022 年 9 月

編者　原 口 雅 浩

目　次

第1章 生理心理学

「こころ」とは何でしょうか。

「こころ」というと，うれしかったり悲しかったり驚いたり怒ったりというように感情を表すものであったり，記憶や知識として保存されているものを想像しますが，「こころ」にはもう一つの側面があります。

たとえば，目の前にリンゴがあるとき，脳からの命令に従って眼球の視線はリンゴに向けられ，眼球からの情報をもとにどのくらいの距離にあるかを脳が計測し，手を伸ばしてリンゴを手に取り，匂いを嗅いだり口に含んだりすることで，それが甘酸っぱいリンゴであると認識できるのです。このように，リンゴを目にしてから手に取るまで，そして，それらの色や匂いさらには肌触りを含めて，脳と身体のやりとりのすべてを含んだものが「こころ」だといえるでしょう。

1.1　生理心理学とは

生理心理学とは，ヒトや動物における脳活動や目の動き，あるいは心臓・呼吸活動といった生理反応と認知や情動といった心理機能との対応関係を調べる学問です。これらのことを調べるのに，生理心理学（physiological psychology）と心理生理学（psychophysiology）という2つの立場からの調べ方があります。

それでは，生理心理学と心理生理学はどのように異なるのでしょうか。この区別について，スターン（Stern, 1964）は，心理生理学では，**従属変数**は脳波，目の動き，心拍などの生理反応を意味し，**独立変数**は記憶・検出課題などの心理機能を意味するとしています。それに対して生理心理学では，従属変数はレバー押し回数や検出成績などの行動反応を意味し，独立変数は脳への刺激，脳組織の除去，薬物投与といった生理機能の変化を意味するとしています（図

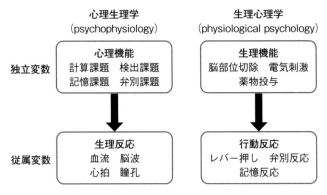

図1.1　**スターン（1964）が考えた心理生理学と生理心理学の違い**

1.1）。

　ここで，独立変数とは，心理学実験において実験者がある仮説をもってコントロールする内容を意味し，従属変数とは，コントロールされた内容によって生じる反応を意味します。すなわち，独立変数（原因）と従属変数（結果）の関係から，どのような心理機能が働いてそのような関係が作り出されているのかを実験的に明らかにしていこうとするのです。具体的な内容についてはこれからお話しします。

　心理生理学では，たとえば実験参加者に難しい課題とやさしい課題を行わせたときに脳波や目の動きがどのように異なるかを調べることができます。さらに難しい課題とやさしい課題との間には，どのような心理過程の違いを想定しているかによって，「こころ」の中身により深く入っていくことができます。一方，生理心理学では，たとえば脳のある部位を除去することでレバー押し回数や検出成績がどのように変化するかを調べることができます。さらに，脳の損傷部位を細かく設定したり，課題を細かく設定したりすることによって，脳の仕組みとの関連を細かく調べることができます。

　また，生理心理学では，脳を傷つけたり，ヒトでは許されない薬物を動物に投与したりといった**侵襲的な方法論**を用いる場合もあります。侵襲的な方法は，特別の場合を除きヒトで行うことは不可能なので，動物実験を行わざるを得ません。もちろん，動物実験を適正に実施するため，研究機関等における動物実

験等の実施に関する基本指針（文部科学省，2006）が定められています。こういったことから，生理心理学は侵襲的な方法論に基づいたヒト以外の動物を対象とした研究，それに対して心理生理学は**非侵襲的な方法論に基づいたヒト**を対象とした研究といえるでしょう。

　アンドレアッシ（Andreassi, 2000）は，心理生理学は，心理的操作とそれに伴う生理反応との関係を調べる研究であり，生理反応は生体から計測されるもので，心理過程と身体過程の関係の理解を深めるものとしています。

1.2　生理的機能と心理的機能の計測

1.2.1　生理的機能の計測

　私たちは，自分の関心のあるところに視線を向けて，黒板の文字を書き写したり，スマートフォンの画面を素早く押したり，階段を軽々とかけ上ったりしています。こういったことを可能にしているのは，脳と身体を結ぶ**感覚運動系**が緻密に働いているからです。感覚運動系とは，身体の末端にある目や耳，さらには皮膚などの**感覚器官**からの情報を**中枢**に伝え，それらの情報をもとに身体をどのように動かせばよいかという信号を**運動器官**に伝える，その総称だといえます。

　ピネル（Pinel, 2005）によれば，感覚運動系が働くには，まるで企業を管理するかのような3つの原則があるとされています。

①感覚運動系は**階層構造**をなしている。

②**運動出力**は**感覚入力**によって導かれる。

③**学習**は感覚運動制御の性質と局在を変える。

　これら3つについて，もう少し詳しくみていきましょう。①において，中枢は基本的な方針を伝え，それが**末梢**に行くに従って，より細かな情報に分けられていくようになっており，末梢ではそれぞれが連絡を取り合って細かな情報のやりとりが行われています。②において，情報のやりとりがスムースに行われるには，運動器官がどのように動いているかをフィードバックしてやる必要があります。このような働きがないと，たとえば物をつかむのにどのくらい腕

を伸ばせばよいか，その物を持ち上げるのにどのくらいの力を出せばよいかが
わからなくなり，その物を持てなくなってしまうのです。こういったやりとり
はわざわざ中枢の指示がなくても，末梢においてできるようになっています。
③において，自転車に乗ったりテニスをしたりといった運動が，最初は中枢の
命令によってぎこちない動きだったのが，学習を重ねるに従って円滑に流れ，
意識することなく動いていけるようになります。このように，それまでは個別
のバラバラな動きだったものがまとめられ，わざわざ中枢の指示を仰がなくて
も自ら動いていけるようになるのです。

1. 神経細胞の働き

　脳と身体を結ぶ感覚運動系を可能にしているのは神経細胞（ニューロン）の
働きがあり，脳と身体を結ぶ神経細胞のネットワークがあるからです（図
1.2）。

　脳は数多くの細胞からなり，それらは，情報を伝えるための約 1,000 億のニ
ューロンとニューロンに栄養を補給するグリア細胞から成っています（松田,
2016）。ニューロンは，脊髄を通って筋肉に信号を伝える運動ニューロンと目
や耳などから脳へ信号を伝える感覚ニューロンに分けられ，さらにニューロン
同士をつなぐ介在ニューロンに分けられます。ニューロンの細胞体から伸びて

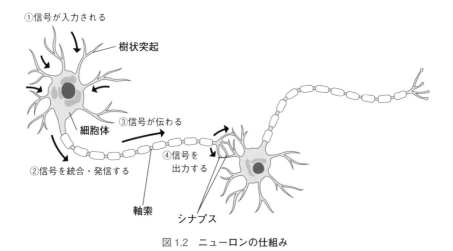

図 1.2　ニューロンの仕組み

いる複数の樹状突起から信号が細胞体に入力され，入力の個数がある一定基準を超えると細胞体は電気信号を発信し，軸索を通って末端に信号を伝えます。そこにはシナプスがあり，次のニューロンの樹状突起に信号が伝えられていきます（図1.2）。

2. 脳の機能を調べるための機器

　このような多くのニューロンからなる脳の機能はどうやって調べればよいのでしょうか。生理的機能を調べるには，生体に何らかの機器を装着して，生体が発する信号を計測し，生体内がどのような仕組みになっているかを明らかにする必要があります。生体内のニューロン同士のやりとりは外部から**電気信号**としてとらえたり，ニューロンを取り囲む**血流の変化**としてとらえたりすることができます。

3. 脳　　波

　脳波は，脳の中で神経細胞同士がやりとりするときに生じる電気信号をとらえて波の形に表したものです（図1.3）。脳波を測る場合には，頭皮の2カ所に直径5mm程度の電極を数cm離して貼りつけ，耳たぶなどに貼りつけた基準電極との電位差をとります。それは，電圧計で赤いリード棒と黒いリード棒

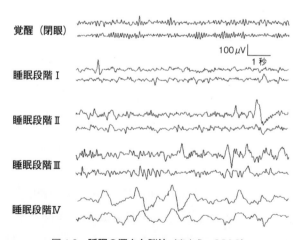

覚醒（閉眼）

100μV

1秒

睡眠段階 I

睡眠段階 II

睡眠段階 III

睡眠段階 IV

図1.3　睡眠の深さと脳波（宮内ら，2016）

睡眠段階の数が多くなるほどより深く眠っているとされており，波の振れが大きくゆっくりになっていることが読みとれます。覚醒および各睡眠段階において，上は中心部，下は後頭部の脳波です。

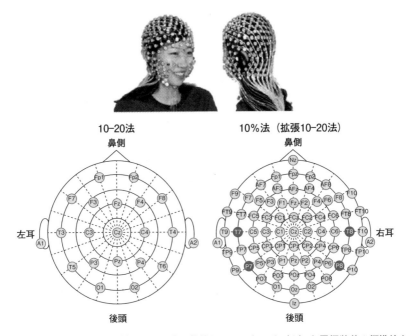

図 1.4　脳波測定のための電極を 10%法で装着しているところ（上）と電極装着の標準的な位置（下）（宮内ら，2016；入戸野，2016）

を電気回路の 2 点に接触させて電位差を測るのに似ています。電気回路の電位差の多くが数 V なのに対し，脳波における電位差は 10〜100 μV で，電気回路の 10 万分の 1 から 1 万分の 1 程度です。

　脳波計の電極がとらえているのは，頭皮下にある**大脳皮質**における約 6,000 万個のニューロンの電気活動の総体で，1 秒間に数回から数十回程度（1〜数 10 Hz）プラスになったりマイナスになったりと**電位変化**を繰り返しています（宮内，2013）。

　脳波を測る場合には，電位変化を検出するための電極を頭皮上に 64〜256 個配置して（図 1.4），脳のどの部分がより活発に働いているかを見たり，電位変化の**周波数**などによって睡眠の深さを測ったりしています（図 1.3）。また，脳内の神経細胞の**過剰放電**によって起こるといわれている**てんかん**も脳波で見ることができます。

図 1.5　**MRI の装置に実験参加者が入り込んでいるところ**（宮内ら，2016）

4.　磁気共鳴画像（MRI）

　MRI（磁気共鳴画像；Magnetic Resonance Imaging）は，脳内の血流変化を
とらえたものです。MRI を測る場合には，実験参加者を磁気共鳴画像装置
（図 1.5）の中に入れて磁場をかけると，生体内の**水素原子**がまるで**電磁石**の
ように共鳴を引き起こし，その共鳴の仕方が生体内の組織によって異なること
から組織の画像を得ることができます。

　さらに fMRI（機能的磁気共鳴画像；functional Magnetic Resonance Imaging）
を測る場合には，脳のある部分の神経が活動すると，活動した部分の**酸素消費**
量が増え，その周囲の毛細血管の血流量が増えます。活動前と活動中の血流量
を比較することにより，脳内のどの部分が活動したのかを調べることができま
す（宮内，2013）。

　これ以外に，脳の機能を調べる装置として，**PET**（陽電子放射断層撮影；
Positron Emission Tomography）や **MEG**（脳磁図；Magnetoencephalography）
などがあります。

1.2.2　心理的機能の計測

　心理的機能について調べる場合，2 通りの調べ方があります。独立変数を変
化させ，行動の変化を通して「こころ」の仕組みを調べていくのが心理学実験
だとすると，行動変化に加えて，生理反応の変化を通して「こころ」の仕組み

を調べていくのが心理生理学実験だといえるでしょう。そこから「こころ」に
ついてさまざまな仮説を検証していくことになります。

1．1桁数字加算による心理学実験

　図1.6（上）は，実験参加者に4種類の計算課題をやってもらうときの1桁
数字の呈示のし方を示したものです。コンピュータの画面には，たとえば「0
＋7」「7＋0」「5＋2」「5＋8」といった4種類の数式が呈示されます。

　実験参加者は，目の前の画面に順番に「0」「＋」「7」と呈示される数字を見
ながら，2番目の「7」が呈示された瞬間に，答えである「7」を口頭で言いな
がら手元のボタンを押します。

　このとき2番目の数字が呈示されてからボタン押しまでの反応時間を計測し
たものが，図1.6（下）に示されています。このとき，「0＋7」では380 ms
（ミリ秒），「7＋0」では470 ms，「5＋2」では520 ms，「5＋8」では630 msと
反応時間は長くなっています。この反応時間の変化は，偶然に起こったとはい
えないくらい意味のある差になっています。このことは何を意味しているので
しょうか。

　「0＋7」条件において，実験参加者が行っている心的処理は，「0」呈示時で

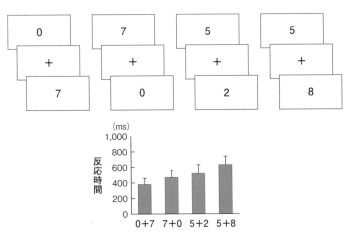

図1.6　4種類の計算課題（上）における反応時間（下）

は**加算の必要なし**と判断し，次に呈示される数字を待ち構え，「7」呈示時では，そのまま「7」と答えていると考えられます。

「7+0」条件において，「7」呈示時に次の数字に備えて「7」を保存しておき，「0」呈示時では，加算の必要なしと判断し，それまで**保存しておいた「7」**を**想起**して答えていると考えられます。

「5+2」条件において，「5」呈示時に次の数字に備えて「5」を保存しておき，「2」呈示時では，それまで保存しておいた「5」を想起して，それに「2」を加算して答えていると考えられます。

「5+8」条件において，「5」呈示時に次の数字に備えて「5」を保存しておき，「8」呈示時では，それまで保存しておいた「5」を想起して，それに「8」を加算し，さらに**繰り上がり**操作を行って答えていると考えられます。

このような計算による**処理過程**も「こころ」の一つとみなせるでしょう。そして，反応時間が条件ごとに長くなっていったことから，これらの**心的処理**は1個ずつ**直列的**に増えていったと考えられます。すなわち，「0+7」と「7+0」の反応時間の差は，「前の数字の想起」に要した時間，「7+0」と「5+2」の反応時間の差は，「加算」に要した時間，「5+2」と「5+8」の反応時間の差は，「繰り上がり」に要した時間とみなすことができます。

このような計算課題における反応時間の差によって「こころ」の働きについて，順を追った**直列処理**が行われ，それぞれの**処理過程**に要した時間増加は「想起」「加算」「繰り上がり」によるものだろうと推測することができるのです。

上のように心理的機能について調べる場合，ボタン押しに要する反応時間といった行動を通して調べました。それ以外にも，目の動きなどの生理反応を計測することもできます。そこでの考え方は，心理活動に伴って目の動きが変わるだろう，という前提があります。目の動きについて，さまざまな条件下で調べたり，さまざまな解析法を駆使して調べたりすることで，「こころ」について考えていく手がかりが得られるのです。

1.3　目の機能と心理的機能

「目は口ほどにものを言う」ということわざがあります。このことわざは，相手の目の動きを見れば何も言わなくても相手がどんなことを考えているかがわかるという意味です。ここでは，私たちが周りの世界を意味あるものとしてとらえる中で，目がどのように動いていくのかに焦点を絞って考えていきたいと思います。目の動きには，①眼球の動き，②瞳孔の動き，③まぶた（瞼）の動きが挙げられます。

1.3.1　眼球の動き

眼球には 6 つの筋肉が張りついています（図 1.7）。これらの筋肉は対になっており，3 種類に分けられます。1 つ目は眼球を上下方向に動かす**上直筋**と**下直筋**，2 つ目は眼球を鼻側と外側に動かす**内直筋**と**外直筋**，3 つ目は眼球を正面から見て時計回りと反時計回りに動かす**上斜筋**と**下斜筋**です。これらの筋肉の動きにより，眼球は非常に素早くかつ精密に動くことができます（コラム 1.1 参照）。

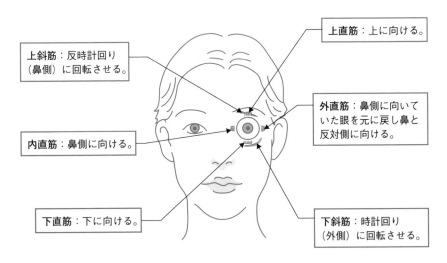

上斜筋：反時計回り（鼻側）に回転させる。

上直筋：上に向ける。

内直筋：鼻側に向ける。

外直筋：鼻側に向いていた眼を元に戻し鼻と反対側に向ける。

下直筋：下に向ける。

下斜筋：時計回り（外側）に回転させる。

図 1.7　**眼球に張りついた 6 つの筋肉**

1.3.2 瞳孔の動き

瞳孔は，眼の虹彩に囲まれた真っ黒な穴で，そこから外の世界の視覚情報を取り入れて網膜に映し出します。瞳孔の直径は，小さいときで約 2 mm，大きいときで約 8 mm に変化します（図 1.8）。

瞳孔の大きさは，瞳孔括約筋と瞳孔散大筋という 2 つのお互いに拮抗する筋肉によってコントロールされています（図 1.9）。瞳孔括約筋は瞳孔の周辺にリング上に配置されており，この筋肉が収縮すると瞳孔は収縮します。一方，瞳孔散大筋は瞳孔から外に向かって放射状に配置されており，この筋肉が収縮すると瞳孔は散大します。これらの筋肉は自律神経系の支配を受けており，その中で瞳孔括約筋は副交感神経系の支配，瞳孔散大筋は交感神経系の支配を受けています（Andreassi, 2000）。

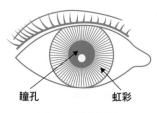

図 1.8 **瞳孔と虹彩**

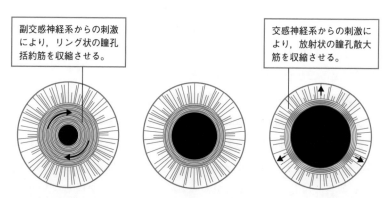

副交感神経系からの刺激により，リング状の瞳孔括約筋を収縮させる。

交感神経系からの刺激により，放射状の瞳孔散大筋を収縮させる。

図 1.9 **瞳孔（中央）の周りにリング状に配置された瞳孔括約筋（左）と放射状に配置された瞳孔散大筋（右）の動き**
動きは矢印で示されています。

　自律神経系は，私たちの身体の中の呼吸，消化，発汗・体温調節や代謝といった**不随意な機能**をコントロールするもので，脳の内部にある視床下部の支配を受け，体温や心拍の調節といった**ホメオスタシス**だけでなく怒りや不安といった**情動**の表出にも重要な役割を果たしています（堀，2008）。

　自律神経系は，**交感神経系**と**副交感神経系**に分けられます。交感神経系は，「**闘うか逃げるか**」のために心拍数を上げ，血圧を上げ，呼吸を速めるというように身体の状態を戦闘状態に持っていく役割を果たしています。それに対して副交感神経系は，戦闘状態から身体を落ち着かせるために，心拍数や血圧を下げ，呼吸を落ち着かせる状態に持っていく役割を果たしています。

　瞳孔散大に感情による影響があることを最初に示したのはヘスとポルト（Hess & Polt, 1960）です。彼らは，ヌードや赤ん坊の写真を見せたとき，女性の実験参加者では赤ん坊の写真に瞳孔が散大したのに対して，男性の実験参加者では女性のヌード写真に瞳孔が散大したことを報告しています。その後，これらの現象について，写真の明るさによって瞳孔が変化しないように写真の明るさが一定になるようにコントロールを加え，ニュートラルな写真よりもポジティブもしくはネガティブな写真を呈示したときのほうが瞳孔散大することが確認されています（Bradley et al., 2008）。

　瞳孔散大は，感情だけでなく，課題に取り組んでいるときにも生じます。カーネマンとビーティ（Kahneman & Beatty, 1966）は，実験参加者に1秒おきに音声呈示される1桁数字を覚えさせ，その覚える数を3桁から7桁まで増やしていくと瞳孔は散大し，その散大は報告前でもっとも顕著となり，報告が終わると元に戻ることを示しています（図1.10）。

　森ら（2015）は，焼死（ネガティブ），幸運（ポジティブ），筋肉（ニュートラル）などのように異なった**感情価**を持つ3種類の漢字を呈示し，快か不快かの評価をさせたときの瞳孔反応を調べました。その結果，漢字が呈示された直後にはネガティブ漢字に対して瞳孔散大がみられ，評価をさせる段階ではニュートラル漢字に対して瞳孔散大がみられることを明らかにしています（図1.11）。これらのことは，**課題負荷**でも感情状態でも瞳孔を散大させる効果があるということを示しています。

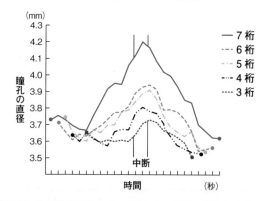

図 1.10 呈示される数字を記憶させ，1 桁から 7 桁まで増やしたときの瞳孔変化
(Kahneman & Beatty, 1966)
「中断」の手前で数字が音声呈示され，「中断」の後で，数字の報告が求められました。

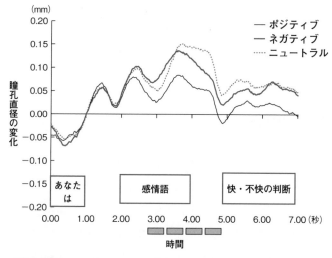

図 1.11 3 種類の感情語（ポジティブ・ネガティブ・ニュートラル）に対して快・不快の判断を求めたときの瞳孔径の変化（森ら，2015）

　瞳孔が縮小するのは光を照射したときです。鏡を見ながら，自分の眼に弱い光（厚紙の 1～2 mm 程度の小さな穴を通したスマートフォンの光）を自分の眼に照射してみてください。瞳孔が収縮するのが見えるでしょう。今度は，左眼だけに光を照射して右眼の瞳孔がどうなるかを見てください。すると，光を

照射されていない右眼の瞳孔も収縮することに気づくと思います。このことから，瞳孔を収縮させるための中枢は眼の網膜にあるのではなく，眼より奥の脳の中にあることがわかります。

　もう一つ瞳孔が収縮するときがあります。遠くにある物体に焦点を合わせて，その物体を近づけて，目の前5cmよりも近づけたときの瞳孔を観察すると，収縮を観察することができます。この現象は近見反応と呼ばれています。本来であれば眼の中の水晶体というレンズの厚みを変えることで近づいてくる物体に焦点を合わせていたのが，5cmよりも物体が近づいてしまうとレンズを厚くするだけでは調節できず，最後の手段として瞳孔を収縮させるのです。すなわち，瞳孔を収縮させることは，近くの物体にも焦点を合わせる機能があるのです。

　瞳孔は，どんなに収縮しても2mmが限界です。そんなとき，たとえば図書カードに空いた約1mmの穴を通して見ると，近くの物体にも遠くの物体にも焦点が合います。特に近視の人がメガネを外し穴を通して見ると，黒板の文字も読めるのではないでしょうか。

1.3.3　まぶた（眼瞼）の動き

　まぶたの動きは，まばたきを意味します。ここでは田多ら（1991）に基づいて，瞬目と呼ぶことにします。瞬目は，目を開けて覚醒しているときに瞬間的に両目のまぶた（眼瞼）を閉じることです。瞬目には，2つの拮抗的な筋肉が関わっています。それは，上眼瞼挙筋と眼輪筋です。上眼瞼挙筋は，眼球が収納されている頭蓋骨にある眼窩の奥からまぶたを引っ張り上げている筋肉で，この筋肉が収縮するとまぶたは開きます。それに対して，眼輪筋は，目の周囲にリング状に配置されている筋肉で，この筋肉が収縮すると眼瞼は閉じます（図1.12）。瞬目は，上眼瞼挙筋弛緩・眼輪筋収縮（閉眼）と眼輪筋弛緩・上眼瞼挙筋収縮（開眼）の繰返しにより，1分間に約20回行われています。

　瞬目の間，約0.2秒間は暗闇となるので，私たちが日常生活しているうちの6.7%は暗闇ということになります。これは，私たちが目を開けて起きている（約16時間）うちの約1時間は，瞬目によって暗闇になっているということに

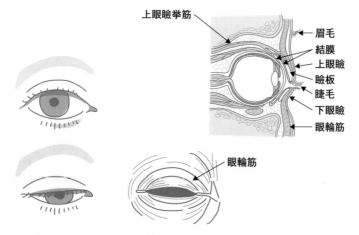

図 1.12　目の周りに配置されたまぶたの動きに関する筋肉
リング状に配置された筋肉は眼輪筋，上まぶたを上げるための筋肉は上眼瞼挙筋。

なります。しかし，瞬目の間，私たちは目の前が真っ暗になったという印象は持ちません。サッカード（コラム 1.1 参照）の場合と同じように瞬目の瞬間に，目から暗闇の信号が送られてくるので，それをカットするように命令しており，その結果，暗闇に気づかないと考えられています（Ridder & Tomlinson, 1997）。

　瞬目は，ごみが目に入ったような場合だけでなく，自分自身で意識的に行うことも可能です。また，意識していなくてもいつの間にか行っています。田多ら（1991）は，瞬目を 3 種類に分類しています。

①随意性瞬目

　随意性瞬目は，合図に合わせて瞬目をしたり，他者に自分の意図を伝えたりというように瞬目を行う人の意志が明確なものを意味します。

②反射性瞬目

　反射性瞬目は，フラッシュの光，ごみ，大きな音などのように誘発原因が明確で，誘発刺激から 0.1 秒以内に起こるものを意味します。

③自発性瞬目

　自発性瞬目は，原因や意図が明確でないのに起きてしまうもので，おそらく私たちの認知処理と関連して生じているのであろうと考えられています。

では，瞬目をどのような形で分析すると，「こころ」との関係がより明確になるのでしょうか。それには以下のような分析方法が考えられています。

1. 瞬目率

瞬目率は，何らかの課題に従事しているときの瞬目数を1分間ごとの瞬目数に変換したものです。瞬目が減るのは視覚的課題に従事しているときです。テレビゲームのように視覚要求の高い課題ではさらに瞬目が減少すると考えられます。一方，瞬目が増えるのは，課題に従事する時間が長くなったり課題が難しかったりしたときで，疲労や課題の負荷と関連していると考えられています。

2. 瞬目間間隔

瞬目間間隔は，瞬目と瞬目の間の時間間隔を意味しており，瞬目がどれくらいの時間間隔で生じたかをみることで，瞬目が連続的に生じたり長時間生じなかったりするのをみるのに利用できます。図1.13 は，まぶたが下降してから再び上昇するまでの瞬目波形を示しており，瞬目がどのような時間間隔で起こっているかを示す瞬目間間隔です。図では瞬目が連続的に起きた後，しばらく起きない時間があります。視覚課題のように，視覚要求が高い課題では瞬目が抑制されるため，瞬目間間隔は長くなります。それに対して，記銘や想起を求めたり，暗算課題を行ったりすると瞬目間間隔の短い瞬目が起きやすいことが示されています（福田ら，2008）。

3. 瞬目潜時

瞬目潜時は，反応時間と同じように刺激が呈示されてから瞬目が起きるまで

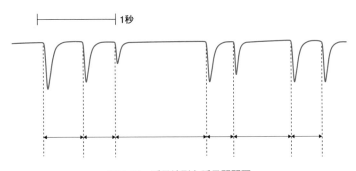

図 1.13　**瞬目波形と瞬目間間隔**

の時間を意味しています。福田ら（2008）によると，反応時間が長くなると瞬
目潜時も長くなる傾向にあることが示されています。瞬目潜時を用いる利点は，
反応時間を用いないにもかかわらず，何らかの反応を求めるような課題の際に
は，反応時間の代わりに使うこともできます。反応を抑制するような場合でも，
瞬目潜時は，課題処理が複雑になると遅れる傾向にあり，反応時間と同じよう
な変化を示します。

4. 瞬目時間分布

　瞬目時間分布は，刺激の前後における瞬目の抑制と発生の様子を度数分布に
表したものです（図1.14）。ここでは，刺激を待ち構えて，刺激呈示にボタン
押しを求めたときの瞬目です。図1.14（上）を見ると，刺激の直前や刺激中
は瞬目がほとんど起こらず抑制され，刺激の直後に瞬目が発生していることが
わかります。

　図1.14（下）に示された瞬目時間分布では，瞬目の起きやすさを度数分布
に表すことができます。すると，刺激直後0.5秒から1.0秒にかけて瞬目発生
が集中してピークを形成し，刺激前および刺激中には発生はみられません。刺
激前や刺激中の瞬目抑制は「予期」や「情報の取入れ」，刺激後の瞬目発生は
「処理終了」と関連していると考えられています（Fukuda & Matsunaga, 1983）。

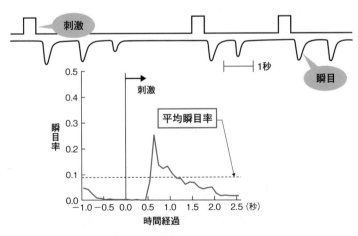

図1.14　瞬目の発生の様子（上）と瞬目時間分布（下）

瞬目時間分布を利用すれば，予期や処理に要する時間を瞬目から推測すること
ができます。

　最近，まったく知らない人から有名人までの顔写真を 2 秒間見せて，2 秒後
にその人の名前を言ってもらうという実験によって瞬目の抑制と発生が異なる
ことが示されています（福田ら，2021）。その実験では，顔写真を見た後，知
らない場合は「知らない」，知っている場合はその人の名前を言ってもらいま
す。知っているけれど名前が出てこない場合は，どんな場面に出ていたかを言
ってもらい，これを「喉まで出かかっている」としました。その結果，まった
く知らない場合は顔写真呈示後 2 秒間において瞬目が完全に抑制されたのに，
「喉まで出かかっている」顔写真の場合は写真呈示後 2 秒間において瞬目の抑
制が見られなかったのです。このことは，喉まで出かかっているとき，「○○
という番組に出演していたな，△△という CM にも出ていたな。この人の名
前は誰だったかな」というように記憶システムへのアクセスが頻繁になり，そ
のことが瞬目発生を促したと考えられます。

1.3.4　目の動きと心理的機能

　眼球運動，瞳孔運動，瞬目活動といった目の動きは自らコントロールできる
部分もありますが，いずれも自分で意識的にコントロールしているという自覚
はなくても，生きていくために必要な動きを自動的に行っています。その動き
の中に，心理過程が反映されています。眼球は，物体が動いている場合は視線
で追い続け，自分の関心のあるところに視線を向け，関心の度合いやその重要
さによって視線がその場所にとどまる時間は長くなります。瞳孔は，まぶしさ
を減らすためや焦点を合わせるために小さくなり，課題の重要さや感情によっ
て大きくなります。瞬目は，予期や情報の取入れによって抑制され，処理終了
とともに発生します。

　眼球，瞳孔，瞬目という 3 つの目の動きについて，福田ら（Fukuda et al.,
2005）は以下のようにまとめています。

①瞬目は，視線を周辺部から元の中心部に動かすときに同期しやすい。

②瞬目直後の瞳孔は散大しやすい。

①については，情報を取り入れるために周辺部へ視線を向けていたのが，情報取得後，周辺部から元の中心部へ視線を移すとき，周辺部の視覚情報は不要になるので，瞬目が起きることは私たちにとって適応的です。それはちょうど，車を運転していて，ルームミラー（周辺部）から運転中の道路に視線を移動するとき瞬目が起きやすいことを実験室でシミュレーションしたようなものです。

②については，瞬目によって一時的に視覚情報は遮断され暗闇となります。そこからまぶたが開くと，光が網膜に照射され瞳孔は収縮するはずです。人工的に視野を一時遮断すると瞳孔は収縮します。しかし，瞬目の後は瞳孔が散大するのです。このことは，瞬目が情報取得と処理中に抑制され，処理終了とともに起きやすいことから，瞬目後の瞳孔散大は処理終了と関連して生じていると考えられます。

1.4 ま と め

　この章では，神経細胞による情報伝達の仕組みについて述べ，それらを明らかにする脳波計や fMRI といった生理測定について述べました。さらに，目の動き（眼球運動，瞳孔運動，瞬目活動）について，個々の働きだけでなく相互の関連についても述べました。興味深いのは，脳の働きだけでなく目の動きも，私たちの意志とは関係なく生じることが多く，私たちが適応的に生活していく上できわめて緻密にできていることです。このことは，目の動きという単純な動きを通して，脳の状態にアプローチできることを示しています。

　以上のことから，目の動き（眼球運動，瞳孔運動，瞬目活動）が口ほどにものを言うのは本当であろう，といえます。しかしながら，巷に出回っている「ウソをつくと目が泳ぐ」「緊張するとまばたきが増える」などといったことを確かめるには，まだまだ確認のための実験が必要です。

コラム 1.1　目の動きの観察

　目の動きを調べる実験をやってみましょう。2 人で向かい合い，A さんは，B さんの目の前 30 cm くらいで，人差し指を左右，上下あるいは奥行き手前にゆっくり動かし，B さんはできるだけ顔を動かさずに指の動きを目で追ってみましょう。A さんは指を動かしながら，B さんの目の動きを観察してみてください。すると B さんの目は指先の動きをスムースに追っていることに気づくはずです。

　今度は別のやり方で目の動きを確かめてみましょう。A さんは，A4 判の用紙程度の大きさの四角い紙を B さんの目の前 30 cm ぐらいの位置に両手で示してください。B さんはその紙の上の縁に沿って右端から左端まで指先のガイドなしで目を動かしてみてください。動かし方は，紙の上の縁に A さんの指があると思って，その指の動きを追いかけるようなつもりでスムースに動かしてください。

　A さんは B さんの目の動きを観察してみてください。B さんの目の動きを観察すると，さっきとはずいぶん違った動きをしているはずです。スムースではなくカクッカクッと眼球が動いているように見えることと思います。今度は，A さんと B さんで順番を入れ替わってみましょう。

　前者のスムースな目の動きをスムース・パーシュート（滑動追従眼球運動），後者のカクッカクッとした目の動きをサッカード（急速眼球運動）と呼んでいます。パーシュートは，動く物体を目の動きで追跡するときに使われる運動で，サッカードは，身の周りの環境を目の動きで探索したり文章を読んだりするときに使われる運動です。ここで相手の目を見て，スムースな動きをしているときは物体の動きを追っている，カクッカクッとした動きをしているときは探し物をしているか文章を読んでいると推測できるでしょう。

　それ以上に興味深いのは，パーシュートかサッカード，私たちがどちらの眼球運動を行っているかをまったく意識していないにもかかわらず，必要に応じて 2 種類の眼球運動が使い分けられているということです。しかも，サッカードのとき目はキョロキョロ動いているにもかかわらず，私たちから見える外の世界はまったく動かず静止したままです。このことについて，グレゴリー（Gregory, 1997）は，脳が目に動くように信号を送ると同時に，目からぶれた映像信号が送られてくるので，それをカットするように命令しており，その結果，ぶれた映像は送られてこないと主張しています。

復習問題

1. 近視の人が裸眼のときに，よく目を細めて見ているのはなぜだと思いますか？

2. 私たちの目は，頻繁にキョロキョロ動くだけでなく，1分間に約20回閉じたり開いたりしています。それにもかかわらず，外の世界がめまぐるしく動いたり，目の前が暗くなったように感じないのはなぜでしょうか。

参考図書

堀 忠雄（2008）．生理心理学——人間の行動を生理指標で測る——　培風館

　人間の行動を探るための指標について，脳画像解析，脳波，事象関連電位，筋電図，自律神経活動（血圧，心拍，呼吸，皮膚電気など）を挙げて，わかりやすく解説してあります。

岡田 隆・廣中 直行・宮森 孝史（2015）．生理心理学——脳のはたらきから見た心の世界——　第2版　サイエンス社

　心の働きは脳の働きであるという前提に立った本です。上で紹介した本が心理生理学とするなら，こちらは生理心理学に対応した本だといえましょう。脳の構造が詳しく解説してあり，それらが知覚，記憶，学習，情動などとどのように関連しているのかが述べられています。

宮内 哲・星 詳子・菅野 巖・栗城 眞也（著）徳野 博信（編）（2016）．脳のイメージング　共立出版

　脳の仕組み，脳の測り方についてもっと詳しく知りたいという人のための本です。各章にQ＆Aがたくさんあるので，そこを読むだけでも脳のことがわかった気になります。

村井 潤一郎（編著）（2013）．嘘の心理学　ナカニシヤ出版

　嘘について，さまざまな立場から書かれた本です。その中には，眼の動きで嘘を見破ることはできないと書かれています。このことは，National Geographic のホームページ「「研究室」に行ってみた。研究者　村井潤一郎」でさらに詳しく見ることができます。以下のURLを参考にしてください。全部で5回シリーズになっています。

　　https://natgeo.nikkeibp.co.jp/atcl/web/17/053100009/053100001

第 2 章

高次脳機能障害

　高次脳機能障害とは，病気（脳血管障害，脳症，脳炎など）や事故（脳外傷）などの原因により脳が部分的損傷を受けたことで現れる認知機能の障害です。日常生活場面では，認知障害や情緒障害，心理社会的障害に伴うさまざまな症状がみられます。これらは社会生活を送る上で大きな阻害因子となります。

　高次脳機能障害は，脳のどの部位を損傷したか，また，その損傷の範囲・程度によって現れる症状が多様で複雑です。身体上の障害とは異なり，表面的には障害がわかりにくく，さらに本人も症状に対する認識が低いことがあるため，患者本人や家族が医療・福祉施設から適切な対応が得られず，社会参加ができない・社会から孤立しているといったケースも少なくありません。

　本章では，まず，高次脳機能と脳の機能局在について概説し，高次脳機能障害の主な原因疾患を説明します。次に，代表的な高次脳機能障害の症状や特徴について紹介します。

2.1　高次脳機能とは

2.1.1　高次脳機能

　さまざまな情報は視覚，聴覚，味覚，臭（嗅）覚，そして体性感覚などの各感覚系を通じて知覚され，さらに分析・統合されて関連する大脳新皮質に知識として貯蔵されます。高次脳機能とは，人間が生きていくために，必要な知識に基づいて行動を計画し実行する精神活動であり，これには知覚，注意，学習，記憶，概念形成，推論，判断，言語活動および抽象的思考などが含まれます（鈴木・酒田，1998）。

2.1.2　大脳新皮質の4領野とその機能

　大脳新皮質は前頭葉，頭頂葉，側頭葉，後頭葉の4つの脳葉に分けられます。中心溝を境に前方を前頭葉，後方を後頭葉，外側溝の外側を側頭葉，そして脳の最後部を後頭葉といいます。さらに細分化したのがブロードマンの脳地図です（図2.1）。図2.2に脳葉と機能局在，そして大脳皮質の機能局在を表2.1に示します。

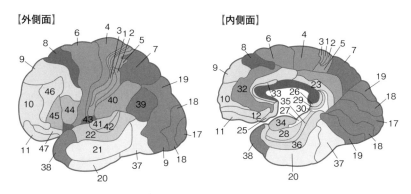

図 2.1　ブロードマンの脳地図 （渡辺，2008）

大脳新皮質の組織の神経細胞を染色して可視化し，組織構造が均一である部分をひとまとまりとして大脳皮質を52の領域に区分しました（ただし48～51は欠番）。脳機能局在論で領野を示す際は，この区分がよく用いられます。

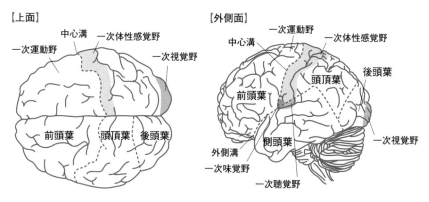

図 2.2　脳葉と機能局在 （渡辺，2008）

表 2.1 **大脳皮質の機能局在**（渡辺，2008 を一部改編）

中枢	機能	脳葉	ブロードマンの皮質領野
一次運動野	骨格筋の随意運動制御	前頭葉	4 野
一次体性感覚野	体性感覚の認知	頭頂葉	3, 1, 2 野
一次味覚野	味覚の認知	頭頂葉	43 野
一次視覚野	視覚の認知	後頭葉	17 野
一次聴覚野	聴覚の認知	側頭葉	41, 42 野
味覚野	味覚の認知	側頭葉	28 野
前頭連合野	認知行動，運動の企画と開始	前頭葉	6 野より前の領域
頭頂・側頭・後頭連合野	複数の感覚（体性感覚，視覚，聴覚）の統合，言語	頭頂葉，側頭葉，後頭葉	39, 40 野 19, 21, 22, 37 野の一部
辺縁連合野	情動，記憶	頭頂葉，側頭葉，後頭葉	23, 24, 38, 28, 11 野

1. 前頭葉の機能

前頭葉は，さまざまな情報を統合し，目標を設定して計画を立て，状況や環境に適したように効率的に実行する機能を担います。特に，新たな刺激や状況に直面した際には，過去の情報や知識に基づいて適切に行動することが求められます。それには，注意の集中，情動や行動の抑制が必要となります。

前頭葉の前方には前頭連合野（6 野より前の領域）があり，認知，予測，注意，判断などの統合機能を担うと同時に，前頭葉の奥に位置する辺縁系と密に連結し意欲や情動のコントロールに関与しています。一方，前頭葉の後方には一次運動野（4 野），運動性言語中枢であるブローカ野（44, 45 野あたり）などの運動関連領野があり，計画や実行，学習などの随意運動の制御，言語，特に自ら発する場合の言語処理に関わります。

2. 頭頂葉の機能

頭頂葉は，身体感覚や視覚空間認知，運動，言語，注意などの多くの高次脳機能に関与します。頭頂葉は大きく 2 つの領域に分けられ，一つは中心溝後方に位置する一次体性感覚野（3, 1, 2 野）であり，感覚情報の受け取りや筋肉を動かすなどの運動時における体性感覚入力の制御に関与します。もう一つは

頭頂連合野であり，この領域はさらに頭頂間溝を境に上部の上頭頂小葉（5，7野），下部の下頭頂小葉（39，40 野）に分かれます。上頭頂小葉は補足感覚野または体性感覚連合野とも呼ばれ，皮膚感覚や関節運動，そして体性感覚と視覚との統合に関与しています。一方，下頭頂小葉は，外界の視空間知覚を担うだけでなく，聴覚や言語，記憶情報の統合にも関わっています。

3. 側頭葉の機能

　側頭葉は，主に言語の理解，記憶の形成，聴覚に関与します。この領域の41 および 42 野に位置する聴覚野は文字通り聴覚の中枢です。その聴覚野を除いた側頭連合野の上部（上側頭回）に位置する上側頭連合野（22 野）は感覚性言語野（ウェルニッケ野）が大部分を占め，聴覚の認知・弁別に関与しています。一方，下側頭連合野（21，20，37 野）は，外界の物体が何であるかといった高次の視覚認知，複雑な形状の弁別といった知覚と記憶の照合に関与します。特に，紡錘状回（37 野）は色，単語や数字の認知だけでなく，他者の顔の認知に関わる領域と考えられています。

4. 後頭葉の機能

　後頭葉は，大脳の最後方に位置し（17，18，19 野），視覚処理に関わる領域です。視覚の中枢である視覚野（17 野）は視覚情報を認識するために重要な役割を担っており，目から入力された視覚情報を分析・処理します。この視覚野を除いた部位を視覚連合野と呼び，18 野は物体の運動方向や奥行きなどの認知および高次の視覚情報に関わります。一方，19 野は，視覚野および 18 野からの情報を受け，側頭連合野やさまざまな部位に投射し，複雑な図形の認知や色の識別に関与します。

2.2　高次脳機能障害とその原因

2.2.1　高次脳機能障害とは

　高次脳機能障害とは，病気（脳血管障害，脳症，脳炎など）や事故（脳外傷）などのさまざまな原因で脳が部分的損傷を受けたことで現れる，失語・失行・失認に代表される大脳の巣症状（脳の限局した損傷によって現れる症状や

兆候），注意障害や記憶障害などの欠落症状，感情障害などの精神症状，判断・問題解決能力の障害，問題行動などの症状をいいます（三村，2002）。

　日常生活場面では，気が散りやすく，物事に集中できない，注意の持続ができなくなった（**注意障害**），過去の古い記憶は維持されているにもかかわらず，新しい情報が覚えられない，思い出すことができなくなった（**記憶障害**），計画を立て，効率的に物事を進めることができなくなった（**遂行機能障害**），会話が困難になった（**失語症**），何気ない日常的な動作がうまくできなくなった（**失行症**），左側に意識がいかなくなった（半側空間無視），知っている道を迷うようになった（**地誌的障害**）など，さまざまな症状がみられます。これらは日常生活のみならず，社会生活を送る上で大きな阻害因子となります（Maeshima et al., 1997）。

2.2.2 高次脳機能障害の特徴

　高次脳機能障害の内容を表 2.2 に，障害の特徴を表 2.3 に示しています。高次脳機能障害は，脳のどこを損傷したか，部分的（**限局性**）または全般的（**びまん性**）に損傷した，その損傷の部位・範囲・程度によって現れる症状が多様（不規則）で複雑です（石合，2012）。さらに，身体上の障害とは異なり，表面的には障害がわかりにくく，環境や状況によって症状が変化する（症状の不安定性）という特徴があります。そのため，周囲から「怠けている」「人格が変

表 2.2　**高次脳機能障害の内容**（大橋，2002 を一部改編）

認知障害	注意・集中力障害
	記憶障害
	見当識，理解，理論的思考，抽象的思考の障害
	言語障害（失語症・失読・失書）
	失認・空間認知の障害・無視
情緒障害	不安・抑うつ・興奮・怒りなど
心理社会的障害	脱抑制（過食・過剰動作・大声）
	暴言・暴力・自発性の低下
	周囲の状況に合わない不適切な言動
	行動を計画し，順序立てた作業の障害
	人間関係の維持，社会参加，コミュニケーションなどの問題

表 2.3　**高次脳機能障害の特徴**（大橋，2002 を一部改編）

①**症状が不規則**
　原因疾患・病巣による差異
②**症状が複雑**
　いくつかの症状が組み合わさっている
　→診断と評価が困難
③**症状が不安定**
　環境や状況によって症状が変化
④**外見から障害が見えにくい**
　「怠けている」「人格が変わった」などと誤解を受ける

わった」などと誤解を受けることがあります。さらに，本人も症状に対する認
識が低いことがあるため，患者本人や家族が医療・福祉施設から適切な対応が
得られず，社会参加できないまま社会から孤立しているケースも少なくありま
せん（大橋，2002）。

2.2.3　高次脳機能障害の原因

　高次脳機能障害の原因疾患は脳血管障害がもっとも多く，次いで脳外傷，脳
腫瘍，脳炎，低酸素脳症と続きます。ここでは，高次脳機能障害の主な原因疾
患として，大きく分けて脳血管障害（脳卒中），脳外傷，脳炎・脳症について
説明します。

1.　脳血管障害（脳卒中）

　脳血管障害には，脳に酸素と栄養（ブドウ糖）を供給している血管が詰まり，
その先の血管に血液が流れなくなるために脳細胞の壊死が起こる脳梗塞，脳の
血管（動脈）が破裂し出血する脳出血，そして脳表面の血管の破綻によって，
くも膜の下の空間に出血が起こるくも膜下出血があります。脳血管障害を原因
疾患とする場合の症状としては，失語症，記憶障害，行動と情緒の障害，注意
障害，半側空間無視などがあります（**表 2.4**）。

2.　脳 外 傷

　脳外傷とは，交通事故や転倒・転落などで頭に強い衝撃を受け，脳に損傷を
受けたことをいいます。前述した脳血管障害のように部分的または一部の領域

表 2.4　**脳血管障害を原因とする高次脳機能障害の現症状と頻度**
（東京都高次脳機能障害者実態調査研究会，2000）

• 失語症	62.6%
• 注意障害	27.4%
• 半側空間無視	22.4%
• 記憶障害	19.0%
• 行動と情緒の障害	14.7%
• 遂行機能障害	12.3%
• 失行症	10.2%
• 半側身体失認	6.2%
• 失認症	4.9%
• 地誌的障害	4.3%

表 2.5　**頭部外傷を原因とする高次脳機能障害の現症状と頻度**
（東京都高次脳機能障害者実態調査研究会，2000）

• 注意障害	58.8%
• 行動と情緒の障害	43.7%
• 注意障害	41.2%
• 失語症	36.1%
• 遂行機能障害	34.5%
• 失行症	13.4%
• 地誌的障害	10.9%
• 半側空間無視	10.1%
• 失認症	9.2%
• 半側身体失認	3.4%

が障害されるのではなく，広くまんべんなく障害されるケースが多いです。脳外傷には，びまん性軸索損傷，脳挫傷，急性硬膜下血腫，急性硬膜外血腫，外傷性脳出血などがあります。脳外傷を原因疾患とする場合の症状としては，記憶障害，行動と情緒の障害，注意障害，遂行機能障害，失語症などがあります（表 2.5）。

3. 脳炎・脳症（ヘルペス脳炎，ウイルス脳炎，低酸素脳症など）

　脳炎・脳症は，細菌やウイルスが原因で脳が炎症したり，溺水や窒息，心筋梗塞等によって脳に一時的に酸素や血液が十分に供給されなかったりすることが原因で発症します。損傷が脳全体に及ぶケースや，部分的（局所）にとどまるケースがあります。主な症状としては，行動と情緒の障害，記憶障害，注意

表 2.6　脳炎・脳症を原因とする高次脳機能障害の現症状と頻度
（東京都高次脳機能障害者実態調査研究会，2000）

• 記憶障害	69.2%
• 遂行機能障害	53.8%
• 行動と情緒の障害	53.8%
• 注意障害	46.2%
• 失語症	23.1%
• 失行症	23.1%
• 地誌的障害	7.7%

障害，遂行機能障害，失語症などがあります（表 2.6）。

　これらの脳の病気や事故にあった人すべてが「高次脳機能障害」になるわけではありませんが，障害を引き起こす確率が高いといわれています。

2.3　主な高次脳機能障害とその症状

2.3.1　注意障害

　注意障害とは，ぼんやりしていて周囲の人や外部環境からの刺激に対して関心を示さない，必要なものや重要な事象に意識を向けたり意識を集中させたりすることがうまくできなくなった状態をいいます。これは，注意・集中の持続，選択的注意，注意の転換，注意の分配，という 4 つの注意機能（第 10 章参照）が困難になることで起こります（Sohlberg & Mateer, 1986；表 2.7）。

【症状や特徴】

　具体的には，注意や集中を持続して，ある一定の行動を続けることができない，注意がそれやすく，周りの刺激（声や音）に気をとられてしまいやすい（**注意集中困難・注意の持続の障害**），いくつかある刺激の中から，特定の物や事柄に対して注意を向けて行動することができない（**選択的注意の障害**），などの症状がみられます。また，状況に応じて注意を転換できず，同じ言動を繰り返す（**注意転換の障害・注意の固着**），2 つ以上の刺激に対して同時に注意を向けて行動することができない（**注意分配の障害**）といった症状もみられます。主な病巣は前頭連合野ですが，右大脳半球など広範囲の脳損傷によっても

表 2.7　**注意機能の 4 分類**（Sohlberg & Mateer, 1986）

注意・集中の持続	持続する活動や，繰り返して行われる活動の間，一定の反応行動を持続させる能力。
選択的注意	妨害的・拮抗的刺激を抑制し標的に注意を集中して行動や認知プロセスを維持させる能力。
注意の転換	異なった認知課題を交互に行う際，刺激あるいは情報処理プロセスへの注意を柔軟に切り替える能力。
注意の分配	同時に 2 つ以上の課題に注意を向ける能力。

起こります。

2.3.2　記憶障害

　記憶障害は，事故や病気以前の記憶が思い出せなくなったり，事故や病気後の新しい物事を覚えられなくなったりした状態をいいます。神経学をはじめとして臨床的には，短いほうから**即時記憶**（一時的にたくわえられる記憶で，想起までに干渉を挟まない），**近時記憶**（数分から数日間，数週間の記憶で，記銘と想起の間にさまざまな干渉が介在する），**遠隔記憶**（数十年単位の記憶）などに分けられます（Squire, 1987）。これらは心理学においては，**短期記憶**と**長期記憶**に相当します（図 2.3）。

【症状や特徴】

　脳損傷によって生じやすく，しばしば生活に支障をきたすことが多いのは近時記憶であり，数分～数時間前のことを忘れてしまう，大まかには覚えているものの細部が不正確，などの症状があります。脳損傷後に一過性に生じ，軽症化する場合と残存していく場合があります。また，記憶障害の患者の多くは，病識がなく以前と変わらず生活も仕事もできていると認識しているため，症状に困っていないケースが多いといわれています。そのため，家族や職場での人間関係がうまくいかなくなり，トラブルを起こすこともあります。主な病巣は視床，前脳基底部（25 野），海馬や扁桃体を含む側頭葉内側部（27，28，34，35，36 野）の脳損傷によって起こります。

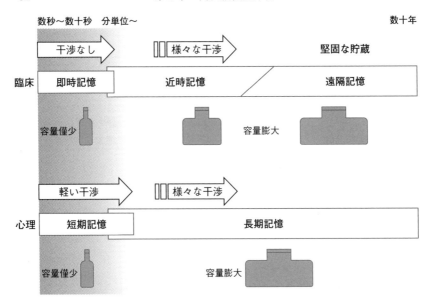

図 2.3　**記憶の時間的側面からみた分類**（石合，2012 を一部改変）

2.3.3　遂行機能障害

　遂行機能とは，「目的をもった一連の活動を効果的に成し遂げるために必要な機能」と定義されています。つまり，自ら目標を設定し，計画を立て，実際の行動を効果的に行い，それをモニタリングし修正するという複数の機能が複合された概念です（Lezak et al., 2004）。さらに，遂行機能を円滑に稼働させるには，言語，記憶，注意意欲等多くの要素が関連してきます（豊倉，2009）。

【症状や特徴】

　遂行機能障害の特徴として，記憶検査や知能検査の成績は良好で，受動的な入院生活ならば何も問題なく過ごせたにもかかわらず，社会生活に適応できないケースがあります。主な症状としては，自ら目標を定め，必要なスキルを適宜用いながら計画的に行動し，同時進行で起こるさまざまな出来事を処理する能力が障害されます。さらに，自己と周囲の関係に配慮し，臨機応変に柔軟に対応し，長期的な展望と持続性をもって行動することが困難になります。主な病巣として，一次運動野（4 野）や運動前野（6 野），背外側部（9，46，10

野），前頭眼窩部（11，12，13 野），前頭葉内側面（9，10，32 野）の損傷によ
ると考えられています。

2.3.4　失　語　症

　失語症とは，大脳の損傷により聞く・話す・読む・書くといった言語コミュ
ニケーション全般に関わる機能に障害が認められる状態で（図 2.4），同時に
計算能力も障害されます。損傷した部位や領域によっていくつかのタイプに分
類されます（Goodglass, 1993；図 2.5）。ここでは，ブローカ失語，ウェルニ
ッケ失語，失読，失書について説明します。

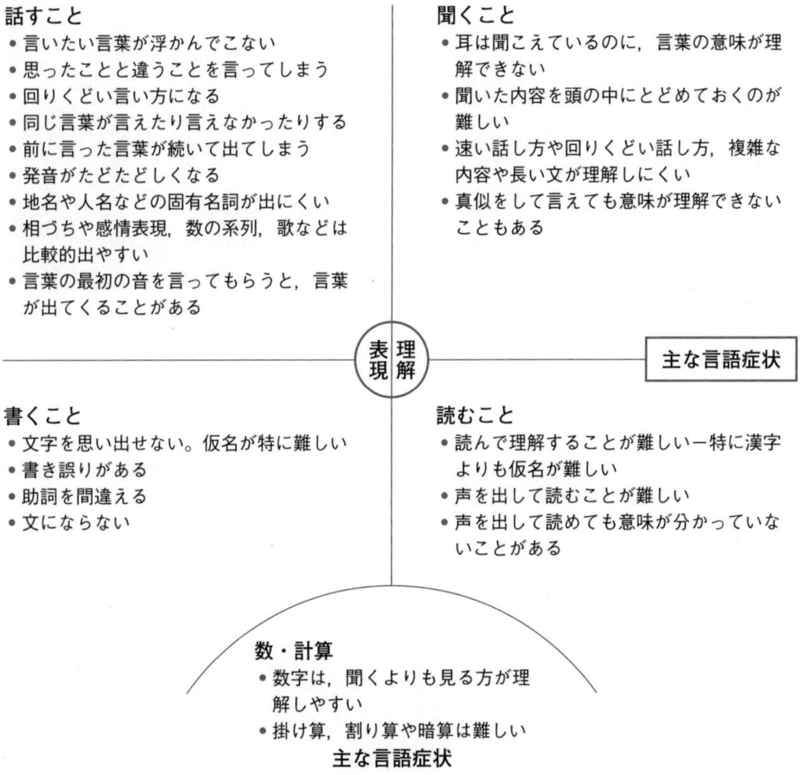

話すこと
- 言いたい言葉が浮かんでこない
- 思ったことと違うことを言ってしまう
- 回りくどい言い方になる
- 同じ言葉が言えたり言えなかったりする
- 前に言った言葉が続いて出てしまう
- 発音がたどたどしくなる
- 地名や人名などの固有名詞が出にくい
- 相づちや感情表現，数の系列，歌などは比較的出やすい
- 言葉の最初の音を言ってもらうと，言葉が出てくることがある

聞くこと
- 耳は聞こえているのに，言葉の意味が理解できない
- 聞いた内容を頭の中にとどめておくのが難しい
- 速い話し方や回りくどい話し方，複雑な内容や長い文が理解しにくい
- 真似をして言えても意味が理解できないこともある

表現　理解　　**主な言語症状**

書くこと
- 文字を思い出せない。仮名が特に難しい
- 書き誤りがある
- 助詞を間違える
- 文にならない

読むこと
- 読んで理解することが難しい－特に漢字よりも仮名が難しい
- 声を出して読むことが難しい
- 声を出して読めても意味が分かっていないことがある

数・計算
- 数字は，聞くよりも見る方が理解しやすい
- 掛け算，割り算や暗算は難しい

主な言語症状

図 2.4　**失語症の主な症状**（言語障害者の社会参加を支援するパートナーの会 和音，2008）

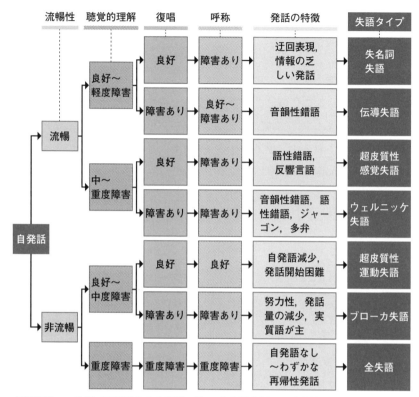

図 2.5　**失語タイプの臨床的判定過程**（関田・斉藤，2014）

伝導失語……流暢で実用的な自由発話の能力と，良好な聴覚的理解力を持つにもかかわらず，復唱障害や「メガネ」を「メガレ」と言うような音韻性錯語に特徴付けられる失語。

超皮質性感覚失語……流暢な発話，理解障害，良好な復唱に特徴付けられる失語。

失名詞失語……聴覚的理解，読解や復唱は良好であるが，言いたい言葉が出てこない，名詞の呼称障害などに特徴付けられる失語。

超皮質性運動失語……自発性が著しく低下した発話，対照的に良好な復唱能力，比較的良好な聴覚的理解に特徴付けられる失語。

【症状や特徴】

①**ブローカ失語**……運動性失語ともいいます。「相手の話していることや，聞かれたことは理解できるが，話そうとしても言葉が出てこない」という非流暢な発話を特徴とした失語です。自話能力だけでなく呼称，復唱，音読，書字な

どの言語表出すべてで障害が起きます。主な病巣はブローカ領域（44・45野あたり），中心前回（4野）・後回（5野），島皮質（15野）などを含みます。

②ウェルニッケ失語……感覚性失語ともいいます。「相手の話していることが聞きとれなくなり，理解できなくなる」という聴覚的理解や復唱障害を特徴とした失語です。また，流暢に話すことはできるのですが，錯誤が目立つ発話や新造語を含むまったく意味不明な発話（ジャルゴン），制止されない限り延々と一人で話し続ける語漏を呈することもあります。主な病巣は上側頭回（38，22野/ウェルニッケ野）から上側頭溝の後部皮質，縁上回（40野）や角回（39野）などの周辺領域に広がっているケースが多くみられます。

③失読……話す，聞く，書くことは良好に保たれていますが，文章を読めない，自分自身が書いた文字にもかかわらず，本人が読むことができないという症状を示します。また，単語を構成する文字を1文字ずつゆっくり読み上げることによって最終的に意味がわかる（逐字読み（letter-by-letter reading）），文字数（語の長さ）が多くなるほど，読みに時間を要し，誤りも多くなる（文字数（語長）効果（word-length effect）），という症状も示します（石合，2014）。日本語では，読めない文字でも字画を手でなぞることによって読めたり（なぞり読み），音読ができなくても漠然とした漢字の意味理解ができたりすることが多いといわれています（Sakurai et al., 2000）。主な病巣は，左後頭葉内側底部，脳梁膨大部，後頭葉後部（後部紡錘状回・下後頭回）（18，19野）や角回（39野）などの障害で生じると考えられています。

④失書……自発書字，書き取りのいずれでも現れます。単語はもちろん文字が書けないことが主体となります。文字の想起・書き出しに時間がかかる，書きかけて迷う，通常では考え難い運筆または少しずつ書き加えながら書き上げるという所見がみられれば，最終的に書けても失書といいます（石合ら，1993）。主な病巣は中前頭回後部（46野），上頭頂小葉（5，7野），角回（39野）や上後頭回，側頭葉後下部などです。

2.3.5 失認症

失認症は，視覚，聴覚，触覚などの感覚の低下，知能の低下などの問題がな

いにもかかわらず，物や音を正確に認知することができない障害です。ここで
は，視覚失認，相貌失認，そして聴覚失認について説明します。

【症状や特徴】

①視覚失認……視覚的に提示された刺激を正しく認知することはできないので
すが，視覚以外の感覚（触覚など）を介せば正しく理解できます。視覚失認は，
リサウアー（Lissauer, 1890）の古典的な分類によって，入力された視覚情報
（対象物）を，まとまりのある表象（イメージ）として脳内で構築することが
困難な**統覚（知覚）型視覚失認**と（図2.6），視覚表象の把握は可能であるが，
その表象とそれが表す意味とを結びつけることが困難な**連合型視覚失認**に大別
されていました（**表2.8**）。その後，これら2つのタイプの他に，各部分を断
片的に模写はできるが，全体としてまとまりを欠き，書き終えるのに時間がか
かる特徴を呈する**統合型視覚失認**を加えた3つの症状分類が提唱されました
（Riddoch & Humphreys, 1987）。統合型と連合型を区別することが難しいので

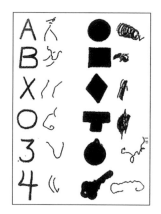

図2.6　統覚型視覚失認患者の写字と模写（石合, 2012）

表2.8　視覚失認の古典的分類と特徴（太田, 2010を一部改変）

	線画の模写	視覚表象の構築	視覚表象と意味との結び付け
統覚（知覚）型視覚失認	×	×	×
連合型視覚失認	○	○	×

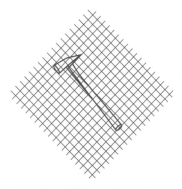

図 2.7　**統合型視覚失認と連合型視覚失認を区別するために考案された「網掛け線図」**
（石合，2012）

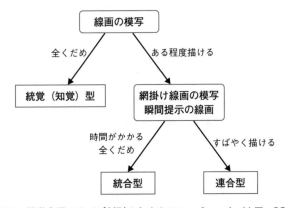

図 2.8　**視覚失認のタイプ判別のためのフローチャート**（太田，2010）

すが，刺激の提示条件に影響を受けないのが連合型で，刺激の瞬間提示や網掛
け刺激の提示（図 2.7）によって複写が困難になる，または時間がかかるのが
統合型と区別されています（太田，2010；図 2.8）。主な病巣は，両側後頭葉，
両側後頭側頭葉腹側部（舌状回/18，19 野，紡錘状回/37 野，海馬傍回/36 野，
下側頭回/20 野）に認められます。

②**相貌失認**……顔の目や鼻や口などパーツの知覚は保たれているにもかかわら
ず，熟知した自分や周囲の人の顔を判別することができなくなるのが相貌失認
の基本症状です（Benton et al., 1983）。しかし，顔を見てわからなくても，髪

表2.9　聴覚失認の種類とその特徴

症候名	音の認知		
	聴力	言語音	環境音
「いわゆる」皮質聾	×	×	×
聴覚失認（広義）	△	×	×
純粋語聾	△	×	○
環境音失認（狭義の聴覚失認）	△	○	×

型，服装，声など他の感覚モダリティ（感覚様相）や言語記述を手がかりにすることで誰であるかを判断することができます。すなわち，自分の顔や周りの人の顔を視覚的に同定できない，表情が理解できないという顔を対象にした視覚性の障害です。主な病巣は右半球の後頭側頭葉腹側部の紡錘状回（37野）付近と考えられています。

③聴覚失認……「音はわかるが言葉がまったく聴きとれない」「言葉も音楽も聴きとれないが音はわかる」というのが代表的な症状です（Polster & Rose, 1998）。聴覚失認の症状に関する定義・分類は典型的な症例の少なさもあって統一されていません。一般的に，聾と呼ぶほどに聴力が低下し，純音，言語音，環境音を問わず大きな音にも反応せず，聞こえないという「いわゆる」皮質聾，環境音の認知障害に語聾を伴う聴覚失認を広義の聴覚失認，文章の音読と理解，発話などは正常に保たれているが，話し言葉を聞いて理解できない純粋語聾，環境音を聞いてその音源が理解できない環境音失認（狭義の聴覚失認）に分類されます。それぞれの症状の特徴を表2.9に示します。主な病巣は，両側側頭葉（第一次聴覚野）（41，42野），上側頭葉後部，ウェルニッケ野（22野）など側頭葉から頭頂葉にかけてと考えられています。

2.3.6　失 行 症

　失行とは，「運動可能であるにもかかわらず，合目的な運動ができない状態」のことをいいます（Liepmann, 1920）。すなわち，失行症とは，認知障害や失認・失語による理解障害や，動作や行為を正確に行うために必要な感覚や視覚障害はみられず，かつ課題や指示された内容を理解して遂行する意欲があるに

〈テストの手順方法〉
①口頭命令でできるかチェックしましょう
↓
②模倣でできるかチェックしましょう
↓
③実物使用できるかチェックしましょう

❶歯をみがく動作
①歯をみがく動作をして下さい。
②歯をみがく動作を見せて同じようにまねしてもらう。
③歯ブラシと歯みがき粉を渡しどのように使うか実際にしてもらう。

❷髪をとかす動作
①髪をとかして下さい。
②髪をとく動作を見せて同じようにまねしてもらう。
③ブラシを渡し，どのように使うか実際にしてもらう。

❸マッチをすってタバコに火をつける動作
①タバコに火をつけて下さい。
②タバコに火をつける動作を見せて同じようにまねしてもらう。
③タバコとマッチを渡しどのように使うか実際にしてもらう。

❹急須でお茶をいれる動作
①お茶をいれて下さい。
②お茶を入れる動作を見せて同じようにまねしてもらう。
③道具を用意し，実際にお茶を入れてもらう。

❺洋服をぬいで，また，着る動作
①服をぬいだら，また着て下さい。
②服をぬいだ後，また着る動作を見せて，同じようにまねしてもらう。
③服を渡し，実際にやってもらう。

図 2.9　**失行症検査の代表例**（中島，2009）

もかかわらず，要求された行為を正しく遂行できず異なる行為を行ったり，手渡された物品（道具など）を誤って使用したりする状態です。図 2.9 に失行症検査の代表例を示します。失行の定義や分類は研究者によってさまざまであり，同じ失行といっても，その内容が微妙に異なることが指摘されています（東山・武田，2009）。ここでは，主な失行である観念運動失行，観念失行，肢節運動失行について説明します（図 2.10）。

【症状や特徴】

①**観念運動失行**……自発的な行為や運動は行うことができますが，口頭指示や模倣による単純な運動や習慣的動作，たとえば，「さようならと手を振ってください」「歯ブラシを持ったつもりで歯を磨くまねをしてください」などが再現できない障害です（Geschwind, 1975）。このような症状は検査場面では明ら

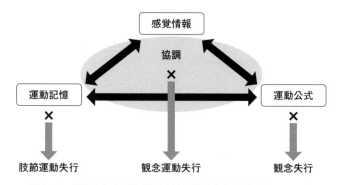

図2.10　**学習された行為遂行の神経機構と失行**（石合，2012）

運動記憶……手を握るといったような，単純な運動パターンの記憶
運動公式……運動そのものではなく，主に視覚に依存する空間的，時間的な運動計画

- 運動記憶，運動公式，感情情報の協調が障害されると観念計画に沿った運動が適切に行われなくなる⇒**観念運動失行**
- 運動公式が障害されると観念的計画が逆転したり，脱落したり，まったく出現しなくなる⇒**観念失行**
- 運動記憶が障害されると，単純な習熟動作が巧緻性を失う⇒**肢節運動失行**

かになりますが，日常生活場面では気づかれにくいという特徴があります。主な病巣としては，左頭頂葉から左縁上回（40野），ウェルニッケ野（22野）や前頭前野（6野より前領域）の損傷によると考えられています。

②**観念失行**……使い慣れている道具の名前や用途は理解しているにもかかわらず，それらを用いる際に，組合せや順序を誤り，一連の動作や行為がうまくできなくなった状態です（Heilman et al., 1997）。たとえば，「お茶の入れ方がわからなくなる」「歯ブラシで字を書こうとする」などの症状を示します。主な病巣は左頭頂葉角回（39野）と考えられています。

③**肢節運動失行**……手と指による行為の遂行が不完全，粗雑，拙劣になった状態です（Liepmann, 1920）。たとえば，「箸がうまく使えない」「ボタンが留められない」というように日常生活場面で障害を示しますので，自発的に症状を訴えます。主な病巣として，中心溝周辺で中心前回（4野）と中心後回（6野），上前頭回（6，8，9野）・中前頭回（46野）の損傷によって生じると考えられています。

2.3.7　半側空間無視

　半側空間無視とは，損傷した大脳半球と反対側にある新しい，または意味あ
る刺激を発見して報告したり，反応したり，その方向を向いたりすることが障
害された病態です（Heilman et al., 1993）。この障害は，左右いずれの大脳半球
が損傷しても起こりますが，損傷側による症状の特徴に違いがあります。つま
り，**右半球損傷後のほうが，左半球損傷後**よりも症状が起こりやすく，重度で，
症状が軽減しにくい傾向が認められます（Azouvi et al., 2006）。このように，
症状出現の頻度や程度に左右差があることから，左右の大脳半球が持つ方向性
の注意（空間に配分する注意）機能は非対称で，左大脳半球は右空間のみに，
右大脳半球は左空間に対して優位性を持って両側空間に注意を配分していると
考えられています（石合，2008；図 2.11）。ここでは，半側空間無視症状を

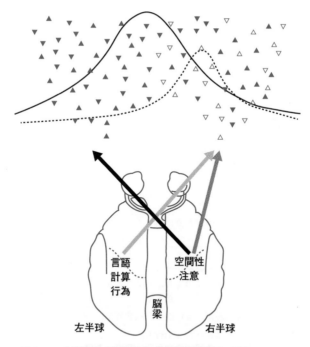

図 2.11　大脳半球の側性化と空間性注意機能（石合，2008）
白い三角と破線が左半球の空間性注意の分布，青い三角と実線が右半球の空間性注意の分
布を示します。

「左」半側空間無視として説明します。

【症状や特徴】

　主な症状としては，外空間に対する無視と，自身の身体に対する無視があります（中楚・斉藤，2014）。外空間に対する無視とは，身体の中心よりも左側にある刺激に対して，見落としたり，無視したりすることです。たとえば，食事の際に，食器の左側を食べ残したり，本人から見て左側にある物や人物に気づかないために，ぶつかったり，声をかけられても右側を向いたりします。**半側空間無視**は空間のみならず，身体に対しても無視が起こり得ます。これを**半側身体失認**といいます。症状としては，左片麻痺の有無にかかわらず，左半身の存在や状態に気づかないことが挙げられます。**表2.10**に半側空間無視や半側身体失認によって起こり得る生活場面での障害を示します。主な病巣は，半側空間無視では右上側頭回が中心であること報告されていますが，近年では損傷部位にかかわらず右半球損傷で症状が起こり得ると考えられています。また，半側身体失認では右側頭頭頂領域や右内側前頭葉の損傷が症状出現に関与していると報告されています（太田・石合，2010）。

表2.10　**半側空間無視や半側身体失認によって起こり得る日常生活動作障害**
（中楚・斉藤，2014を一部改変）

食事	・右側にある器にしか手をつけない。 ・各食器の左側の食物に気づかずに食べ残す。
整容	・顔の左側で，洗顔，整髪，ひげの剃り残し，化粧の塗り残しがある。
排泄	・トイレの中で左側にある手すり，トイレットペーパー，水を流すボタンやレバーなどに気づかない。
更衣	・上着に左手を通すことができない。 ・左側の襟を治せない。 ・左足をズボンの左側に通すことができない。 ・左側のウエストを腰まで上げられない。
入浴	・身体の左側を洗い残す，拭き残す。
移動	・右または左へ寄って行く。 ・左側にある目的地や目印に気づかない。 ・自分の身体や歩行器・車いすの左側を壁や障害物にぶつける。

コラム 2.1　高次脳機能障害における神経心理学的検査

　神経心理学的検査とは，課題に対する被検者の反応を得点化する心理検査のうち，脳損傷による高次脳機能障害の診断と評価に用いられるものです（石合，2014）。検査の多くは，口頭による質問への回答や，文字，図形，絵などを書いてもらうものです。神経心理学的検査により高次脳機能を詳細に評価することで，損傷部位の推定が容易になり，症状や障害を把握することが可能となるため，検査の結果はとても重要な資料とされています。さらに，これらの検査によって，日常生活場面での問題点や社会生活を送る上での注意点を明らかにすることができます。また，予後の推定や回復過程の評価，治療効果の判定にも用いられます。

　神経心理学的検査は数多くありますが，ここでは本文で概説した高次脳機能障害の症状における主な検査について紹介します。

①注意障害……総合的な注意評価のテストバッテリー法としては，標準注意検査法（Clinical Assessment for Attention; CAT）があります。注意集中力の検査には，WAIS-Ⅲ成人知能検査またはウエクスラー記憶検査（WMS-R）の数唱や視覚性記憶範囲，CAT の数唱と視覚性スパンなどを実施することが基本となります。その他に，選択的注意を調べるものとして色—語彙呼称（Stroop）課題（色と語彙が認知的に互いに葛藤を起こして，呼称を妨害する認知課題），ワーキングメモリや反応抑制，反応の切り替えなどの能力の検査として Trail Making Test（TMT）や，100 から 7 を繰返し引いていく 7 シリーズ（Substraction Serial Sevens），実行機能・覚醒機能・注意定位機能を短時間で効率よく評価できる Attention Network Test（ANT）があります。

②記憶障害……記憶の検査課題は，全般性注意，集中力，知覚性認知能力，言語機能，視覚構成能力など，高次脳機能の多くの側面を基盤として成立します。一般的には WAIS-Ⅲ や WMS-R に準拠した数唱や（口頭で提示される数字を復唱・逆唱する），言語性記憶の検査である三宅式記銘力検査，顔と指名，道順と要件，約束の記憶など日常生活に近い場面を想定したリバーミード行動記憶検査，視覚性即時記憶の簡便な検査であるベントン視覚記名検査があります。

③失語症……失語症の標準化された検査としては，標準失語症検査（SLTA）と WAB

失語症検査が主に用いられます。失読と失書の評価に関しては，漢字と仮名につい
て，個々の文字，単語，文章について読みと書字を検査します。漢字については，
対象者の教育歴や年齢にもよりますが，小学校の学年別の学習漢字に従って検査し
ます。

④**失認症**……視覚失認の総合的なスクリーニングテストとしては標準高次視知覚検
査があります。相貌失認においても基本的には視覚失認と同様に検査します。聴覚
失認に関しては，鈍音や語音の聴力検査や，代表的な他覚的聴力検査であり，本人
の意志や意識とは無関係に誘発される聴性脳幹反応（Auditory Brainstem Response;
ABR）を用います。また，失語症の検査を合わせて行う場合もあります。

⑤**失行症**……標準高次動作性検査（Standard Performance Test for Apraxia; SPTA）が
用いられます。これは脳損傷による失行症状の検出を目的として作成された検査で
す。検査項目は顔面動作，慣習的動作，手指構成模倣，客体のない動作，連続動作，
着衣動作，物品を使う動作，系列的動作，下肢・物品を使う動作，描画，積み木な
ど 13 の大項目，45 の小項目からなります。他に，WAB 失語症検査の行為の下位検
査を用いることもあります。

⑥**半側空間無視**……半側空間無視に対する代表的な検査としては，BIT 行動性無視検
査日本版（BIT）に含まれる通常検査があり，「抹消試験」「模写試験」「線分二等分
試験」「描画試験」から構成されています。半側身体失認に対する検査としては，右
手に道具（くし，ひげ剃り，化粧用スポンジ）を持たせ，30 秒間整動作をしてもら
い，左右へ手を伸ばした回数を測定する検査や，左半身にマジックテープの着いた
厚紙を刺激として取りつけ，それを探索して取り外すという刺激探索課題がありま
す。

コラム 2.2 半側空間無視の神経心理学的検査

　前述したように高次脳機能障害における神経心理学的検査は数多くありますが，ここでは半側空間無視を評価するための主な検査について概説します。

1. 抹消試験

　抹消試験はターゲットの図形や文字にマークをつける検査で，線分抹消試験，星印抹消試験，文字抹消試験と 3 種類あります（図 2.12）。

　線分抹消試験は，多数の 25 mm の短い線分がさまざまな向きに配列されており，一つひとつに印をつけていきます（図 2.12 (a)）。BIT の基準では 2 本の見落としがあれば異常と評価されます。重症患者では，右側の 1〜2 列にしか印をつけられないケースもあります。

　文字抹消試験では，5 行の横書きで無意味な平仮名文字列から「え」と「つ」のみを選択し，印（丸）をつけていきます（図 2.12 (b)）。標的（「え」と「つ」）は 40 あり，6 個見落とせば異常と評価します。通常，文章を読むのと同様に左上から順次右へ走査するパターンが多いですが，重症度の高い例では開始点が左端まで達しない場合や，右側から印をつけて左側を見落とす場合があります。

　星印抹消試験は，大小 2 種類の星印と平仮名文字・単語がランダムに配置されている中から，小さな星だけに印（丸）をつけます（図 2.12 (c)）。標的（小さな星）は 54 個あり，3 個見落とせば異常と判断します。

2. 模写試験

　用紙の上半分の手本線画を見ながら，それと同じものを白紙，または用紙の下半分の空欄に描き写してもらう検査です。BIT では，星，透視立方体，花，図形の 4 種類を用います。図 2.13 に左部分の脱落が典型的な検査結果を示します。この検査は左右差に注目して評価します。手本の左側にある部分を書き写していなかったり，誤りがみられたりすれば無視があると判断されます。

3. 線分二等分試験

　A4 判の用紙に 204 mm の線分が右上，中央，左下に 3 本水平に印刷されており，それぞれの線分の中心と思うところに印をつけて二等分にする検査です（図 2.14）。

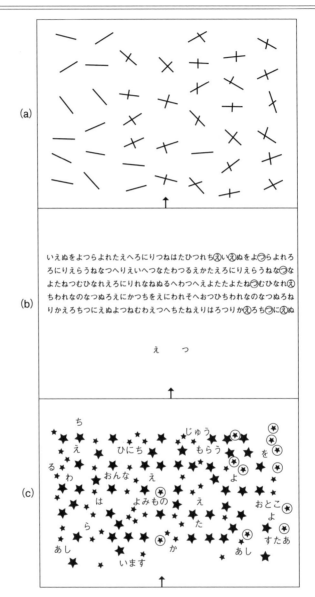

図 2.12　**BIT の抹消試験における半側空間無視の典型例**（石合，2012）
（a）線分抹消試験，（b）文字抹消試験，（c）星印抹消試験。
検査用紙のサイズはいずれも A4 判。

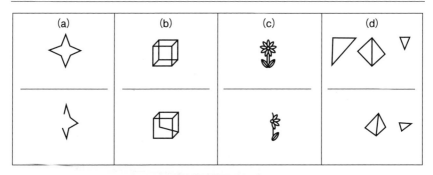

図 2.13　**BIT の模写試験における半側空間無視の典型例** (石合，2012 を一部改変)
(a) 星，(b) 立方体，(c) 花，(d) 図形。

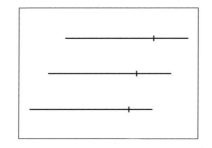

図 2.14　**BIT の線分二等分線における半側空間無視の典型例** (石合，2012)

真の中点から 12.75 mm 以内に印がつけられていれば正常，この範囲を越えれば異常と判断します。一般的に，身体に対して左方へ線分を提示するほど，右への偏りが大きくなります。この検査は，臨床的に半側空間無視と判断する上で，手軽かつ検出力も高いといわれています。

4. 描 画 試 験

模写試験と異なり，手本がない状態で「時計の文字盤」「正面を向いて立っている人物」「羽を広げたチョウ」の絵を描く検査です。この検査では，絵の上手い下手ではなく，左右のバランスの観点で正しく描けた否かを評価します。左側が描かれていないだけでなく，極端に左側が大きく，または小さく描かれることもあります。時計の文字盤の例では，右側の時刻（12 から 6）は正しく描かれているが，左側の

時刻（7〜11）が描かれておらず脱落していたりします（図 2.15）。

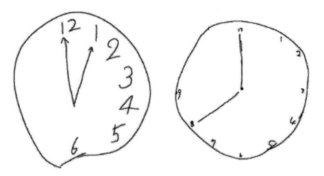

図 2.15　**BIT の時計描画における半側空間無視の典型例**（石合，2012 を一部改変）

復 習 問 題

1.　高次脳機能障害の原因疾患として，正しいものを1つ選んでください。

①統合失調症

②脳血管障害

③アルツハイマー病

④気分障害

2.　高次脳機能障害の中核症状（脳損傷によって起こる症状）として不適切なものを1つ選んでください。

①自発的な行為や運動は行えるが，口頭指示による単純な運動や習慣的動作が再現できない。

②夜間に十分に寝ることができず，昼夜逆転の生活になる。

③流暢に話すことはできるが，相手の話していることが理解できない。

④顔の左側で，洗顔，整髪，ひげの剃り残し，化粧の塗り残しがある。

参 考 図 書

坂井 建雄・久光 正（監修）（2011）．ぜんぶわかる脳の事典　成美堂出版

　脳の構造と機能，病気のメカニズムまで幅広く解説されたビジュアル図解の入門書。

中島 恵子（2009）．理解できる高次脳機能障害　三輪書店

　「高次脳機能障害」を理解するための入門書として，絵も用いて難解な症状や検査をわかりやすく解説された一冊。

石合 純夫（2012）．高次脳機能障害学　第2版　医歯薬出版

　「高次脳機能障害」のリハビリテーションに関わる幅広いスタッフのための一冊。

第 3 章

心理物理学

　心理学の基礎的な領域では，科学的なデータを得るために心理実験を実施しますが，心理実験を正しく行うために学ぶべきものの一つが心理物理学です。心理物理学は，一言でいうと，刺激（物理量）と感覚（心理量）の間の関係を探ろうとする分野です。人間の心は微妙で複雑であるため，同じ刺激が与えられればいつも同じ感覚が生じるというわけではないというややこしい問題があります。たとえば，聞こえる音の大きさの最小値を求めるといった簡単に計測できそうに思える実験でも，科学的に信頼できるデータを得ようとすると実は一筋縄ではいかず，本章で説明しているような知識が必要となってきます。より複雑な心理現象を解明するための心理実験を行う場合や心理実験を使った研究を理解する場合にも，心理物理学の知識が役に立ちます。

3.1　フェヒナーの心理物理学

3.1.1　絶対閾と弁別閾

　JIS（日本産業規格）の規格書では，心理物理学を，「刺激とその刺激から受ける感覚との数量的関係を明らかにする科学」と定義しています（日本工業標準調査会，2004）。心理物理学は，ドイツの物理学者であるフェヒナー（コラム 3.1 参照）が創始した**精神物理学**に始まります。彼は，物理学が物と物との関係を物理法則として数式で表すように，心に関しても数量化して関数で表現できるのではないかと考えました。彼はもっとも単純な心理現象と考えられる感覚を研究対象に選んで検討を重ね，その成果を 1860 年に『精神物理学要論（*Elemente der Psychophysik*）』として出版しました。この本に書かれていた彼の実験結果や考察は，実験心理学の成立に大きな影響を及ぼすことになります。そして現在では精神物理学は心理物理学と訳されることが多くなり，心理物理

コラム 3.1　フェヒナー

　フェヒナー（Fechner, G. T.；1801-1887）は，最初は医学を志したのですが，途中で物理学や数学に興味を持つようになります。電磁気学に関する研究が評価されて，33 歳の若さで母校ライプツィヒ大学の物理学教授となりますが，病気のために数年で休職せざるを得なくなります。その後，体調が回復して，研究，執筆活動を再開しますが，彼の興味は物理学から自然哲学や心身問題，美学等へと移っていきます。心理物理学の構想は，1850 年 10 月 22 日の朝，ベッドに横たわり，心と身体は 1 つのものであり異なる側面にすぎないという考えについてどう証明すべきかを考えていたときにひらめいたといわれています。彼は心理物理学を「外的心理物理学」と「内的心理物理学」の 2 つに分けて考えていました。前者は本文で説明したように外的な刺激と心理量の関係を研究する領域で，後者は生体内の生理反応と心理量の関係を研究する領域，現在の生理心理学に相当します。本当は後者の研究をやりたかったようですが，当時の学問レベルでは難しく，まずは前者の研究を積み重ねていきました。後に，ライプツィヒ大学で心理学実験室を開設したヴントは，フェヒナーの心理物理学を使って，膨大な研究成果を残しました。また，フェヒナーの著述はフロイトの無意識や夢に関する考えにも多大な影響を及ぼしていますので，フェヒナーの研究はまさに心理学の源流といえます。

学で開発された計測方法は実験心理学の重要なテクニックとなっています。

　フェヒナーが注目したのは閾値と呼ばれる考え方でした。閾値には 2 種類あります。一つは刺激閾あるいは絶対閾と呼ばれるものです。刺激の物理量（大きさ，明るさ，重さなど）が非常に小さければ，人間は刺激を感知することができません。刺激の強さがある程度以上になってはじめて，刺激を感覚としてとらえることができるようになります。刺激閾あるいは絶対閾とは，この刺激を感じることのできる最小の刺激強度のことです。刺激閾よりも刺激強度が強い刺激は知覚可能な閾上刺激，刺激閾よりも刺激強度が弱い刺激は知覚できない閾下刺激となりますが，後述するように，実際には閾上刺激と閾下刺激とが

閾値で明瞭に二分されるわけではありません。もう一つは，弁別閾あるいは相対閾と呼ばれるものです。弁別閾あるいは相対閾は，2つの対象があった場合に両者の違いを区別することができる最小の刺激の違いを意味しています。2つの対象が主観的に等しいと感じられるときは**主観的等価値**であるといいます。実験では，片方（標準刺激）を固定し，もう一方（比較刺激）を変化させて，同じか違うかを判断してもらうようにして計測します。

3.1.2 ウェーバーの法則

ウェーバー（Weber, E. H.）は生理学者として，刺激強度と感覚生起の関係についての研究を行っていました。そして，彼は重さ，長さ，音の高さ等の感覚において，刺激の弁別閾は刺激強度に比例することを見つけました。1834年のことだといわれています。この関係は，フェヒナーによってウェーバーの法則と名づけられました。刺激の弁別閾を $\varDelta R$，刺激強度を R とすると以下の式が成り立ちます。

$$\frac{\varDelta R}{R} = 一定$$

ウェーバーの法則は，たとえば100gの物体において2g増加したときに重くなったことがわかるとすると，200gの物体であれば4g増加すると重くな

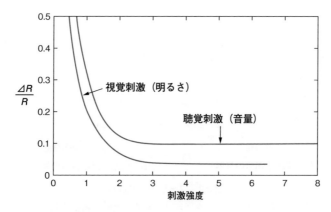

図3.1 視覚と聴覚のウェーバー比（Boring et al., 1959）

ったことがわかるということを意味しています。この一定の値のことをウェーバー比といいます。ただし，ウェーバー比は刺激強度が小さい場合（図3.1）や極端に大きい場合は一定ではなく変化することが知られていますので，中程度の刺激強度において適用可能なものです。ウェーバー比を用いれば，異なる感覚の相対的な感度を比較することができます。ウェーバー比は諸条件で変動しますが，視覚（明るさ）は0.016，重量は0.019，聴覚は0.088，匂いは0.104，味は0.200といわれています（Boring et al., 1959）。

3.1.3 フェヒナーの法則

　フェヒナーはウェーバーの発見をもとにして，刺激強度と感覚の関係を以下のような式で表現しました。この関係式はフェヒナーの法則と呼ばれていますが，ウェーバー・フェヒナーの法則と呼ばれることもあります。

$$E = k \log R$$

　E は感覚量（感覚の強さ），k は定数，R は刺激強度です。つまり，刺激の強さ R の対数をとったものに感覚の強さ E は比例します。このため，図3.2にあるように刺激強度が弱いときは少しの変化に対しても心理的には大きな変化を感じますが，刺激強度が強くなってくると少しくらいの変化は感じないこ

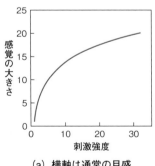
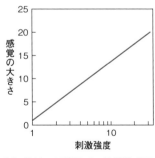

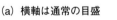

(a) 横軸は通常の目盛　　　　(b) 横軸は対数目盛の片対数グラフ

図3.2　フェヒナーの法則

フェヒナーの法則にあてはまっている場合は，通常の目盛でプロットすると（a）のような曲線となりますが，横軸の刺激強度を対数とすると（b）のように直線となります。

コラム 3.2　心理物理学の法則の例

　天文学では星の明るさを等級で示します。古代ギリシャでは，もっとも明るい星々を 1 等星，次に明るい星々を 2 等星としていき，肉眼でやっと見える星を 6 等星と決めました。19 世紀になって，星の明るさを計測した結果，1 等級明るくなると約 2.5 倍明るくなっていることがわかりました。m_1 等星の明るさを l_1，m_2 等星の明るさを l_2 とすると，以下の式が成り立ちます。

$$m_2 - m_1 = 2.5 \log \left(l_1/l_2 \right)$$

　ここで，物理量の対数が心理量に比例するというフェヒナーの法則が成り立っています。また，地震の大きさを示すマグニチュードも同様に対数式になっています。

とになります。これは経験的にも想像できると思います。フェヒナーの法則は 1860 年に提案されて以来，物理量と心理量を表す関係式として広く受け入れられてきました。音の強さの単位であるデシベル（dB）は音の強さ（物理量）の対数をとったものですので，フェヒナーの法則の利用例といえます。

3.2　心理物理学的測定法

　フェヒナーは閾値を求めるための方法として，現在，調整法，極限法，恒常法と呼ばれている 3 種類の方法を紹介しました。現在ではこれらの方法はより洗練されて，閾値の測定だけでなくいろいろな心理実験で使われています。

3.2.1　調整法

　調整法は，観察者自身が刺激を自由に調整して判断をしていきます。観察者が刺激を観察しながら，手元の装置を使って自分で刺激を変化させている様子をイメージしてみてください。刺激閾計測の場合はぎりぎり知覚できるように，弁別閾計測の場合はぎりぎり弁別できるように，観察者は刺激を調整します。

調整に要する時間も観察者に任せます。錯視量を求める知覚実験では，2 つの
図形が等しくなるように調整してもらいます。

　まったく自由に観察者に調整させることもありますが，刺激変化の方向を 2
通り用意して実験をすることもよくあります。刺激閾計測の場合であれば，知
覚できない状態から知覚できるように変化させる場合と知覚できる状態から知
覚できないように変化させる場合を設定します。両者の結果は同じではないか
と思われるかもしれませんが，実際にやってみると少しずれが生じるので，平
均をとります。反応が変化する付近では逆方向へ刺激を調整することを許す場
合もあれば，許さない場合もあります。

　調整法では観察者に刺激の調整を任せているため，実験の厳密性が低くなり
ます。このため，概算値を求めたい場合や主観的等価刺激を求めたいような場
合によく使われます。

3.2.2　極 限 法

　極限法は，刺激の調整を実験者が行い，観察者は判断のみを行います。極限
法は刺激提示を実験者が制御するので，調整法よりは精度が良くなります。測
定時間も比較的短くてすむので，よく利用されている方法です。

　極限法では，通常，上昇系列（刺激強度が強くなっていく系列）と下降系列
（刺激強度が弱くなっていく系列）の 2 系列を用意し，系列内の刺激を順番に
観察者に提示し，判断の結果を記録していきます（図 3.3 (a)）。刺激閾の計
測で上昇系列の場合であれば，最初は実際に刺激がない状態あるいは知覚でき
ない刺激から順に提示するので，観察者の回答は「知覚できない」が続きます。
ある刺激強度で「知覚できた」と回答が変わるとその上昇系列は終了です。下
降系列も同様です。

　現在，極限法には改良バージョンが提案されています。フェヒナーの極限法
は事前に用意した上昇系列，下降系列を最初から何度も繰り返すのですが，**上
下法**あるいは**階段法**と呼ばれる方法は違います（図 3.3 (b)）。上昇系列で判
断が変わったら，その刺激強度から刺激の変化方向を反転させて下降系列を始
めます。下降系列で判断が変わったら，上昇系列に戻します。これを何度かあ

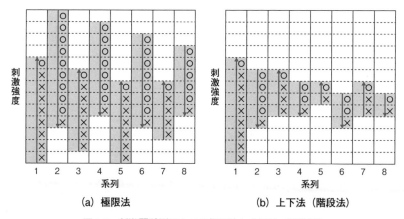

図3.3　刺激閾計測における極限法と上下法（階段法）

○は知覚できるという反応で，×は知覚できないという反応。(a) 上昇系列と下降系列を交互に4回ずつ行った場合。第1系列では非常に弱い刺激強度から始め，ある刺激強度で知覚できるという反応に変わったので終了。第2系列では十分に強い刺激強度から始め，ある刺激強度で知覚できないという反応が変わったので終了。いつも同じ刺激強度から開始すると予測がついてしまうので，開始強度を変えます。(b) 第1系列では非常に弱い刺激強度から始めある刺激強度で知覚できるという反応に変わったので終了。第2系列ではその強度から刺激を弱めていき，ある刺激強度で知覚できないという反応に変わったので終了。

らかじめ決めておいた回数を繰り返します。上下法は極限法よりも効率的に短時間で計測を終えることができる利点があります。

3.2.3 恒 常 法

極限法と同じように，実験者が刺激を調整して，観察者は判断だけを行います。違いは，系列がないこと，つまり，刺激がランダムな順番で提示されることです。極限法は系列に従って刺激を提示するため，観察者の期待や予測等の系列効果が混入するという欠点があります。**恒常法**では，刺激はランダムに提示されるため系列効果がなくなり，極限法よりもさらに高い測定精度が期待できます。恒常法の欠点は，各刺激を必要回数分すべて繰り返して提示するため，測定に時間がかかることです。通常，7種類程度の刺激を50回以上提示します。実験が長時間に及ぶため，観察者が疲労して判断基準を変化させるというような事態が発生してしまうこともあり得ますが，繰り返す回数が少ないと精

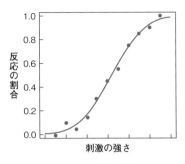

図3.4　**心理測定関数**
11種類の刺激強度のそれぞれにおいて，知覚できたという反応が得られた割合をプロットし，累積正規分布曲線をあてはめた仮想例。

度が低下します。

　実験が終了した後に，刺激別に回答の割合を求めて，図3.4のような**心理測定関数**を作成します。心理測定関数は，刺激強度の関数として，観察者の反応の割合を表したもので，一般にS字型の累積正規分布曲線（オージブ曲線）を示します。音刺激の刺激閾計測実験で説明をすると，強さが非常に弱い刺激に対しては何度提示しても聞こえないという反応ばかりですが，ある強さの刺激になると聞こえるという反応が生じるようになり，さらに強い刺激に対しては聞こえるという反応が聞こえないという反応を上回るようになってきます。そして，さらに強い刺激に対しては聞こえるという反応ばかりになります。S字型の曲線の傾きは急であったり，緩やかであったりしますが，心理測定関数の中央部分の傾きは感度を意味しており，傾きが急である場合は感度が良い（わずかな刺激強度の違いが異なる反応を生む）ことになります。刺激閾計測の場合は，知覚できたという回答の割合があらかじめ定義した割合（たとえば50％）となる刺激強度が刺激閾となります。

3.3　スティーブンスの新心理物理学

3.3.1　尺度水準（名義，順序，間隔，比率）

　アメリカのスティーブンス（Stevens, S. S.）はどういった数値演算が可能か

表3.1 **4つの尺度水準**

尺度	要件	特徴	例
名義	同一性	分類できる	性別，血液型，国籍，色
順序	順序性	大小関係がある	競技や成績等の順位，順位に基づいたレベル分け，等級
間隔	等間隔性 加法性	目盛りが等間隔	摂氏温度，華氏温度，知能指数，時刻，日付
比率	等比性	原点がある	長さ，重さ，絶対温度，金額，年齢，経過時間

によって，測定したデータのタイプを表3.1のように名義尺度，順序尺度，間隔尺度，比率尺度の4つに分けました（Stevens, 1948）。順序尺度は名義尺度の要件を，間隔尺度は順序尺度の要件を，比率尺度は間隔尺度の要件を含むように構成されています。このため，より要件の厳しい尺度のデータをより緩い尺度のデータとして扱うことは可能ですが，その逆はできません。データ解析上は間隔尺度と比率尺度の違いは気にする必要はありません。また，名義尺度と順序尺度を質的データ，間隔尺度と比率尺度を量的データと呼ぶこともあります。

　名義尺度は単なる分類です。調査において，データ整理の都合上，性別を男性＝0，女性＝1とすることがありますが，この0，1という数字には整理番号としての意味しかありません。これは単なるラベルです。このため，データの中で一貫していれば男性＝1，女性＝0と逆にしても問題ありません。0より1が大きいというような順序関係はありませんし，加減算することはできません。事例数（度数，属する個体の数）や最頻値（どの分類がもっとも事例数が多いか）を計算することができます。また，いくつかの食べ物の中から一番好きな食べ物を選ばせるような場合で，もっとも多く選ばれた食べ物を1番，次に選ばれた食べ物を2番というように，事例数をもとに名義尺度のデータを順位づけることが可能です。名義尺度で計測されたデータはカテゴリカルデータと呼ばれます。

　順序尺度は割り振られた数字に大小関係，順序があります。数字間に等間隔性はありません。1位，2位，3位と順位を決めることはありますが，通常，1

位と2位の差，2位と3位の差が等しいということは考えられていません。1
位と2位は僅差で2位と3位は大差であっても，あるいは1位と2位が大差で
2位と3位が僅差であっても，1位は1位，2位は2位，3位は3位で同じです。
順序尺度は加減算をすることはできません。1位を3点，2位を2点，3位を1
点と点数化して，平均点を求めることはありますが，順序尺度には等間隔性が
ないので，厳密には問題があります。等間隔性が疑われる場合は中央値を使う
ほうが望ましいです。順序尺度で計測されたデータは順序データと呼ばれます。

　間隔尺度は目盛りが等間隔に振られているもので測定したデータで，数値の
差に意味があります。温度（摂氏）が典型例です。目盛りが等間隔であるため，
データ間で加減算ができ，平均値を求めることができます。10℃の水と40℃
のお湯を同じ分量だけ混ぜるとその中間（平均）の25℃になります。日付も
間隔尺度です。8月12日と8月18日の間には5日間あり，その中間（平均と
は言いませんが）は8月15日です。8月12日と15日の間と，15日と18日の
間には同じだけの日数があります。間隔尺度には原点（零）はありません。こ
のためデータ間の掛け算割り算はできません。8月18日は8月12日の倍とい
うのはナンセンスです。ただし，差の比をとることはできます。8月12日と

コラム3.3　アンケート調査の尺度

　アンケート調査では，質問に対して，まったくあてはまらない，あてはまらな
い，わからない，あてはまる，非常にあてはまる，といった選択肢の中から選択
させることがよくあります。そして，それぞれに点数を付して，アンケート回答
者全体の平均値を出して傾向をみたり，回答者の性別や年齢層別の違いをみたり
することもよく行われています。しかし，本当は注意が必要です。尺度水準は厳
密には順序尺度です。間隔尺度としてみるには等間隔性が保証されていません。
しかし，順序尺度では私たちが日常生活でよく使っている平均や標準偏差などの
統計量が使用できないため，通常は間隔尺度と「みなし」ています。このため，
少しでも等間隔となるように，いろいろな工夫をしています。どんな工夫をして
いるか考えてみましょう。

15日の差の3日，12日と18日の差の6日を比べて，前者は後者の半分と計算することはできます。摂氏温度の場合は0℃がありますが，水の凍る温度を0℃と呼ぶようにしただけで，本来の意味の原点ではありません。間隔尺度で計測したデータは間隔データと呼ばれます。

　比率尺度は等間隔性に加えて絶対的な原点（無の状態）があります。長さや重さ，絶対温度，年齢等には絶対的な原点がありますので，比率尺度です。比率尺度では四則演算すべてが可能で，10 cmの棒は5 cmの棒よりも2倍長いといえます。

3.3.2　マグニチュード推定法とマグニチュード産出法

　スティーブンスは，人間は感覚量を直接表現できると考えました。彼が考案したマグニチュード推定法は，観察者に刺激を受け取ったときに感じる感覚量を数値で表現してもらう方法です（Stevens, 1948）。基準となる数値を示す場合と示さない場合があります。前者の場合は，最初に基準となる刺激を提示してそれに数値を割り当てておきます（たとえば10）。その後，他の刺激を提示して，最初の刺激に対して何倍か，あるいは何分の1かを答えてもらいます。観察者は倍と感じたら「倍」もしくは「20」と答えます。逆に，半分と感じたら「半分」あるいは「5」と答えるという具合です。基準となる数値を示さない場合は，最初の刺激に対して観察者に適当に数を割り当ててもらいます。スティーブンス自身は基準となる値がないほうを推薦しています。実際に体験してみると，かなり当てずっぽうで回答している気になります。

　さらにスティーブンスは，観察者に数値を与えて，観察者はその数値に応じた感覚量を引き起こすように刺激を調整するという方法も考案しました。これをマグニチュード産出法といい，マグニチュード推定法の逆になります。

3.3.3　スティーブンスの法則

　スティーブンスは，1957年にフェヒナーの法則に代わる法則として以下のような式を提案しました。

$$S = k R^n$$

S は感覚量ですが，フェヒナーの法則の感覚量 E と違って，マグニチュード推定法で計測した感覚量となります。k と R はフェヒナーの法則で説明したものと同じです。n は刺激の種類によって決まる指数です。この関係式はスティーブンスの法則，あるいは指数を使った式なので，**スティーブンスのべき法則**と呼ばれています（図 3.5 (a)）。スティーブンスによると，n の値は**表 3.2** のようになります。n が 1 の場合は，刺激の強さと感覚量の関係は単純な 1 次関数になります。線分の見かけの長さは $n = 1$ ですので，線分の物理量と線分を見たときに知覚される感覚量は比例関係にあることになります。n が 1 より大きい場合は，刺激が強くなればなるほど感覚量が急激に大きくなります。おもりを持ち上げるときに感じる重さは $n = 1.45$ ですので，おもりが重くなればなるほど実際以上に重く感じることになります。逆に n が 1 より小さい場合は，刺激が強くなればなるほど感覚量が緩やかに大きくなります。正方形の面積は $n = 0.7$ で，大きくなっても実際よりは小さく見積もられる傾向があることがわかります。

　式は両辺の対数をとって変形すると，

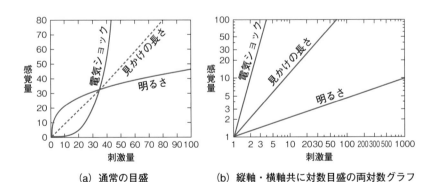

(a) 通常の目盛　　　　(b) 縦軸・横軸共に対数目盛の両対数グラフ

図 3.5　**スティーブンスの法則**（Stevens, 1948）
スティーブンスが紹介している例です。法則にあてはまっている場合は，通常の目盛でプロットすると (a) のようになりますが，刺激量および感覚量を対数とすると (b) のように直線となります。

コラム 3.4 マグニチュード推定法

スティーブンスが考えたマグニチュード推定法をやってみましょう。図3.6を使って点の個数を推定することとします。感覚の実験ですので，絶対に点の個数を数えないでください。(s) をよく見て，点がどのくらいあるかの印象を覚えてください。(s) の点の量を10とします。(s) の点の数は10個よりも多いですが，見て感じた印象をこれは10であるとします。(s) の点の量を10とするならば，他の図の点の量はいくつと感じますか。直感で素早く回答してください。

厳密にするならば，図をコピーして各図でカードのようなものを作ってください。そして，カードをランダムな順番で提示して，図の点の量を推定していきます。基準となる (s)（標準刺激）を最初だけ見せる方法，毎回標準刺激と他の図（比較刺激）を一緒に見せる方法の2通りの方法があります。

各図の点の数は章末に書いてあります。横軸に実際の点の数，縦軸に推定した量でグラフを作ってみてください。両方の軸を対数目盛としたときにデータが直線上に並ぶようであれば，スティーブンスの法則があてはまることになります。

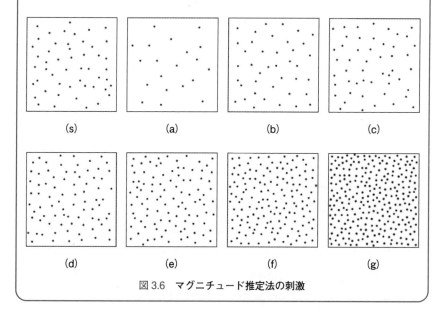

図3.6 マグニチュード推定法の刺激

表 3.2　スティーブンスのべき関数の代表的な指数（Stevens, 1948 より抜粋）

感覚	測定された指数	条件
音の大きさ	0.67	3,000 Hz 純音の音圧
振動	0.95	指先への 60 Hz の振幅
振動	0.6	指先への 250 Hz の振幅
明るさ	0.33	暗所での視角 5°の視標
明るさ	0.5	点光源
見かけの長さ	1.0	線分
見かけの面積	0.7	正方形
味	1.3	ショ糖
味	1.4	食塩
筋力	1.7	静的な筋収縮
重さ	1.45	おもりの持ち上げ
電気ショック	3.5	指先への電流

$$\log S = n \log R + K$$

となります。K も k と同じく定数です。したがって，刺激の強さ R の対数を n 倍したものと感覚量 S の対数が比例していることになります（図 3.5（b））。

　彼は，社会事象の判断や態度にもマグニチュード推定法を適用してべき法則が成立すると主張しています。一般的には，フェヒナーの法則よりもスティーブンスの法則のほうが，適用範囲が広くあてはまり具合も良いといわれています。

3.4　信号検出理論

3.4.1　信号検出理論とは

　信号検出理論はもともとは 1950 年代初頭に通信工学分野でレーダーによる物体検知の問題（多くのノイズの中から目標物を拾い出す）のために提案された考え方で，すぐにタナー（Tanner, W. P.）とスウェッツにより心理学に適用されるようになりました（Green & Swets, 1966/1974）。

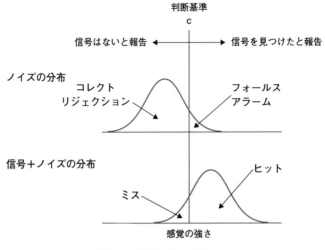

図 3.7 信号とノイズの分布

　信号検出理論では，信号には多くのノイズが重畳していると考えます。ノイズには観察者の外に由来するノイズと内に由来するノイズが仮定されています。図 3.7 で，横軸は感覚量で，右に行けば行くほど強い感覚を感じたことになります。縦軸は実験中にその感覚が生じる頻度です。上の分布は信号がないときですが，そのときでもノイズ（ある値を中心に正規分布）が小さな感覚量を引き起こしています。下の分布は信号があるときですが，一定の強度の信号とノイズが合わさるので，感覚量の分布が信号の分だけ右側にシフトしています。実験では観察者はある一定の感覚量を超えると信号があったと回答しますが，その基準が図の縦線の位置（c）です。上のノイズ分布の場合，多くは線の左側ですので，信号はなかったと正しく判断（コレクトリジェクション）していますが，少しだけ線の右側にもありますので，このときは，信号はないにもかかわらず信号があったと間違った判断（フォールスアラーム）をしていることになります。下の信号があったときの分布の場合，多くは線の右側で信号を正しく検出（ヒット）していますが，一部見落とし（ミス）をしています（表3.3）。

　ノイズに比べて信号が十分に強ければ，信号＋ノイズの分布において右への

表 3.3 信号の有無と観察者の反応の組合せ

	検出なし	検出あり
信号なし	コレクトリジェクション	フォールスアラーム
信号あり	ミス	ヒット

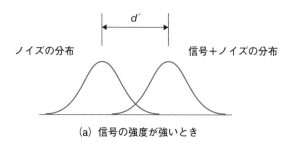

（a）信号の強度が強いとき

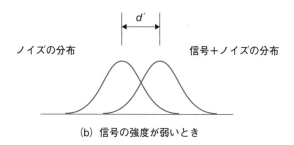

（b）信号の強度が弱いとき

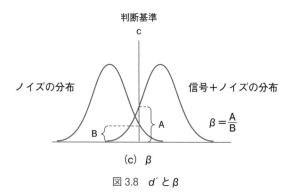

（c）β

図 3.8 d′ と β

シフト量が大きくなるので，2つの分布の山ははっきりと区別できるようにな
ります。しかし，ノイズに比べて信号があまり強くなければ，右へのシフト量
が小さく，2つの分布の山が重なる領域が増えます。図3.8は，ノイズの分布
と信号＋ノイズの分布を合わせて描いていますが，見方は図3.7と同じです。
ノイズの分布と信号＋ノイズの分布が離れているような場合にはミスやフォー
ルスアラームはあまり生じませんが，2つの分布の重なりが大き場合にはミス
やフォールスアラームが頻繁に生じると考えることができます。したがって，
2つの分布の重なり具合，言い換えると，2つの分布の頂点間の距離が検出の
しやすさ，弁別力を表していることになり，これをd'（ディープライム）と
呼びます（図3.8 (a) (b)）。また，図の縦線の位置（c）の位置で観察者が信
号のありなしを判断した場合，（c）における信号＋ノイズ分布の縦座標値をノ
イズ分布の縦座標値で割った値は，観察者の判断基準や態度等のバイアスを示
す値となり，これをβと呼びます（図3.8 (c)）。βが1であれば反応に偏り
はありませんが，βが1より大きい場合は信号検知の報告に慎重な態度をとっ
ていることを，逆にβが1より小さい場合は信号検知の回答が生じやすい態度
をとっていることを意味しています。それぞれ図で判断基準cを右に寄せた場
合と左に寄せた場合になります。

3.4.2　ROC 曲線

　信号なしの場合はコレクトリジェクションかフォールスアラームのどちらか
ですし，信号ありの場合はミスかヒットかのどちらかですので，4つのうち2
つ（伝統的にフォールスアラームとヒットを使います）がわかれば，残りの2
つはわかります。そこで，横軸にフォールスアラーム率，縦軸にヒット率をと
ったグラフを書きます。このグラフをROC 曲線と呼びます（図3.9）。

　ROC 曲線において，d'が0のときは対角線となり，信号とノイズがまった
く区別できていないことを示します。d'が大きくなるとカーブの曲率がきつ
くなっていきます。d'が同じとき，βが大きいほどヒット率やフォールスア
ラーム率が低い位置に，βが小さいほど両者が高い位置となります。

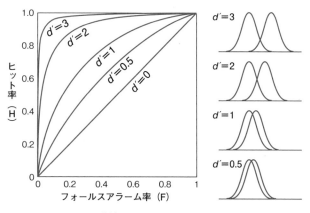

図 3.9　**ROC 曲線**（Macmillan & Creelman, 2005）

復 習 問 題

1. 刺激閾（絶対閾）と弁別閾（相対閾）の違いについて説明してください。
2. ウェーバーの法則について説明してください。
3. フェヒナーの法則について説明してください。
4. 3 つの心理物理学的測定法について説明してください。
5. 尺度水準について説明してください。
6. マグニチュード推定法について説明してください。
7. スティーブンスの法則について説明してください。
8. 信号検出理論について説明してください。

参 考 図 書

大山　正（監修）村上　郁也（編著）（2011）．心理学研究法 1　感覚・知覚　誠信書
　　房

　名前の通り，心理学の研究法に焦点を当てた教科書で，心理物理学を扱っている
のは第 2 章から第 4 章まで。レベルは高いが，ぜひ挑戦してみてください。

ゲシャイダー，G. A.　宮岡　徹（監訳）（2002, 2003）．心理物理学——方法・理
　　論・応用——（上・下）　北大路書房

　定評のあるゲシャイダーの本の訳書。日本語で読める書籍の中では，心理物理学
についてもっとも詳しい。信号検出理論を実際に使う場合は，この本を読んでみて
ください。

※コラム 3.3 **の答え**　選択肢を回答態度に従って順に並べる。選択肢に数字を割り振る。少なくとも 5 段階以上とする。選択肢が等間隔に配置されていると思えるような言葉（「非常に」とか「やや」など）を対称的に配置する。

※図 3.6 の点の数は，(s) が 50，(a) が 20，(b) が 40，(c) が 50，(d) が 80，(e) が 100，(f) が 150，(g) が 260 です。

第4章

視　覚

　私たちが見ている世界は，あたかもそこに存在しているかのように見えますが，その世界は，外界から眼の中に入ってきた光情報をもとに網膜や脳での巧妙で緻密な処理によって生み出された知覚表象の産物です。この知覚表象の世界は，必ずしも物理世界とまったく同じであるとは限りません。たとえば，知覚世界と物理世界の違いが錯視という形で現れます。なぜ，錯視が起こるのかを解明していくと，眼と脳の巧妙で緻密な処理を垣間見ることができます。また，脳は，外界に存在する情報を外界にはない別物として私たちに見せてくれます。その典型が色彩です。物理学者のニュートンが光には色はついていないと言い，哲学者のロックが色は物理的に直接アクセスすることができない感覚の 2 次性質であると言ったように，色彩は，光の波長や分光分布の違いから，脳が生み出した脳の中にしかない知覚表象なのです。この章では，私たちが見ている知覚世界を眼と脳がどのようにして生み出すのか，そのメカニズムである視覚について基礎的なことを解説していきます。

4.1　眼 の 構 造

　図 4.1 は眼の断面図を示しています。成人の眼は，直径 24 mm 程度の球形をしており，その外壁は，前面にある角膜とそれ以外の白色不透明の強膜によって構成されています。眼の内部は，硝子体と呼ばれる無色透明のゼラチン質の物質によって満たされており，眼の球形が保たれています。光は，**角膜，前房，瞳孔，水晶体**を通り，**網膜**まで到達します。外界からの光は，途中，角膜と水晶体より屈折され，網膜に外界の景色として結像されます。正視では，結像に必要な全屈折のおよそ 3 分の 2 を角膜が担い，残りを水晶体が担っています。そして，網膜には，上下左右が逆さまの外界の景色が結像されます。また，明るい環境では**虹彩**が収縮し，暗いと弛緩し，瞳孔の大きさを変化させて，眼

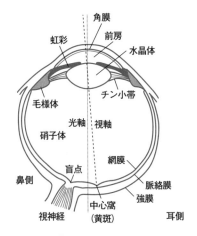

図 4.1　**眼の構造**（福田・佐藤，2002 を改変）

に入射する光の量を調整しています。

4.2　網膜と外側膝状体

4.2.1　網膜の構造と受容野

　網膜での視覚情報は，まず，視細胞または光受容器（photoreceptor）が光をとらえ，その後，双極細胞（bipolar cell），水平細胞（horizontal cell），アマクリン細胞（amacrine cell），そして，網膜神経節細胞（retinal ganglion cell）の 4 つの介在ニューロンによって処理され，脳に伝達されます（図 4.2；たとえば，福田・佐藤，2002；Hubel, 1988 など）。網膜に到達した光は，網膜の奥の層に存在する視細胞の外節にある視物質（visual pigment）によって吸収されます。視細胞には，大きく分けて桿体（rod）と錐体（cone）の 2 種類があり，さらに，錐体は分光感度のピーク波長が異なる L 錐体（long-wavelength sensitive cone），M 錐体（middle-wavelength sensitive cone），S 錐体（short-wavelength sensitive cone）の 3 種類に分けられます。光が視物質によって吸収されると，視細胞は過分極を起こし，光エネルギーはニューロンの膜電位変化による電気信号に変換されます。そして，その電気信号は神経伝達物質によ

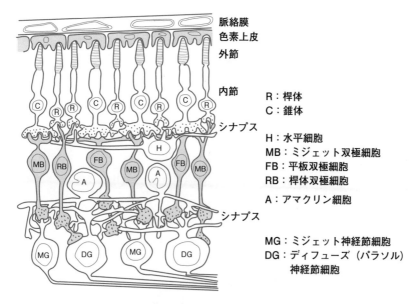

脈絡膜
色素上皮
外節

内節

R：桿体
C：錐体

シナプス

H：水平細胞
MB：ミジェット双極細胞
FB：平板双極細胞
RB：桿体双極細胞

A：アマクリン細胞

シナプス

MG：ミジェット神経節細胞
DG：ディフューズ（パラソル）
　　　神経節細胞

図4.2　**網膜の構造**（福田・佐藤，2002を改変）

ってシナプスを通り，次のニューロンである双極細胞と水平細胞に送られます。
双極細胞は，視細胞から直接送られてくる信号と視細胞から水平細胞を介して
送られてくる信号の2種類の信号を合わさった形で受け取ります。双極細胞は，
視細胞からの直接入力に対して，脱分極反応を示すオン中心型と過分極反応を
示すオフ中心型に分類されます。一方，水平細胞を介する入力は，直接つなが
っている視細胞の範囲よりも広い範囲の視細胞をカバーしており，直接入力と
は逆の応答を示します。すなわち，光刺激に対する双極細胞の応答は，視細胞
からの直接入力の中心領域と水平細胞を介する入力の周辺領域からなり，それ
らが拮抗する応答を示すので，オン中心オフ周辺型とオフ中心オン周辺型とな
ります（図4.3）。ただし，桿体ではオン中心型のみとなっています。ニュー
ロンが応答する刺激の空間領域のことを**受容野**（receptive field）といい，中
心の応答が周辺の拮抗入力によって抑制されるため，この特性は**側抑制**（lat-
eral inhibition）とも呼ばれます。
　　双極細胞の次の段階のニューロンはアマクリン細胞と網膜神経節細胞です。

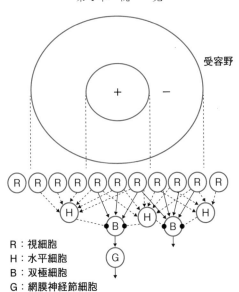

R：視細胞
H：水平細胞
B：双極細胞
G：網膜神経節細胞

図 4.3　**網膜での情報の収斂と受容野**（De Valois & De Valois, 1990 を改変および加筆）
図は双極細胞でのオン中心オフ周辺型の情報の収斂を示していますが，双極細胞から網膜神経節細胞への情報伝達においても同様な収斂があります。

アマクリン細胞と網膜神経節細胞の応答は，活動電位と呼ばれる一過性の膜電位変化によって現れます。一般に，ニューロンは，刺激がない状態でも，ある頻度で自発発火（spontaneous firing）をしており，刺激により抑制性のオフ応答が生じると，その自発発火が抑制され，興奮性のオン応答が生じると発火頻度が増加します。ニューロンの興奮または抑制は発火頻度として現れます。アマクリン細胞は，網膜神経節細胞間をつないでおり，運動検出などの横方向に関連した何らかの処理を行っていると考えられていますが，まだわかっていないことが多くあります。また，アマクリン細胞は数種類のサブタイプに分けられることもわかっています。網膜神経節細胞は網膜での最後の情報処理を担うニューロンであり，その軸索は視神経と呼ばれ，盲点から脳のほうに出ていきます。網膜神経節細胞は，ミジェット（midget）細胞，バイストラティファイド（bistratified）細胞，パラソル（parasol）細胞に分類されます。これらのニューロンの受容野の空間特性は**図 4.3** のような同心円の**中心周辺拮抗型**です

が，ミジェット細胞では，中心と周辺とでL錐体とM錐体からの拮抗性の応
答からなる**波長選択性**（wavelength selectivity）を持っています。バイストラ
ティファイド細胞の受容野は，周辺がなく中心だけで，中心そのものがS錐
体からの興奮性応答とL錐体とM錐体からの抑制性応答からなる拮抗型の入
力を受けています（Dacey & Lee, 1994）。パラソル細胞の受容野は，その大き
さは相対的に大きく，波長選択性を持っていません。さらに，パラソル細胞は
時間応答も異なり，刺激の変化時のみに一過性の反応を示します。すなわち，
ミジェット細胞とバイストラティファイド細胞は，それぞれ，赤緑と黄青の色
情報を，パラソル細胞は速い時間変化を伴う大雑把な輝度情報を伝達していま
す（図4.4）。また，網膜神経節細胞の新たな種類として，ニューロン内にメラ
ノプシンという視物質を持ち，直接，光を感じることができる**内因性光感受性**
（intrinsic photosensitive）網膜神経節細胞の存在が確認されています（Berson
et al., 2002）。その軸索は視交叉上核（SCN; suprachiasmatic nucleus）に到達し，
瞳孔や概日リズムの制御に関わっていることが明らかになっています。さらに，
明るさ知覚にも関与していることも報告されています（Yamakawa et al., 2019）。
　視細胞は，錐体が約600万個，桿体が約1億2,000万個，合わせて約1億

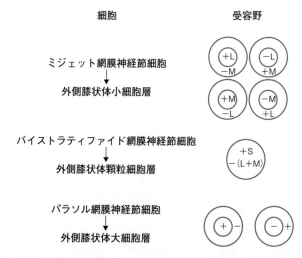

図4.4　網膜神経節細胞および外側膝状体細胞の種類とその受容野

2,600万個あります。これに対し，網膜から出ていく網膜神経節細胞の軸索の本数，すなわち視神経の数は約100万本であり，およそ126分の1に減っています。このことは，単純に個々の視細胞の情報がそのまま脳に伝わるのではなく，情報の収斂があることを示しています（図4.3）。

4.2.2　網膜の不均一性

私たちは外界を見るとき，一つの関心の対象から次の関心の対象へと絶えず眼を動かしています。眼を動かさないといけない理由の一つに，図4.5に示すような網膜の不均一性が挙げられます（たとえば，池田，1988）。前項で述べた視細胞から網膜神経節細胞までのニューロンは，網膜上，どこの位置をとっても同じように存在しているわけではありません。私たちが眼を向けている視対象は，網膜の中心窩（fovea）と呼ばれる位置に映ります。また，ここには黄色の色素があることから黄斑ともいいます。この中心窩では，視細胞が光を効率よくとらえることができるように，双極細胞や網膜神経節細胞が中心窩から放射状にかき分けられてくぼんでいます。さらに，中心窩には網膜のニュー

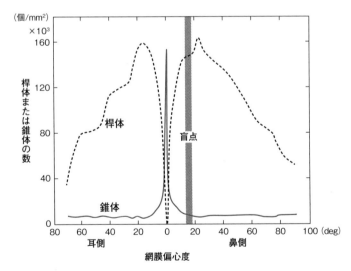

図4.5　**錐体細胞数と桿体細胞数の網膜偏心度依存性**（De Valois & De Valois, 1990を改変）
網膜偏心度とは，中心窩を0°とし，中心窩からの距離を角度（視角）で表したものです。

ロンが密に存在し，視細胞としては錐体しかありません。中心窩から離れると，錐体の数は急に減少し，桿体の数が増えていきます。桿体の数は網膜偏心度20°付近で最大となり，さらに網膜偏心度が大きくなると，桿体の数も減少していきます。

　網膜の不均一性は視細胞の分布だけでなく，前項で述べた網膜神経節細胞への収斂でも認められます。中心窩では1つの視細胞に対して1つの網膜神経節細胞が対応しており，収斂はほとんどみられません。収斂の範囲が狭いことは，受容野の大きさが小さいことを意味しています。網膜偏心度が大きくなるにつれ，収斂の範囲が広くなり，1つの網膜神経節細胞に入力を送っている視細胞の数は増えていきます。すなわち，受容野が大きくなるのです。受容野のオン領域あるいはオフ領域に入ってきた光は，それぞれの領域内であれば，どこに入ってきてもニューロンは同じような応答を示すため，受容野の大きさの違いは，解像度の違いをもたらします。受容野が大きいと，解像度は低くなり，逆に，受容野が小さいと，解像度は高くなります。図4.6に，解像度に関連する

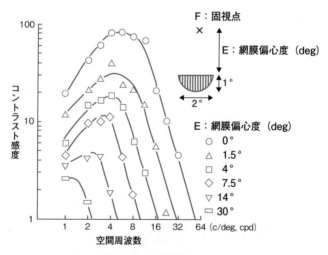

図4.6　**コントラスト感度の空間周波数特性**（Rovamo et al., 1978 を改変）
コントラスト感度とは，検出できる最小の明暗の差（$L_{max}-L_{min}$）/（$L_{max}+L_{min}$）の逆数で表します。空間周波数とは，刺激の空間的な細かさに関する尺度で，視覚の場合，視角1°あたりに明暗の縞が何周期あるかで表し，通常，両対数グラフで示します。

特性である**コントラスト感度**（contrast sensitivity）の空間周波数特性（spatial frequency）が網膜偏心度によってどのように変化するかを示します（Rovamo et al., 1978）。中心窩では，およそ5 cpd にピーク感度を持つバンドパス型の特性となります。網膜偏心度が増加するにつれ，受容野が大きくなり，徐々にローパス型の特性となっていきます。中心窩で見ることを中心視，中心窩から離れた網膜位置で見ることを周辺視といい，中心視と周辺視では，モノの見え方が異なり，視覚的機能の役割も異なってきます。高解像度の視覚は中心視でしか得ることができないため，私たちは絶えず，眼を動かす必要があるのです。

4.2.3　網膜から外側膝状体へ

　左右の眼に結像されたそれぞれの網膜像の情報は，視神経によって大脳へと伝達され，1つの像として統合されます。大脳への経路の途中に**視交叉**があり，ここで，左右の鼻側網膜からの視神経を，左眼では左から右へ，右眼では右から左へと交叉させることによって，左眼の左視野の情報を右脳へ，右眼の右視野の情報を左脳へと送っています（図4.7）。一方，耳側網膜は交叉せずそのまま左眼の情報は左脳に，右眼の情報は右脳に送られるため，左眼に映し出された左視野の情報が右脳へ，右眼に映し出された右視野の情報が左脳へと整理されます。視交叉以降，視神経は，視索という名称に変わり，間脳の視床にある**外側膝状体**（LGN; lateral geniculate nucleus）に到達します。外側膝状体は，左右に1つずつあり，それぞれ6層から構成されている組織です。右側の外側膝状体には左視野の情報が，左側の外側膝状体には右視野の情報が送られてきますが，1，4，6層の細胞が対側の眼からの情報を，2，3，5層が同側の眼からの情報を受け取るというように，右眼と左眼の情報は，層で分かれており，左右のどちらかの眼からの情報にしか応答しません。このように，片方の眼からの情報しか受け取っていないことを単眼性といいます。さらに，1，2層は**大細胞層またはM細胞層**（magnocellular layer）といい，パラソル網膜神経節細胞からの入力を，3から6層は**小細胞層またはP細胞層**（parvocellular layer）といい，ミジェット網膜神経節細胞からの入力を受け取っています。さらに，これらの層間にある細胞は，**顆粒細胞層またはK細胞層**（koniocellular layer）

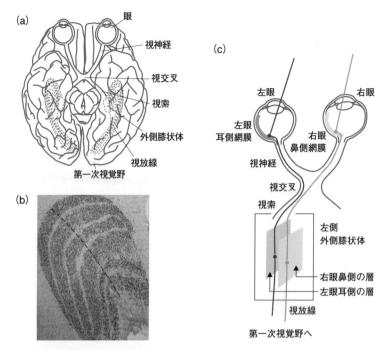

図 4.7　脳の全体図（a），外側膝状体（b），網膜から外側膝状体への情報伝達（c）
（Hubel, 1988 を改変，加筆）
耳側網膜にある網膜神経節細胞は，同側の外側膝状体へと視神経を送っており，鼻側網膜
では，対側の外側膝状体へと視神経を送っています。外側膝状体では，右眼，左眼の情報
は別々の層に送られているものの，網膜部位局在があるため，対応する網膜位置が外側膝
状体での細胞の位置関係として保たれています。

と呼ばれ，バイストラティファイド網膜神経節細胞からの入力を受けています
（Xu et al., 2001）。外側膝状体の受容野は，図 4.3 に示した網膜神経節細胞と同
様の同心円の中心周辺拮抗型の特性を示します。外側膝状体の軸索は，視放線
として大脳の後頭葉にある第一次視覚野まで延びています。

4.2.4　受容野の機能

　網膜神経節細胞や外側膝状体などの一つひとつのニューロンの受容野は外界
の局所的な空間領域しかカバーしていません。そして，隣のニューロンの受容
野は，互いに重なった空間領域を持ちつつも少しずれた位置をカバーしていま

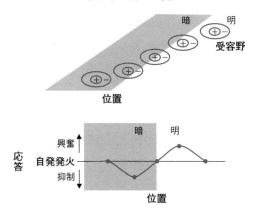

図 4.8　明暗エッジに対する中心周辺拮抗型受容野の応答

す。すなわち，隣のニューロンは，その受容野もすぐ隣にあるというように，
ニューロンが存在する位置関係とそれらの受容野の位置関係は対応しています。
この特性のことを網膜部位局在（retinotopy）といいます。網膜神経節細胞で，
この網膜部位局在があることは容易に想像できますが，外側膝状体や後に述べ
る第一次視覚野でも，この網膜部位局在が保たれています。

　図 4.8 は，オン中心オフ周辺拮抗型の受容野を持つニューロンが，光の当た
り方によって，どのように反応するのかを示しています。もっとも左に位置し
ている受容野には光が当たっていないため，中心のオン反応も周辺のオフ反応
も生じず，この受容野のニューロンは自発発火の状態にあります。その隣にあ
るニューロンは，オン中心領域に光が当たってはいませんが，オフ周辺の3分
の1の領域に光が当たっており，この光刺激によって，ニューロンの自発発火
が抑制されることになります。さらに，オン中心とオフ周辺のちょうど半分に
光が当たっている次のニューロンでは，オン中心の半分の興奮とオフ周辺の半
分の抑制とが打ち消し合い，ニューロンは自発発火と同等の状態になってしま
います。次のニューロンは，オン中心の全領域に光が当たっていますが，オフ
周辺の3分の1の領域に光が当たっていませんので，オン中心の興奮に対して，
抑制が少なく，ニューロンは興奮状態となります。さらに右側のニューロンで
は，オン中心とオフ周辺の全領域に光が当たっているため，興奮と抑制とが打

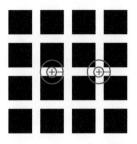

図 4.9 ヘルマン格子錯視

ち消し合い，自然発火と同等の状態となります。これらの応答を図にすると図
4.8 の下のようになり，ニューロンは光の境界付近でのみ応答することがわか
ります。さらに，エッジの明るい側では興奮し，エッジの暗い側では抑制され
ます。これが知覚現象として観察されるのが，マッハバンド（Mach band）で
す。中心周辺拮抗型の受容野は，網膜像のエッジの存在とその極性を検出する
役割を担っているといえます。ただし，個々のニューロンは，エッジの方向ま
では検出することはできません。

　中心周辺拮抗型の受容野によって，私たちの知覚現象のいくつかを説明する
ことができます。その代表的なものの一つがヘルマン（Hermann）格子錯視
と呼ばれる錯視現象です（Spillmann, 1994）。ヘルマン格子とは，図 4.9 に示
したように，一般に，黒の背景上に白く太い線分が格子状に引かれたパターン
をいいます。このパターンを観察すると，視野のやや周辺で，白い線分の交差
点の部分に少し暗いぼやけた点を知覚できるかと思います。これがヘルマン格
子錯視です。ヘルマン格子の道の部分，たとえば，水平線のところにあれば，
上下が黒で，左右が白となっています。この道の部分にちょうど位置するオン
中心受容野を仮定すると，左右の白い 2 方向から抑制を受けることになります。
これに対し，交差点に位置するオン中心受容野では，上下左右の 4 方向の白か
ら抑制を受けます。これらを比較すると，交差点の位置に受容野を持つニュー
ロンでは，道の位置に受容野を持つニューロンよりも抑制量が大きくなり，こ
の抑制の程度の違いによって，交差点に少し暗いぼやけた点が知覚されるとい
うわけです。また，ヘルマン格子錯視は，中心視では観察することができず，

やや周辺で観察されることも重要です。ヘルマン格子の道幅が受容野の中心の大きさとちょうど一致する網膜偏心度で錯視が顕著になると考えられており，中心窩の受容野の大きさがヘルマン格子の道幅に対してあまりにも小さいため，中心視では見ることができないと考えられています。

4.3　第一次視覚野

　第一次視覚野（primary visual cortex）は，別名 V1 野ともいい，視覚に関わる最初の大脳皮質の領域であり，後頭葉に位置しています。第一次視覚野の多くのニューロンの受容野は，ヒューベルとウィーゼルによって，同心円状ではなく，長方形の形状をしていることが明らかにされました。さらに，彼らはこれらのニューロンを受容野の特性から次の3つに分類し，それぞれ単純細胞（simple cell），複雑細胞（complex cell），超複雑細胞（hyper-complex cell）と名づけました（図4.10：Hubel & Wiesel, 1959, 1968）。単純細胞の受容野は長

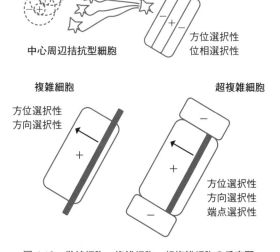

図4.10　単純細胞，複雑細胞，超複雑細胞の受容野

方形の形状をしており，拮抗した応答を示す中心と周辺から構成されています。たとえば，オン中心オフ周辺の場合，長方形の長辺と同じ方向に傾いた線分の刺激がちょうど中心と同じ傾きで呈示されると，ニューロンの興奮が最大となります。しかし，その傾きからずれてしまうと，線分刺激が周辺の抑制領域に入ってしまうため，興奮応答が弱くなってしまいます。このように単純細胞には，最大の応答を示す最適な傾きが存在します。この特性を**方位選択性**（orientation selectivity）といいます。また，同じ空間位置に対して，さまざまな傾きに同調した別のニューロンが存在し，どの傾きに同調したニューロンがもっとも興奮するかで，刺激の傾きを検出することができます。さらに，オフ中心オン周辺など，中心と周辺の反応が異なる受容野を持つニューロンも存在します。また，線分刺激が受容野内でどの位置にあるかも重要であり，刺激の位置によって応答が変わることを**位相選択性**（phase selectivity）といいます。この位相選択性と方位選択性を持つ単純細胞は，エッジがどこにあり，そしてどの方位に傾いているかも検出できるため，エッジ検出器として機能します。

　複雑細胞の受容野は，その形状は単純細胞と同じく長方形であり，方位選択性を持っています。しかし，その受容野には，抑制性の周辺がありません。受容野内に線分刺激があればいいのです。また，長方形の受容野に対して，最適な傾きを持つ線分刺激がその傾きに対して垂直方向にどちらか一方にだけ動いた場合，大きく応答します。複雑細胞は，周辺がないため位相選択性を持ちませんが，方位選択性と**方向選択性**（direction selectivity）を持っています。また，刺激のコントラスト極性も問いません。これらのことから，複雑細胞は運動検出の機能を担っていると考えられています。

　超複雑細胞は，複雑細胞と同様に，方位選択性と運動方向選択性を持っています。複雑細胞では，運動する線分刺激の長さが受容野の範囲を超えてもその応答は変わりませんが，超複雑細胞では，刺激の長さが受容野の範囲を超えてしまうと，その応答はたちまち抑制されてしまいます。すなわち，最適な傾きの線分方向に抑制領域を持つのです。超複雑細胞には，最適な線分刺激の長さがあり，線分の先端が抑制領域直前で終わっている場合，超複雑細胞は最大の応答を示します。最適な線分方向に抑制領域を持つことによって，超複雑細胞

は線分の端点を検出することができます。このことから，端点停止型細胞
（end-stopped cell）とも呼ばれています。

　大脳皮質である第一次視覚野は解剖学的に6つの層から構成されており，表
面側から，1層から6層まで順番に名づけられています。これらの6つの層の
うち機能が比較的明らかになっているのは，2層，3層および4層です。2層
および3層はチトクローム酸化酵素という特殊な物質によって，斑点状に濃く
染まる部分と染まらない部分とがあり，染まる部分はその形からブロッブ領域
（blob region）と呼ばれ，染まらない部分はブロッブ間領域（inter blob re-
gion）と呼ばれます。また，4層はA層，B層，C層の3つの層に分けられ，
さらに，C層はαとβの2つの層に分けられます。

　外側膝状体からのV1野への入力は外側膝状体の大細胞層，小細胞層，顆粒
細胞層によって異なります。大細胞層からの情報は4Cα層に，小細胞層から
は4Cβ層に，そして，顆粒細胞層からの情報は2，3層に投影されます。そ
の後，これらの情報は，層に対して垂直方向に送られます。まず，4Cα層に
入力された大細胞層からの情報は4B層へ，その後，V1野の次の段階である
V2野のチトクローム酸化酵素で濃く染まる太い縞領域（thick stripe）やMT
野（middle temporal cortex）へと伝達されます。この経路には複雑細胞が多
く存在するため，空間視に関わるWhere情報やどのように行動するかのHow
情報に関わる処理がなされていると考えられています。また，この経路は，大
細胞の接頭語magno-のMをとってM経路と呼ばれています。一方，4Cβ層
に入力された小細胞層からの情報は4A層と2，3層のブロッブ領域やブロッ
ブ間領域に投影されます。その後，ブロッブ領域の情報は，顆粒細胞層からの
情報と共に，V2野のチトクローム酸化酵素で濃く染まる細い縞領域（thin
stripe region）へ，ブロッブ間領域の情報はV2野の縞間領域（inter stripe re-
gion）に伝達され，さらに，V4野に送られます。この経路は，小細胞の接頭語
parvo-のPをとってP経路といい，V1野の2，3層のブロッブ領域，V2野の
細い縞領域，そして，V4野では，色情報に選択的に応答するニューロンが多
く存在し，ブロッブ間領域とV2野の縞間領域では，単純細胞が多く存在する
ことから，この経路は形態視に関わるWhat情報の処理を担っていると考えら

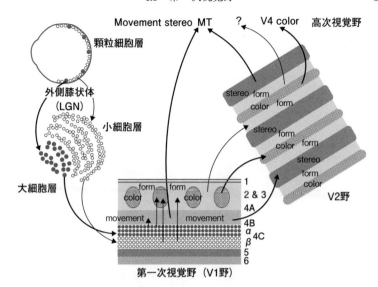

図 4.11 リビングストーンとヒューベルによる網膜から大脳視覚野までの情報処理の流れ (Livingstone & Hubel, 1988)

この時点では，まだ，バイストラティファイド網膜神経節細胞や顆粒細胞層に関しては明らかになっていなかったため，記述されていません。

れています。また，バイストラティファイド網膜神経節細胞からの顆粒細胞層の経路は，konio- の K をとって K 経路と呼ばれています。リビングストーンとヒューベル（Livingstone & Hubel, 1988）は，網膜神経節細胞，外側膝状体，視覚野までの大まかなつながりとそれらの受容野の特性からどのような情報を処理しているのかを図 4.11 のようにまとめています。この図からわかるように，脳は，網膜に結像される視覚情報を単なる映像や画像として見ているのではなく，視覚情報を色，エッジ，傾き，運動方向などの情報ごとに分解し，それぞれの情報に特異的なモジュールにて，並列に解析しているのです（Livingstone & Hubel, 1988）。

図 4.12 は，視野が V1 野にどのように投影されているのかを示しています。中心視の領域は，左右脳のそれぞれ側頭葉に近い側の後頭葉に投影され，中心視を担う領域は広く，一方，周辺視を担う領域は狭く，全体として歪んでいるものの，V1 野でも網膜部位局在が保たれています。また，中心視の領域が広

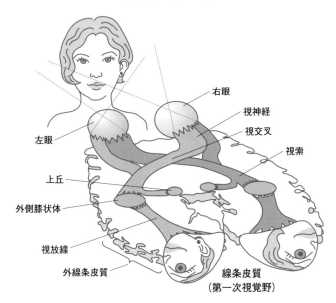

右眼

視神経

視交叉

視索

左眼

上丘

外側膝状体

視放線

外線条皮質

線条皮質
（第一次視覚野）

図4.12 **第一次視覚野への網膜部位局在と皮質拡大を伴う射影**（Snowden et al., 2012）

くなっていることは，中心視に関わるニューロンが多く存在することを意味しており，網膜の不均一性がV1野にも引き継がれています。この網膜偏心度に伴う皮質領域の面積変化を皮質拡大係数（cortical magnification factor）といいます。

　V1野の入口である4C層のニューロンは，単眼性である外側膝状体のニューロンからの情報を受け取るため，どちらか一方の眼からの刺激にしか応答しません。そのため，4C層からつながっている他の層のニューロンも単眼性となり，単眼性のニューロンが柱のような構造を形成することから，これを**眼優位性カラム**といい，右眼と左眼とで対応する網膜位置から入力を受ける眼優位性カラムは隣接しています。さらに，眼優位性カラム内の2，3層のブロップ間領域では，同じ傾き刺激に応答する方位選択性を持つニューロンがカラムを形成し，最適な応答を示す傾き順にそれらのカラムが並んでいます。これらを**方位選択性カラム**といいます。方位選択性カラムを含む右眼と左眼の眼優位性カラムを合わせて，**ハイパーカラム**（hyper column；図4.13）といい，V1野

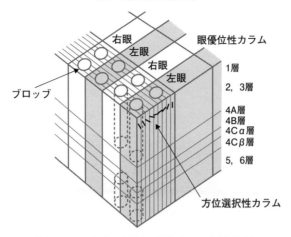

図 4.13　**ハイパーカラム**（川人ら，1994 を改変）

では，このハイパーカラムが視野における局所的部位の情報処理を担う組織単位であり，これが視野全体にわたって存在しています。

　また，ハイパーカラム内で右眼と左眼の眼優位性カラムの境界付近にあるニューロンには，右眼と左眼の情報が入り込み，どちらの眼からの刺激にも応答します。どちらの眼からの刺激にも応答する特性のことを両眼性といい，この段階になって，右眼と左眼の情報が統合されることになります。右眼と左眼の刺激が大きく異なると，統合することができなくなり，単眼の刺激が交互に知覚される**視野闘争**という現象が生じることがあります。この視野闘争の生じる条件を調べることで，単眼からの入力の統合メカニズムの解明につなげることができます。さらに，視野闘争の結果，知覚される刺激は意識上にあり，一方，見えていない刺激は意識下にあることから，視野闘争は意識研究の実験パラダイムにも用いられています（Tong et al., 1998）。

4.4　明所視と暗所視

　私たちの視覚は，眼に光が入射することから始まります。その光の量は，時間や環境によって大きく変化します。たとえば，**図 4.14** のように，夏の快晴

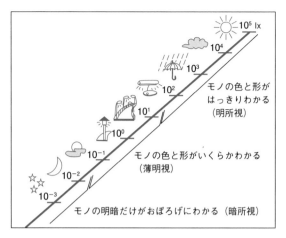

図 4.14　さまざまな明るさの視環境と視覚系のダイナミックレンジ（池田，1988を改変）

のあふれるばかりの光が存在する環境から，新月の夜のわずかな光しかない環境まであります。たとえば，私たちが知覚する明るさの尺度である照度（ルクス（lx））という単位でその光の量を表すと，10^5 lx から 10^{-3} lx までのおよそ8桁の範囲にわたって変化します。2種類あった視細胞のうち，明所では視細胞のうち桿体は飽和して働かず錐体のみが働き，暗所では逆に高感度である桿体のみが働きます。このように，2つのメカニズムを切り替えることによって，明所から暗所までの環境に対応しています。明所で錐体のみが働いている視覚のことを明所視（photopic vision）といい，暗所で桿体のみが働いている視覚のことを暗所視（scotopic vision）といいます。そして，これらが切り替わる光環境での視覚のことを薄明視（mesopic vision）といい，ここでは錐体と桿体の両方が働いています。明所視，薄明視，暗所視は働く視細胞が異なるため，その見え方も大きく異なってきます。錐体が働く明所視では，モノの形ははっきりと見え，同時に色も知覚することができます。一方，桿体のみが働く暗所視では，私たちに見えるものは白黒の明暗で，しかもぼんやりとしか見えません。

　暗いところから明るいところへ移動すると，私たちの視覚系は暗所視から明所視へと代わります。この過程を明順応といいます。明順応では，誰もが経験

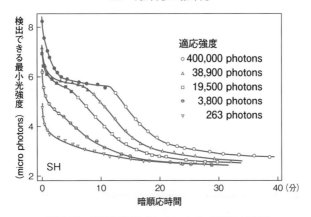

図 4.15 **暗順応曲線** (Hecht et al., 1937 を改変)
横軸は，暗所環境になってからの時間，縦軸は，検出できる最小の光強度を表します。シンボルの違いは，暗所に入る前に，どのくらいの明るさに順応していたかの違いを表しています。また，塗りつぶされているシンボルは，色も見えたことを表し，白抜きのシンボルは，見えたのは光のみで，色が見えなかったことを表しています。

したことがあるように，一瞬，まぶしいと感じますが，数秒で慣れ，難なくモノを見ることができるようになります。つまり，この明順応は比較的短い時間で成し遂げられます。一方，明るいところから暗いところへ移動すると，最初はまったく何も見ることができません。少々時間がたってもなかなか見えるようにならず，見えるまでにかなりの時間を要します。この過程を暗順応といい，この特性を測定したものを暗順応曲線（図4.15）といいます（Hecht et al., 1937）。図4.15の横軸は暗所になってからの時間，縦軸は検出できる最小の光強度，つまり検出閾値を示しています。この実験では，波長 480 nm 以下からなる色光が用いられました。図4.15の上3つの曲線に着目すると，暗所になった直後から，検出閾値は急激に低くなっていきますが，ある程度の閾値に達すると，一定になってしまう時間帯があります。その時間帯を過ぎると，再び閾値は下がり始めます。やがて，再度，検出閾値は一定になり，もうこれ以上閾値が下がることはありません。検出刺激に用いる波長や色光にも依存しますが，暗順応曲線ではこのような2段階の閾値低下が観察されます。最初の閾値低下は，錐体によるもので，暗所になってからの錐体の感度上昇は比較的早く始まり，最初の閾値が一定になったところで，錐体が検出できる最小の光強度

となります。そして，2段階目の閾値低下は桿体によるものです。桿体は錐体よりも高感度で，より少ない光を検出することができます。ただ，錐体よりも感度上昇が遅いため，働き始めるためには時間がかかるのです。やがて，桿体も最大感度に達し，閾値は一定になります。このように，暗順応曲線には錐体と桿体の特性が反映されており，最初の閾値低下の過程では，錐体による検出のため，光が見えるだけでなく，その色もわかります。光が見え，その色も見える閾値のことを色覚閾といいます。しかし，2度目の閾値低下の過程では桿体しか働かないので，検出される光の色は無彩色です。この色が見えず光のみが見える閾値のことを光覚閾といいます。そして，光覚閾と色覚閾の間隔のことを光覚・色覚間隔といい，この光覚・色覚間隔は光の波長に依存します。

　暗所視では，なぜ色が見えなくなってしまうのでしょうか。それは単純に光が少ないからではなく，光が少ない環境下で働く視細胞である桿体が1種類しか存在しないためです。視細胞で吸収された光によって生じる応答の大きさは，その光の波長に対する視細胞の感度とその光の強度の積となり，波長についての情報はなくなってしまいます。このような原理のことを単一変数の原理といいます。簡単に言えば，1つのものからは1つのことしかわからないということです。たとえば，図4.16 に示した桿体の分光視感効率で，効率（感度）1.0の波長である 505 nm の光が 10 という強度で桿体を刺激したとします。今度は，効率（感度）0.5 の波長である 480 nm の光が強度 20 で桿体を刺激したとします。これらの視覚系に対する作用は，効率（感度）×光の強度ですから，それぞれ，$1.0 \times 10 = 10$ と $0.5 \times 20 = 10$ で等しくなってしまいます。そうなると，桿体レベルでは，刺激量の 10 しかわからないため，どっちの波長の光がどれだけの強度で眼に入ってきたのかを区別することができません。それゆえに，光の質的な違いである波長の違いを色として，脳で構築することができないのです。明所視でも，1種類の錐体しか持たない錐体1色覚では，同じことが起こります。ちなみに，明所視の分光視感効率は L 錐体と M 錐体の分光感度の和となります。

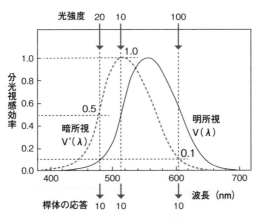

図 4.16　暗所視ではなぜ色が見えないのか

4.5 色

4.5.1 色立体

　暗いところで働く視細胞は，1種類しかない桿体であるため，暗所視では，光の明暗しかわからないということを前節で述べました。では，明所視ではどうでしょうか。明所視では，一般的に3種類の錐体が働き，これら錐体の応答が，応答の形態を変えても失われずに大脳まで到達し，私たちの知覚表象を構築するならば，眼に入ってきた光に対して，3つのことを知覚できることになります。色の三属性がその例です。色の三属性とは，色相，彩度，明度です。色相は，色の様相，すなわち，赤とか，青とか，色みの質的な違いです。彩度は，濃い，淡い，または鮮やかなど，色みの量的な違いです。明度は，色としての明るさです。これらを円柱座標系で規則正しく配置すれば色立体を構築することができます（図 4.17）。マンセル表色系（Munsell Color System）の色立体では，中心軸が無彩色で，縦方向には明度が，中心軸から離れる方向に色みの強さを表す彩度が，そして，中心軸を囲むような円周方向には色相が割り当てられています。そして，任意の色が，この色立体の中でどこに位置するのかを同定することにより，色を表すことができるようになります。マンセル表色系では H V/C（ヒュー バリュー/クロマ）で色を記述します。また，NCS

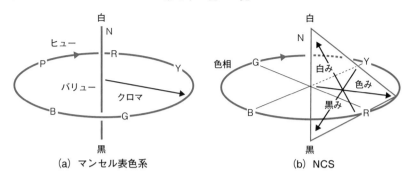

図 4.17　カラーオーダーシステムの色立体
(a) マンセル表色系では，色相は，R（赤），Y（黄），G（緑），B（青），P（紫）の5色相の記号が用いられています。無彩色には，N が用いられます。明度はバリュー，彩度はクロマといい，最大クロマは色相とバリューに依存します。
(b) NCS では，色相は，R（赤），Y（黄），G（緑），B（青）の心理4原色によって構成されています。明度と彩度は，白み w，黒み s，色み c で表され，w＋s＋c ＝100 となるように正規化されています。すなわち，等色相面は，(w, s, c)＝(100, 0, 0)，(0, 100, 0)，(0, 0, 100) を頂点とした正三角形となり，この正三角形内に色が存在します。NCSでは，黒み s と色み c，そして色相 φ を用いて，SC−φ で色を記述します。ここで，sc のことをニュアンスといいます。

（Natural Color System）のように，彩度と明度を一緒にし，白み，黒み，色みとして表すシステムもあります。この場合の色立体は2つの円錐を底面で合わせたような形となります。マンセル表色系や NCS のように，立体として色を体系的に配置したシステムのことをカラーオーダーシステム（color order system）といいます。

4.5.2　色の三原色

　色は三属性以外に三色性（trichromacy）という特性も持っています。色の三色性とは，互いに独立な3つの色光を混色することによって，さまざまな色光を作ることができるという特性をいいます。1つ目の色光と2つ目の色光を混色したときに3つ目の色光を作り出すことができない場合，これらの3つの色光は互いに独立であることになります。よく用いられる独立な3色は，赤，緑，青であり，テレビやコンピュータ画面などでは，この3色の加法混色によって多彩な色が再現されています。赤，緑，青は色光の三原色と呼ばれます。

また，絵の具やインキなどの反射物体では，色再現が減法混色のため，赤，緑，青の補色であるシアン，マゼンタ，黄色が三原色として用いられています。

　赤，緑，青の3色を原色とした加法混色によってさまざまな色ができるという事実から，この特性を用いて色を表すこともできます。CIERGB表色系は，赤，緑，青（CIE表色系では，原色のことを原刺激といいます）を混色し，混色の結果できた色，さらに，それと同じ色を，このときの赤の光強度，緑の光強度，青の光強度によって表します。この赤，緑，青の光強度を三刺激値といいます。ただし，赤と一言でいってもさまざまな赤があることは周知の事実だろうと思います。色を三刺激値で表す場合，原刺激となる赤，緑，青がどのような赤，緑，青なのかということも重要になってきます。また，赤，緑，青の加法混色では，実際に作り出せない色もあるため，色を扱う産業では，現実には存在しない数字上だけの色として，X色，Y色，Z色を定義し，これらの三刺激値によって色を表すCIEXYZ表色系が使われています。色を表すのに三属性や三原色のRGB，そしてXYZなど，3つの次元が必要なのは，色知覚をもたらす錐体がL錐体，M錐体，S錐体という3種類存在することに起因しています（たとえば，篠田・藤枝，2007など）。

4.5.3　色の恒常性

　物体から反射される光の分光分布は，その物体の分光反射率だけでなく，それを照明する光源の分光分布にも依存します。すなわち，照明環境によって，視対象となる物体の色が変化してしまいます。これに対しても，私たちの脳では，照明光による色の変化を取り除き，安定した物体表面の色を知覚しようとします。これが**色の恒常性**（color constancy）です（たとえば，篠田・藤枝，2007など）。ただし，照明光による色の変化があまりにも大きいと，色の恒常性は不完全となり，照明光による色の変化をすべて取り除くことはできません。もし，色の恒常性が完璧に働いてしまったなら，照明光の色そのものがわからなくなり，私たちは夕焼けの景色を楽しむこともできなくなってしまうでしょう。

　知覚の恒常性は絶えず変化する網膜像の中から，外界で変化していないもの

を知覚しようとする特性のことですが，一方，眼球の固視微動さえもなくし網膜像がまったく変化しなくなると，私たちは何も見えなくなってしまいます。まったく変化しない網膜像のことを静止網膜像（stabilized retinal image）といい，形だけではなく色も見えなくなってしまうのです（Riggs et al., 1953）。

復習問題

1. 私たちは，常に眼を動かして，モノを見ています。なぜ，そうしないといけないのでしょうか。

2. 網膜は，どのようなニューロンによって構成されているでしょうか。

3. 受容野とは何か説明してください。また，網膜や外側膝状体の受容野の特性についても説明してください。

4. 第一次視覚野では，網膜にあるニューロンや外側膝状体の受容野とは異なる特性の受容野を持つニューロンがあります。それらのニューロンの名称を挙げ，それぞれの特性について説明してください。

5. 暗順応曲線とは，どのような曲線でしょうか。また，その曲線から何がわかるでしょうか。

参 考 図 書

池田 光男（1988）．眼はなにを見ているか——視覚系の情報処理——　平凡社

　見ることについて，入門者または学部生向けに，多くの心理物理学的実験を紹介しながら，情報処理の観点から解説した一冊です。

篠田 博之・藤枝 一郎（2007）．色彩工学入門——定量的な色の理解と活用——　森北出版

　色彩に関する研究をする人にはぜひ，読んでいただきたい一冊です。色彩科学的に色を扱えるようになるために必読です。

福田 淳・佐藤 宏道（2002）．脳と視覚——何をどう見るか——　共立出版

　網膜から脳までの視覚に関する脳科学（生理学，神経科学，心理物理学）研究を比較的詳細に，かつ幅広く解説した一冊です。大学院生レベル以上の内容となっています。

Hubel, D. H. (1988). *Eye, brain, and vision*. New York: W. H. Freeman.

　1981 年にノーベル生理学・医学賞を受賞したヒューベルの本。生理学的な知見をもとに視覚に関する情報処理をわかりやすく解説しています。学部生でも講読できる内容となっています。

De Valois, R. L., & De Valois, K. K. (1990). *Spatial vision*. New York: Oxford University Press.

　視覚生理学実験と視覚の心理物理学実験の基礎的な知見を，視覚情報処理の観点からまとめています。理解するためにはある程度，数学の知識も必要です。大学院生にはおすすめの一冊です。

視覚：さまざまな視覚現象

第4章では視覚の生理学的基盤と基礎的情報処理について学びましたが，第5章ではさまざまな視覚現象とその意味について学びます。心理学の領域で「視覚現象」と呼ぶものの多くは，実は私たちの日常生活でよく経験しているものです。私たちの視覚体験を分析していくと，条件さえ整えば多くの人に共通して知覚される，視覚の本質的な特徴を表すような条件と知覚の組合せがあります。本章ではそのような視覚現象について学び，それらを日常生活の中にも探してみることにしましょう。

5.1　形の知覚

5.1.1　図と地

図（figure）は，視野の中で，あるまとまりをもって視覚的な分析の対象となる部分のことであり，地（ground）はその背景です。図と地の分化は，形や動きなどの見えに関わる基礎的な現象です。ゲシュタルト心理学者たちは，視野の中で図になりやすい条件として，凸の領域，面積が小さい領域，対称性のある領域，囲まれた領域などを挙げています。他にも視野の下の領域，既知のものなども図になりやすいことが報告されています。

図の領域は，その領域と他の領域との境界を輪郭として所有します。逆に地には輪郭がなく，図の背後で漠然とひろがることになります。わかりやすい例として，図5.1のルビンの杯（あるいは壺）が挙げられます。白い部分が図として知覚されるとき，白と黒の境界線は白い領域に属し，白い領域の輪郭となって杯の形を表します。黒い部分が図として知覚されると，境界は黒い領域の輪郭となり，向かい合う人の顔を表します。境界は図になったほうの輪郭となって図の形を表し，地からは切り離されます。

図 5.1　**ルビンの杯**（Rubin, 1915）
白い領域が図になると杯が，黒い領域が図になると向かい合う顔が見えます。

5.1.2　群化の法則

　視野の中に図となる領域が現れてくると，それはより大きな図としてまとまり，構造化された全体の形が知覚されます。これが**知覚的体制化**（perceptual organization）です。知覚的体制化は，できるだけ簡潔で規則的な構造になるように起こります。これを**プレグナンツの法則**（law of prägnanz）と呼びます。ゲシュタルト心理学の創始者の一人であるヴェルトハイマー（Wertheimer, M.）は，今日「群化の法則」「ゲシュタルト要因」などと呼ばれるまとまりの要因（principles of grouping）を報告しました。これらはプレグナンツの法則の具体的な現れとされています。群化の法則はその後の研究者により追加されたものもあり，図 5.2 のようにまとめられています。

5.1.3　主観的輪郭

　主観的輪郭（subjective contour）は，色や明るさの違いがなく物理的には境界がないところに輪郭を知覚する現象で，図 5.3 左の**カニッツァの三角形**（Kanizsa triangle）はその典型的な例です。白い三角形に見える部分は実際には存在しないのに，三角形が知覚され，輪郭も知覚されます。一般に，カニッツァの三角形は，背景より明るく見え（白黒を逆にするとより黒く見えます），他の要素（3つの“＜”と3つの“パックマン”図形）より手前に見えます。また，3つの“＜”は白い三角形の背後に隠れた三角形として知覚され，3つのパックマンはそれぞれ円として知覚されます。カニッツァ（Kanizsa, G.）は

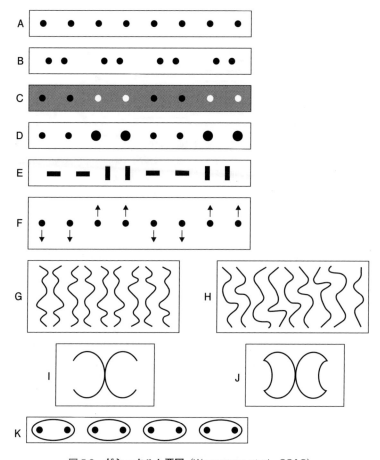

図5.2 **ゲシュタルト要因** (Wagemans et al., 2012)
図中のA〜Kはそれぞれ以下の要因を示しています。
A：まとまりなし。
B：**近接**……距離が近い要素同士がまとまる。
C：**色の類同**……色が似ている要素同士がまとまる。
D：**大きさの類同**……同じ大きさの要素同士がまとまる。
E：**方位の類同**……同じ方位を持つ要素同士がまとまる。
F：**共通運命**……同じ方向，速度で動く要素同士がまとまる。
G：**対称性**……対称性を持つ輪郭同士がまとまる。
H：**平行性**……平行性を持つ輪郭同士がまとまる。
I：**よい連続**……輪郭がなめらかにつながるようにまとまる。
J：**閉合**……閉じた領域，あるいは閉じ合う傾向にあるものがまとまる。
K：**共通領域**……同一の領域に分類されるものはまとまる。

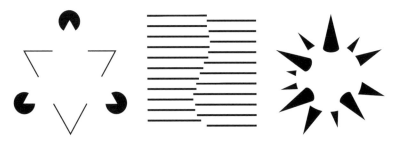

図 5.3　**主観的輪郭**
左はカニッツァの三角形，中央はカニッツァによる隣接縞（abutting grating）図形，右は
出澤（Idesawa, 1991）による主観的球体（元は立体視図版）。

図 5.3 中央のような縞の隣接による主観的輪郭も報告しています。図 5.3 右は
出澤による図形ですが，主観的輪郭は平面ではなく，球体として知覚されます。

5.1.4　知覚的補完

　手前の対象に遮られて，ある対象の一部が見えない場合に，その部分を知覚
的に補って，実際に見えるのと同じように知覚することを**視覚的補完**（visual
completion）といいます。視覚だけでなく，聴覚でも補完は起こりますので，
知覚的補完（perceptual completion）は視聴覚に共通の概念といえます。視覚
的な補完は 2 つに分けられます。カニッツァの三角形のように，部分的に見え
ているものから全体の形が「見える」ように補って知覚する（背景より白く見
える，手前に見える，輪郭が見える等）ものを感性的補完と呼びます。また，
カニッツァの三角形の後ろでパックマン図形が黒い●に知覚され 3 つの "<"
が三角形に知覚されるように，実際には見えているわけではないけれども，背
後にあるものとしてその存在が知覚されるものを，非感性的補完と呼びます。
盲点の補間も知覚的補完です。「形を完成させる」という意味合いがなく，単
に空白部分を埋める場合は，補間（interpolation）という言葉が使われます。

5.1.5　透 明 視

　透明視（phenomenal transparency）は，平面的な像の中に，光学的な透明

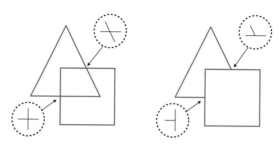

図 5.4 **X 接合と T 接合**
左図では，輪郭が中断せず交わっていて（X 接合），透明性を示していますが，右図では，
一方の輪郭が中断されていて（T 接合），不透明な物体によって遮蔽されていることを示
しています。

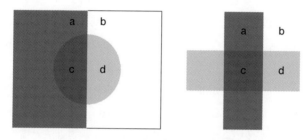

図 5.5 **透明視と明るさの関係**
透明に見える手前の対象が半透明のフィルターであると仮定するなら，明るさが a ＜ b の
とき c ＜ d であり（フィルター越しに見ても明るさの大小関係は保たれる），また b－a
＞ d－c の関係が成り立つ（フィルター越しに見える部分では明るさの差が小さくなる）
ことが仮定されます。

と同様に重なっている複数の対象が知覚される現象です。一般に，輪郭が T
接合（T-junction）している場合は遮蔽を表し，X 接合（X-junction）している
場合は透明性を表す手がかりとして知られています（図 5.4）。輪郭に囲まれ
た面の知覚的透明性は，輝度の関係性が大きく関わることがメテリ（Metelli,
1974）によって報告されています。図 5.5 は典型的な透明視と輝度（明るさ）
の関係を示しています。近年，輪郭の動的な変化で透明視が生じる例が報告さ
れています。これは小川のせせらぎのような表面が変形する透明物体によって，
水の底の映像が変形する状態に対応しています。また，透明視という名称から，
透明あるいは半透明物体が手前にある状態を仮定しがちですが，このような見

えを処理する能力は，「影」を知覚的に処理するために発達したという考え方
もあります。

5.1.6　幾何学的錯視

これまでに，数えきれないほどの錯視図形が発見・考案されてきました。そ
の中でも特に，直線，円弧，多角形等，その形状を単純な幾何学で記述するこ
とができる図形で，位置，傾き，角度，長さ，大きさ等幾何学的な変量の錯視
を起こすものを幾何学的錯視（geometrical illusion）と呼びます（図5.6）。ほ
とんどの幾何学的錯視は1800年代末にヨーロッパでその原型が発見されてい
ますが，日本においても幾何学的錯視の研究は伝統的に盛んで，近年では，
「縁飾りエッジの錯視」や「市松模様の錯視」など，北岡明佳による新しい幾
何学的錯視の発見（創出）を中心とする錯視研究の新しいブームが作られまし
た。

ミュラー–リヤー錯視（Müller-Lyer illusion）は，少なくとも日本ではもっ
とも有名な錯視図形と思われ，ポンゾ錯視と同様に，線遠近法による説明と共
に紹介されることが多いようです。建物などの角を線遠近法で描くと，凸の角
は⟵⟶，凹の角は⟩⟶⟨というようにミュラー–リヤー錯視の形状となりま
す。図5.7左のように，主線となる部分が網膜上で同じ長さの場合，奥（遠
く）にあるほうが長いと解釈することができます。ポンゾ錯視では，2本の輻
輳線分を，線遠近法で描いた，遠方に延びる鉄道のレールのような平行線と解
釈することができます（図5.7右）。その際，網膜上で同じ長さの水平線であ
れば，遠くにあるように見えるほうが長いと解釈することができます。グレゴ
リー（Gregory, R. L.）は，平面上の図形に対して奥行きに基づく大きさの恒
常性（後述）のスケーリングの仕組みが誤って適用されるために錯視が起こる
（inappropriate constancy scaling theory）と考えました。エビングハウス錯視
やデルブーフ錯視は，大きさにおける対比と同化と考えることができますし，
ヘリング錯視，ツェルナー錯視等は線分が交わる際に，鋭角が過大視されると
考えることができます。しかし，すべての幾何学的錯視に共通の原理があるわ
けではなく，逆にそれぞれの錯視に1対1で対応する原因があるわけでもない

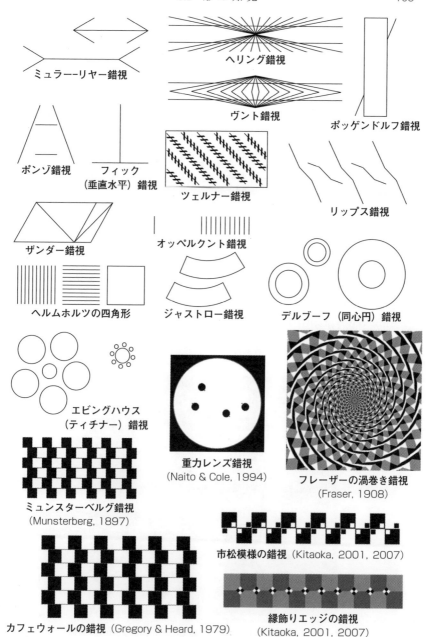

図 5.6 代表的な幾何学的錯視

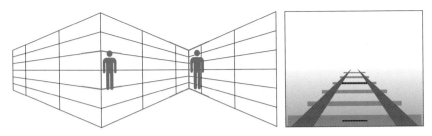

図 5.7　ミュラー–リヤー錯視（左）とポンゾ錯視（右）における遠近法仮説

紙の上で（あるいは網膜上で）同じ長さの線であっても，線遠近法的に奥にあることが示唆されると，線遠近法で縮んだ分を知覚的に補正して元に戻すメカニズムが適用されるとする仮説です。

コラム 5.1　2000 年以降の錯視（1）

　みなさんは，錯視は古くさいものだと思っていませんか？　現代でも次々に新しい錯視は発見されています。本章のコラムでは，比較的新しく発見された錯視を紹介します。図 5.8 は発見者の名前をとって，ピンナ錯視と呼ばれています。図の中央を見ながら図に頭を近づけたり遠ざけたりすると，周囲の四角形が回転するように見えます。

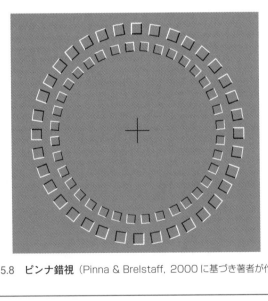

図 5.8　ピンナ錯視（Pinna & Brelstaff, 2000 に基づき著者が作成）

コラム 5.2　2000 年以降の錯視 (2)

　図 5.9 は北岡による「蛇の回転」です。静止画にもかかわらず，蛇が回っているように見えます。1 点を見続けると止まってしまいますが，目を動かすとまた動き始めます。オリジナルは白，黄，黒，青の 4 色からなっていますが，モノクロ版でもほぼ同等の効果があります。ただし，ディスプレー上の大きい画面で見たほうが効果が大きいので，以下のページをパソコンの画面で見てみてください。(https://www.ritsumei.ac.jp/~akitaoka/)

図 5.9　蛇の回転 (北岡，2003)

ようです。いくつかの要因がそれぞれの錯視に対して異なるウエイトをもって作用していると考えることもできます。

コラム5.3　2000年以降の錯視（3）

　図5.10は伊藤による残像の錯視です。通常，色への順応による残像は反対色として現れますが，形も変化します。周辺視で円を10秒間見た後に現れる残像は多角形に見え，6角形を見た後に現れる残像は円形に見える場合があります。

　下記URLからパワーポイントファイルをダウンロードして試してみましょう。（http://www.design.kyushu-u.ac.jp/~ito/shape-afterimage.pptx）

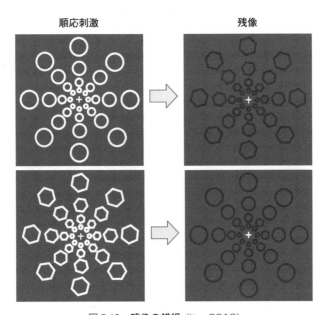

図5.10　残像の錯視（Ito, 2012）

5.2　運動の知覚

5.2.1　仮現運動

　映画やテレビ，アニメ，YouTubeやTikTokの動画，ゲーム画面の動きなどは，目に映る像が物理的に動いているわけではありません。1秒間に数枚から

コラム 5.4　2000 年以降の錯視（4）

図 5.11 は，高橋による「曲がり盲」錯視です。以下の線はすべて横に伸びるサイン波の曲線ですが，曲線の天と地の部分で白黒が背景色に対して反転すると，曲線として見えなくなり，角を持つ波に見えます。

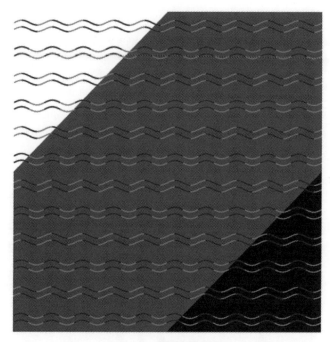

図 5.11　**「曲がり盲」錯視**（Takahashi, 2017）

数十枚（場合によっては 100 枚以上）の静止画が次々に画面に映し出されているのを見て，あたかも映像が動いているかのように感じてしまうのです。このような現象を仮現運動（apparent motion）と呼びます。もっとも単純な例は，鉄道の踏切の遮断機にみられます。左右（または上下）に赤い光が交互に点灯するとき，光が 2 つの位置の間を移動するように見えます。

5.2.2　自動運動

暗闇でぼおっと光る小さな点を見つめるとき，それが勝手にふらふら動くように見える場合があり，これを**自動運動**と呼びます。暗い夜空に弱く輝く星を見ると，勝手に動くように見え，UFO に間違えられることもあります。また逆に，雪山のように視界が全面的に白い場合に，遠くの黒い岩陰が動いている人のように見える場合もあります。視界の枠組みが弱いことによる目の不随意な動きが原因という説がありますが，点が 2 つある場合にそれぞれが独立して自動運動を起こす例が報告されており，目の動きだけでは説明できないようです。

5.2.3　運動残効

滝をしばらく眺めた後に，静止した対象に目を移すと，それが上昇するように見える場合があります。これを滝の錯視と呼びますが，**運動残効**（motion aftereffect）の典型的な例です。映画の上昇するエンドロールを見た後に，静止した文字等が下がっていくように見えるのも運動残効です。運動残効は，2つの方向（滝では上下）への，それぞれの運動を検出する視覚の仕組みが互いに拮抗した状態にあり，一方の動きを見続けるとその動きへの反応が疲労のために衰え，もう一方の動きの検出が優勢になるために起こると考えられています（図 5.12）。

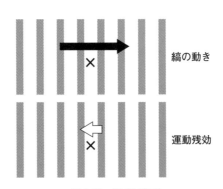

縞の動き

運動残効

図 5.12　運 動 残 効

×を凝視して右に動く縞を見ていると（上図），縞が静止したときに左に動くように見えます（下図）。

5.2.4　誘 導 運 動

　ある対象の周囲や背景で大きなものが動くと，その対象が反対方向に動いて見える現象を**誘導運動**（induced motion）といいます。たとえば，月の周囲を雲が強風で流れていくのを見ると，月が反対方向に動くように見えることがあります（図 5.13）。

5.2.5　生物学的運動

　人体の主要な関節に光点をつけて暗闇でいろいろな動作をさせると，光点の動きの情報だけで，すぐに人物の動きを立体的に把握することができます。これを**生物学的運動**（biological motion）といいます。静止画にすると，黒地に白い点が散らばっているだけなのですが，動きだすと男性か女性かもすぐにわかりますし，2 人でダンスをしていても 2 人の動きがわかります（図 5.14）。

図 5.13　誘 導 運 動
視対象の周囲や背景に動く大きなものがある場合，それとは反対方向に動いて見えます。

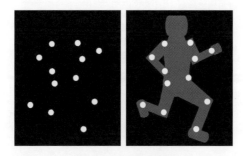

図 5.14　生物学的運動
静止画では散らばった光点にしか見えないのに（左図），動いていると，散らばった光点が人体の動きとしてまとまって見えます（右図（イメージ））。

5.3　奥行きの知覚

5.3.1　奥行きの手がかり

　奥行きは，目を開ければ常に知覚される日常的なもので，特別な VR（バーチャルリアリティ）や 3D の装置を使わないと見えないというものではありません。たとえ網膜に映る像そのものが平面的であっても，そこから得ている視覚情報は，私たちが生活している奥行きのある空間の体験を作り出しています。映画やスマホ，ゲームの画面のような平面上の映像であっても，その中には疑似空間が感じられるはずです。つまり，視覚は基本的に奥行きの軸を持つ空間的な感覚です。網膜に映った像は，脳において再度，立体的な世界として構築され，奥行きの知覚（depth perception）が生じます。この過程で脳において使用されているのが「奥行きの手がかり（depth cue）」です（図 5.15）。

5.3.2　絵画的奥行き手がかり

　古くから画家は，平面的なキャンバス上に，立体的な印象を表現するため，さまざまな手法を開発してきました。逆に言うとそれらは，私たちにとって奥行きの手がかりとして利用可能であることを意味しています。絵や写真の中に表現可能な奥行きの手がかりを，絵画的奥行き手がかりと呼びます。たとえば，

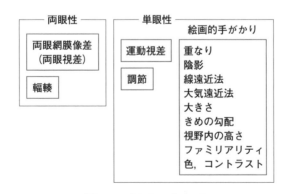

図 5.15　奥行きの手がかり
両目の情報がないと手がかりにならないものが両眼性の手がかりで，片目だけでも機能するのが単眼性の手がかりです。絵画的手がかりは絵に描ける手がかりです。

線遠近法（linear perspective）はレオナルド・ダ・ヴィンチの時代に完成され
たと考えられますが，その効果は誰もが知っている通りです。線遠近法では，
平面上で1点に交わる複数の線分は，空間内では平行線を意味するものと解釈
されます。図5.16の中の白い破線は，建物や岸に現れている線遠近法です。
ボートや窓の大きさが遠くにあるものほど小さくなっていますが，このような
同一物の相対的な大きさ（relative size）も奥行きの手がかりです。図5.17で
は，遠くになるほどテクスチャ（ここではタイル）が密になり，奥に伸びる平
面を感じさせます。この奥行きの手がかりをきめの勾配（texture gradient）と

図 5.16　線遠近法と相対的大きさ

白い点線は1点に集まります。これは空間内で奥に伸びる平行線であることを意味してい
ます。近くのボートは大きく，遠くのボートは小さく映ります。

図 5.17　きめの勾配

一定の大きさのもの，あるいは多数の要素が一定の密度で遠くまで続いて分布している場
合，視野内では，近くはきめが粗く，遠くはきめが密になるというきめの密度の勾配が生
まれます。

呼びます。

　陰影も絵の立体感を表現するのに効果的です。陰影には，光線を物体が遮ったために他の物体上にできる影（キャストシャドウ（cast shadow））と，物体表面の凹凸によって明るさが変化するシェーディング（shading）あるいはアタッチドシャドウ（attached shadow）があります。シェーディングは単なる絵画のお約束ではなく，視覚機能と直接関係しています。図5.18左のように，上が明るいものが凸で，上が暗いものは凹であるという知覚的なバイアスの存在が知られており，光は上（または左上）から来るという生態学的な仮説に基づいていると考えられます。キャストシャドウは，対象と影が映る表面の空間的関係を示します（図5.19）。**大気遠近法**（aerial perspective）は，空気中の塵などで波長の短い光が拡散することによって，遠くのものが青くかすんで見えるという，物理的な原因による現象に基づきます（**図5.20**）。人間の視覚の

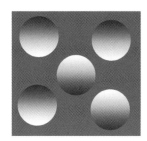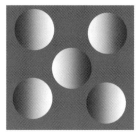

図5.18　**陰影と光の方向**
左図では上が明るい〇は凸として感じられます。本を逆さまにすると，凹凸が逆になります。右図は，本を右か左に90°傾けることによって知覚的な凹凸が定まります。

図5.19　**キャストシャドウ**
白い四角と影が離れているほど，白い四角と背景の間に空間があることがわかります。

図5.20 大気遠近法
この図は白黒ですが，一般に遠方の景色は，青みがかってコントラストが落ち，細部が不鮮明に見えます。

側から考えると，背景との輝度コントラストが大きいものや，ぼけた背景に対して輪郭のくっきりしたものが手前に見えるという特性とマッチし，暖色系が進出色で寒色系が後退色という特性とも一致しています。**遮蔽**（あるいは**重なり；occlusion**）による奥行き手がかりは，輪郭がT字状に中断される箇所で，手前のものに覆い隠されたとする解釈です（図5.4参照）。**ファミリアリティ**は，自分のよく知っている対象の眼に映る大きさから，距離や相対的奥行きを推定するものです。

5.3.3 運動視差

画家がキャンバス上に描くことができない，つまり絵画的でない単眼性の奥行きの手がかりとして**運動視差**（motion parallax）があります。これは，後述の両眼網膜像差と並んで強力な奥行き手がかりです。私たちが歩いたり，上体を動かしたりすることによって，空間内での目の位置は変位します。これによって，網膜に映る像も変化します。図5.21を試してみましょう。目の前に左手と右手の人差し指を立てて，左手を奥にします。左目を閉じて右目で遠くの左手を見ます。両手を動かすことなく，左手を見つめながら頭を左に移動させると，左手より遠い景色は視野内で頭と同じ左方向，左手より近い右手は視野内で頭と逆の右方向に移動するのがわかると思います。

このように動きの方向は，その対象が見つめているところより遠いか近いか

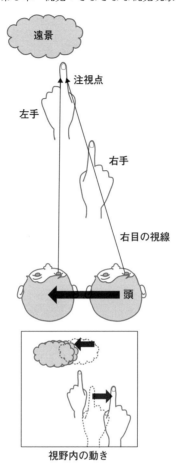

図 5.21　運動視差の実験
1 点を見つめながら頭を動かしたときの視野内での像の動きを確かめてみましょう（本文参照）。

を示す手がかりになりますし，そのときの動きの速さは，見つめている対象より近い場合は，自分に近いほど速くなり，見つめている対象より遠い場合は，より遠いほど速くなります。このような自分の動きに伴った，像の相対的な動きを運動視差といいます。また，実際に自分が動かなくても，映画やテレビなどで，カメラが移動しながら撮影した映像においては，映像の中に運動視差が反映されるので，奥行き感のある映像になります。

5.3.4 光学的流動パターン

本来の光学的流動パターン（optic flow/optical flow pattern）という言葉は，ギブソン（Gibson, J. J.）によって提案された概念で，自分が移動したときに，目の位置を通る光の幾何学的な配列パターンの動きを示したものです。運動視差は網膜上の動きや視野内の動きに対して用いる言葉ですが，目が動くと網膜像は動きますし，動くものを目で追うと，動いているものでも網膜上では止まります。それに対して光学的流動パターンの概念は，目がどちらを向いていてもどのように動かしていても影響を受けません。図5.22左は，電車に乗って左に進んでいるときに生じるパターンです。運動視差の図としては，地平線を見つめたときにこのような動きが視野内に現れますが，中間地点にある対象を見つめたときは，その対象の手前か奥かで動きの方向が変わってしまいます（図5.21参照）。図5.22右は，飛行機が着陸するときにパイロットが得る光学的流動パターンで，拡大の中心に向かって着地するという情報を含んでいます。光学的流動パターンは，自己の動き，環境の空間的レイアウトおよびそれらの関係についての情報を与えてくれます。運動視差とよく似ているのでしばしば混同されますし，大きなディスプレー上に図5.22のような動きを提示する実験などでは，映像の動き自体をオプティカルフローと呼んでいる場合があります。他の分野でも使われますが，意味が少し違っています。

5.3.5 調　節

図5.23のように，水晶体はレンズの役割を果たしており，遠いところを見

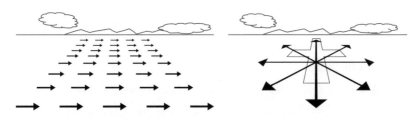

図5.22　**光学的流動パターン**　（Gibson, 1950に基づき著者が作成）
左図は，左方向に進む人に生じる光学的流動パターンで，右図は，飛行機で着陸する人に生じる光学的流動パターンです。

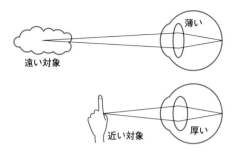

図 5.23　調　　節
水晶体の厚みを変えて，遠くのものにも近くのものにもピントを合わせることができます。

るときは薄くなり，近いところを見るときは厚くなります。厚みを変えることで焦点距離を変え，網膜上にピントが合った像が映るよう調整します。逆に言うと，水晶体の厚みは視対象の距離を反映しているので，奥行きの手がかりになるのです。これを**調節**（accommodation）といいます。

5.3.6　輻　　輳

　人間の両目は左右にずれて顔の前方に配置されており，同一の視対象を両目で見ることができます。近くの対象を見るときは，両目が鼻側に回転し（寄り目になり），遠くの対象を見るときは，両目が開きます。このような両目の動きを**輻輳**（vergence）といいます。図 5.24 のように，近くの対象を注視した場合，左右の視線のなす角 b は，遠くの対象を注視した場合の視線のなす角 a より大きくなります。この角度は，輻輳角と呼ばれ，視対象までの距離と対応して変化します。輻輳と水晶体の調節は連動することが知られています。輻輳も調節も数メートル以内で，奥行きの手がかりとして機能します。

5.3.7　両 眼 視 差

　両目は左右にずれて配置されているため，同一の対象の像が映る網膜上の位置が左右の目で違う場合があり，これを**両眼視差**あるいは両眼網膜像差（binocular disparity）と呼びます。図 5.25 のようにある対象を両目で見ると，注視した対象は両目それぞれの視野の中心部に像が映りますが，そこから奥ある

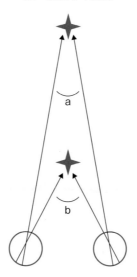

図 5.24 輻　輳

遠くを見るときと近くを見るときでは，両目の視線のなす角度が異なり，遠くより近くを
注視するときのほうが，角度が小さくなります（a＜b）。

いは手前にある対象は，両目の網膜上で同じ位置には像を結びません。このと
き，どちらの眼の像が網膜のどちら側にどのくらいずれて映るかが，対象間の
相対的な距離，つまり奥行きの手がかりとなります。この手がかりを使って奥
行きを知覚することを**両眼立体視**（binocular stereopsis）といいます。

　立体映画やバーチャルリアリティなどにおける立体映像は，両眼立体視を行
う装置（メガネや VR ゴーグル）を使うことで，リアルな立体感を得ることが
できます。しかし，両眼立体視は特殊な器具がなければできない特殊な現象で
はありません。私たちは，目を開けている間ずっと，世界を立体視して見てい
ます。あまりに自然なので，それが両眼立体視等によって成立した奥行き感で
あるということに気づかないのです。

　また，両眼立体視は奥行き感を際立たせるだけでなく，阻害する場合もあり
ます。たとえば，テレビ画面や写真など平面上の画像を見る際，両目で見ると
両眼視差が「平面である」という情報を与えるため，平面的に見えてしまいま
す。カメラが移動しながら撮影した映像や，絵画的奥行き手がかりが豊かな写

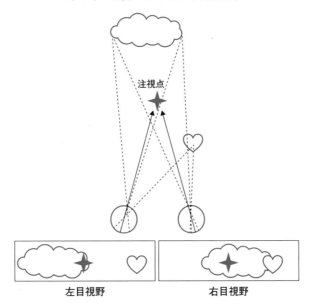

図 5.25 　両 眼 視 差
注視点を見つめるとき，注視点の像は視野の中心部（網膜上では中心窩）に見えます。注視点より遠い対象（ここでは雲）は，視野内で，左目では左方向，右目では右方向にずれます。注視点より近くにある対象（ここではハート）は，視野内で，左目では右方向，右目では左方向にずれます。

真などは，片目を閉じて見ることによって立体映像を見る際のような立体感が得られます。

5.3.8　ランダムドットステレオグラム

　左目用と右目用の図版からなる立体写真は，それぞれの図版の中に，認識できる対象が存在します。右目用写真の中の像と左目用写真の中の像の対応は明白です。ユレシュ（Julesz, B.）は，1960年に50％の確率の白と黒のドットでランダムに描かれたステレオグラムを作成しました（図5.26）。このランダムドットステレオグラムでは，左右の像の対応が意識できません。つまり両眼の像が脳内で融合して奥行きを作り出す際には，具体的に認識できる形がそれぞれの目に提示されている必要はないのです。このランダムドットステレオグラムの発明によって，単眼性の奥行き手がかりを一切排除することが可能になり，

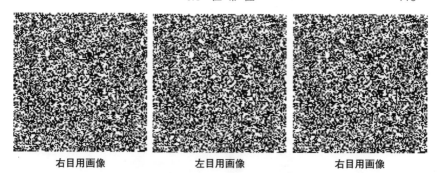

右目用画像　　　　　　左目用画像　　　　　　右目用画像

図5.26　ランダムドットステレオグラム
右目用画像を右目で見て，左目用画像を左目で見て，それらを重ね合わせることによって，中央に四角形が浮き上がって見えます。裸眼でこれを見るには練習が必要です。

立体視の研究は飛躍的に発展しました。しかし，数％の割合で，このランダムドットステレオグラムから奥行きを知覚できない人々も存在します。たいていは，両眼の視力が大きく異なっているか，斜視（少なくとも小さい頃斜視）の場合です。そのような理由がない場合は，適切な器具を用いればたいてい見えるようになります。

5.4 恒常性

　私たちの視覚情報処理は，網膜像から始まっていますが，絶えず変化する網膜像の中から，視覚系は外界で変化しないものを抽出しています。この視覚系の特性のことを**知覚の恒常性**（perceptual constancy）といいます。たとえば，網膜に映る映像は目を動かすと移動します。網膜の右側に映っていた対象が次の瞬間に左側に移動したりします。しかし，実際に知覚される対象の位置は，左右に動くことはなく，3次元的な世界の中で静止して知覚されます。振り向くなどの動作で頭を動かしたり，歩いたりするとやはり網膜上の映像は大きく変化しますが，静止した世界の中で，静止した対象は一定の位置で動かないように知覚されます。これを**位置の恒常性**（position constancy）と呼びます。見えているものを，網膜中心の座標系での位置から，外界を中心とした座標系での位置の知覚へ変換しているわけです。

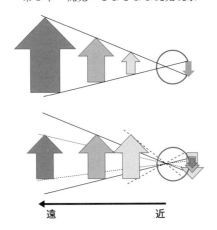

図 5.27　対象の大きさと距離と網膜上の大きさの関係
上図は，網膜上の像が同じ大きさであっても，実際の視対象の大きさが同じとは限らず，遠くても大きい対象や近くても小さい対象は同じ網膜像の大きさになることを示しています。下図は，逆に同じ大きさの視対象は遠くに行くほど，網膜上で像が小さくなることを示しています。

　大きさの知覚にも恒常性があります。図 5.27 下のように，網膜に映る像の大きさは，同一の物体でも距離が離れると小さくなります。逆に図 5.27 上のように，網膜に映る像の大きさが同じであっても，その距離が違えば対象の大きさは違っていることになります。つまり，網膜上の大きさだけで知覚される大きさが決まるわけではなく，どのくらいの距離にあるかという手がかりが必要になります。**大きさの恒常性**（size constancy）は，対象の距離が近いと網膜上で像が大きく，距離が遠いと網膜上で像が小さくなるにもかかわらず，その対象の知覚される大きさが一定に保たれる現象です。図 5.28 の b は，a と同じ大きさに知覚されますが，c は a より大きく知覚されます。物理的には c が a と同じ大きさです。b は a より網膜上では小さいのですが，大きさを判断するときには遠くにあると感じられることで知覚的大きさが補正されるのです。b と同じものを手前に置いたものが d です。これは a よりかなり小さく見えます。幾何学的錯視および図 5.7 で述べたことは，この現象と同じです。

　目と視対象の相対的な位置関係が変化すると，網膜に映る対象の像の形が変化します。それにもかかわらず，対象の知覚的な形は一定に保たれます。これ

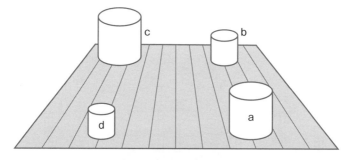

図 5.28　**大きさと距離の知覚**
ｂはａより紙面上で小さくても知覚的には同じ大きさに見えます。ｂと同じものを手前に
置いたのがｄで，ｂより小さく見えます。ｃはａと同じものですが，遠くにあると知覚さ
れるので，ａより大きく見えます。

を形の恒常性（shape constancy）といい，網膜中心座標における 2 次元形状
から，物体中心座標における 3 次元形状に変換されていると解釈することがで
きます。図 5.28 の床の形は，紙面上あるいは網膜上は台形ですが，知覚的に
は奥に伸びる長方形として知覚されます。

5.5　視 覚 認 知

5.5.1　一 般 円 筒

　3 次元物体をどのように認知しているか，という問いに対して，マーら
（Marr & Nishihara, 1978）は視点に依存しない物体中心座標系の物体表現のモ
デルを，円筒をさまざまに変形したものを組み合わせることで作ることができ，
さまざまな物体の 3 次元表現が可能であると考えました。これを**一般円筒**（あ
るいは一般化円筒；generalized cylinder）といいます（図 5.29）。その後，ビ
ーダーマン（Biederman, 1987a）は**ジオン**（geon）と呼ばれる部品を基本形態
として提案しました（図 5.30）。これによって，40 種以下の部品でかなり複雑
な 3 次元物体も表現することが可能になっています。基本的な 3 次元の部品の
組合せで 3 次元物体を認識するという考え方（recognition-by-components the-
ory）とは逆に，観察者の視点からの 2 次元の映像を基本として 3 次元物体を

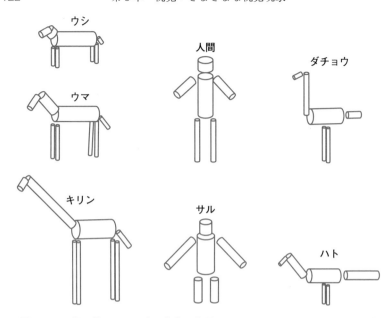

図5.29　一般円筒による3次元物体の表現（Marr & Nishihara, 1978 より抜粋）

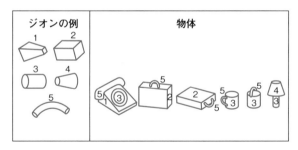

図5.30　ジオンによる3次元物体の表現（Biederman, 1987b）
左のわずかなジオンでも，右のように，さまざまな識別可能な物体を表現できます。図中の番号は，左右の図でのジオンの対応を示しています。

認識するという考え方もあります。

5.5.2　視　覚　探　索

　目に映る膨大な視覚情報の中から，目標となる対象を探すための視覚認知の

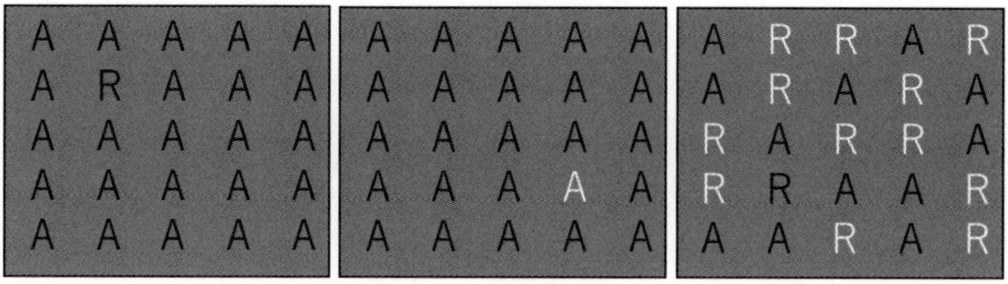

図 5.31　**視 覚 探 索**
左図の中から R を見つけるのは簡単で，中央の図から白い文字を見つけるのも簡単ですが，
右図の中から黒い R を見つけるのは，やや難しくなります。

過程を視覚的探索あるいは視覚探索（visual search）と呼びます。図 5.31 左
や図 5.31 中央のように，探すべき特徴が 1 つの場合は，項目数（ここでは A
の数）がいくつであっても即座にターゲット（左では R，中央では白い文字）
を見つけ出すことができます（"特徴探索"ではターゲットは"ポップアウト"
する場合があります）。しかし，図 5.31 右の中から黒い R を探す場合は，黒
と R という 2 つの特徴の結合した項目を探すことになり，項目を 1 つずつチ
ェックしていくため，項目数が多くなると見つけ出すまでの反応時間が長くな
ります（"結合探索"ではターゲットはポップアウトしません）。

　特徴統合理論（feature integration theory; Treisman & Gelade, 1980）によ
ると，色，傾き，大きさなどの個々の特徴は，注意を向けて見る前に（前注意的
過程）すでに同時並行的に処理され特徴マップが作成されると考えられていま
す。つまり，色が 1 つだけ異なるものを探す場合は，すべての項目が前注意的
で同時に処理されるため，項目数が増えても反応時間は変わりません。しかし，
色と形などの結合した条件の探索においては，2 つの特徴マップにまたがった
探索が必要となり，一つひとつの項目に注意（焦点的注意）をあてて逐次的に
処理していかないといけません。したがって，項目数が増えると反応時間も増
大していきます。以前，人が入り乱れた絵の中から，どこかに潜んでいるウォ
ーリーというキャラクターを探す『ウォーリーをさがせ！』という絵本がはや
ったことがありましたが，これは，究極の結合探索といえます（コラム 10.1 参
照）。

復 習 問 題

1. 知覚的なまとまりをつくる要因（群化の法則あるいはゲシュタルト要因）について図を書いて説明してみましょう。

2. 幾何学的錯視を自分で作図して，その効果を確認してみましょう。

3. 教科書に載っていない錯視図形をインターネットで探してみましょう。

4. いろいろな絵画を見て，どのような奥行きの手がかりが含まれているか調べてみましょう。

5. 空を飛ぶ飛行機や，ビルの屋上から見下ろしたときの自動車や人が，どのような大きさに知覚されるか観察して，大きさの恒常性の限界について考えてみましょう。

参 考 図 書

三浦 佳世（2018）．視覚心理学が明かす名画の秘密　岩波書店

　視覚研究者の立場から，名画を読み解いていく本です。学術的視点と芸術的感性の架け橋として，興味深く読めると思います。

Peirce, J.・MacAskill, M. 蘆田 宏・十河 宏行（監訳）（2020）．PsychoPy でつくる心理学実験　朝倉書店

　視覚に興味をもって，卒業研究をこの分野でやってみようと思ったら，とても役に立つと思います。心理学実験の基本的な知識とコンピュータによる実験の制御法を学ぶことができます。

ギブソン, J. J. 佐々木 正人・古山 宣洋・三嶋 博之（監訳）（2011）．生態学的知覚システム——感性をとらえなおす——　東京大学出版会

ギブソン, J. J. 古崎 敬・古崎 愛子・辻 敬一郎・村瀬 旻（訳）（1985）．生態学的視覚論——ヒトの知覚世界を探る——　サイエンス社

　しばしば心理学以外の分野の方が「アフォーダンス」という言葉を使っているのを聞きますが，その原点はこれらのギブソンの本にあります。難解な概念がたくさん出てきますが，大学の勉強らしいアカデミックで哲学的な雰囲気が味わえます。

後藤 倬男・田中 平八（編）（2005）．錯視の科学ハンドブック　東京大学出版会

　少し古くて個人で買うには高価な本ですが，錯視の種類，錯視研究の歴史や方法，錯視の応用など，詳しく知ることができます。大学の図書館などにないか，探してみてください。

　私たちの感覚特性は，それぞれの感覚が対象とする物理刺激の特性と，刺激を受容する感覚器官および神経系の特性とに大きく影響されます。本章では，聴覚の働きを理解するために必要な音の物理的性質と，聴覚系の仕組みおよび基本的な性質について解説します。

6.1　音 の 物 理

6.1.1　音とは何か

　聴覚について知るには，まず音とは何かを知らなければなりません。音については，高校の物理で，「空気を伝わる疎密波（縦波）」と習ったでしょう。基本はその通りです。ただ，ここでは聴覚のことを考えるので，「音が聞こえる」というのはどういう状態であるのか，から始めます。聴覚心理学や，聴覚生理学で，「耳」というときには，顔の左右に付いていてつまむことのできる耳だけでなく，いわゆる耳の奥の中耳，さらにその奥に埋まっている，内耳までを指します。

　内耳は，聴覚および平衡感覚の2つの感覚に関わりますが，そのうち，聴覚に関わる部分は蝸牛と呼ばれ，文字通り，直径1cm足らずのカタツムリのような形をした器官です。この蝸牛の中にリンパ液が詰まっており，そこに振動が伝わるということが音が聞こえるということにつながります。多くの場合は，空気を伝わる疎密波が鼓膜を振動させ，中耳にある耳小骨を通じて，蝸牛の中のリンパ液の振動を引き起こします。その他には，自分でしゃべる声が頭の中の振動として直接，蝸牛を振動させる場合や，同じ原理を利用して，頭蓋骨を

直接振動させるヘッドフォンから振動が伝わる場合があります。さらに，水に潜っている場合には水を伝わる疎密波が蝸牛にまで伝わりますが，これについては事情が少し複雑です。

　このようにいろいろな場合がありますが，代表的なものは，空気を伝わる疎密波であるということに異論はないと思いますので，ここから後は，これを音の定義にしておきます。

　空気の中で，何かが急に動いたり，続けて振動したりするときには，音が発生するので，空気中で生きる動物にとって音を聴くということは，環境に適応する上で大変重要です。魚類が陸に上がって，両生類に進化したときには，すぐに空気の疎密変化をとらえる仕組みを進化させたのではないかと化石による研究などから推測されています。また，哺乳類には，頭の両側に，日常生活で耳と呼ばれる耳介が付いていますが，これは2億年くらい前に初期の哺乳類が恐竜から隠れるように夜行性の生活をしていたことから，音をしっかり集めたり，どちらの方向から音が来たかを鋭く検知したりするために発達したものです。

　空気を伝わる疎密波は，身の回りに見える障害物を回折したり，通り抜けたりして伝わることがあり，また壁や地面などの表面を反射して伝わることもあります。ある場所で発生した音は，四方八方に伝わっていき，場合によっては塀や壁を越えて目には見えない範囲のいろいろな情報を伝えます。もちろん，後ろ側で発生した音も耳介から耳の穴に入るので，聴くことができます。音は通常の空気中では，秒速340 mくらいで伝わります。光はほとんど瞬時で伝わるので，稲光の後，1秒たってから，落雷の音が聞こえたときには，雷が340 mくらい離れたところに落ちたということになります。1秒というと余裕があるようですが，これはかなり気をつけなければならない状態です。

6.1.2　時間波形，スペクトログラム，スペクトル

　さて，耳の穴の奥には，鼓膜があるということは広く知られていますが，鼓膜の役割をご存じでしょうか。空気の中を疎密波が伝わるということは，空気のあるところで，気圧が高くなったり，低くなったりするような変化が生じ，

その変化が周辺に伝わっていくことです。落雷などで大変大きな気圧の変化が
生ずると，1秒後には，およそ340 m離れたところで，同じような気圧の変化
が起こり，そこに人がいれば，その変化が耳介，耳の穴を通じて鼓膜のところ
まで到達します。ただし，雷から離れれば離れるほど，気圧の変化は小さいも
のになり，稲光から雷鳴まで数秒程度離れるときには雷鳴がそれほど大きなも
のではないということはご存じだと思います（話を単純化しました）。

　さて，鼓膜の大事な役割は，音が伝わってくる外側と内耳のある内側とを空
気が漏れないように隔てるということです。鼓膜の内側の気圧はほぼ一定に保
たれているので，鼓膜の外側で気圧が変化すると，鼓膜が内側に押されたり，
外側に引っ張られたりして振動が生じます。音によって鼓膜が振動するという
ことは，常識になっていますが，このように鼓膜と鼓膜の内側（中耳）からな
る気圧の変化をとらえる仕組みがあることを，ぜひ知っておいてください。こ
の鼓膜の振動が，後で述べる耳小骨を通じて蝸牛の中のリンパ液に伝わり，リ
ンパ液の振動が生ずることになります。

　これでわかるように，頭を動かさずに音を聴くときには，どんな音であって
も気圧の時間的な変化として表すことができます。耳は2つあるので，頭を動
かさずに音を聴くときの私たちの体験のおおもとになるのは，左耳および右耳
における気圧の時間的な変化です。そこで，音を物理的に表すときには，横軸
に時間，縦軸に気圧の変化（音がない状態に比べた気圧の増減；音圧）をとっ
たグラフを用います。このグラフのことを音の**時間波形**といいます（図6.1）。

　時間波形の中で，音響や聴覚について考えるときに重要な役割を果たすのが，
正弦波です。図6.1の上半分は左から順に200 Hz，400 Hz，600 Hz，800 Hz，
1,000 Hz，1,200 Hzの正弦波を示します（その右側にさらに200 Hz，400 Hz，
600 Hz，800 Hz，1,000 Hzの正弦波が，上下を逆にして示されています）。こ
こでHz（ヘルツ）とは，同じことを1秒間に何回の速さで繰り返すか，とい
う**周波数**の単位です。1秒あたりといっても，音が1秒続く必要はなく，たと
えば図6.1左上のように0.015秒の中で同じ波形が3回繰り返されるとき，周
波数は200 Hzになります。このグラフでは，説明のために，0.015秒分のみが
示されていますが，数学的には正弦波というものは過去から未来にずっとつな

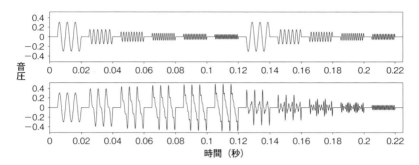

図 6.1　**時間波形の例（1）**

上半分の左から 1 番目から 6 番目の音は，これらを n 番目とすると，$f_n(t) = \dfrac{A}{n} \cdot \sin(2\pi n f_0 t)$ と表されます。t は時刻，A は音圧の最大値，f_0 は基本周波数（200 Hz）。7 番目から 11 番目の音は，1 番目から 5 番目の音を上下反転させたものです。これらの音を順に足し合わせていくと下半分が得られます。なお，波形の開始点を時刻 0 として式を書いています。

がったものであり，聴覚について考えるときにもほとんどの場合には 0.05 秒程度よりも長いものを扱います。上半分のグラフに出てくる 11 個の正弦波を次々に Y 軸方向に足し合わせていくと，グラフの下半分にあるような時間波形が得られます（上下反転して足し合わせると，引き去ることになります）。下半分の左から 6 つ目の波形は，のこぎりの歯のような形をしていますが，この波形をもっときれいに直線的にしたものは，「のこぎり波」と呼ばれ，さまざまな電気回路で用いられます。電気回路でこのような波形が現れたときには，それをアンプとスピーカーに通せば，音として聴くことができ，このようなのこぎり波は昔のミュージック・シンセサイザーでよく用いられました。

　ところで，この左から 6 つ目の，のこぎりのような時間波形は，これまでの説明でおわかりの通り，上のグラフの左から 6 つ目までの正弦波を足し合わせて作ることができます。そして，こののこぎりのような時間波形を正弦波を足し合わせて作ろうとすると，他にはやり方がないことがわかっています。さらにこのように同じ波形が何回も繰り返されるときには，それがどんな波形であっても，必ず正弦波を足し合わせたものとして表せることがわかっています。数学的には，無限個の正弦波を足し合わせる必要が生ずることもありますが，

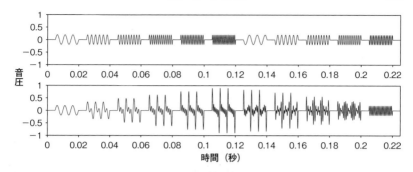

図 6.2 時間波形の例 (2)

作り方は図 6.1 の場合と同じです。上半分の 1 〜 6 番目の音について，n 番目の音の時間波形が $f_n(t) = A \cdot \sin(2\pi_n f_0 t)$ となっている点が異なります。

ヒトの聴覚について考えるときには，周波数の上限がおよそ 2 万 Hz ぐらいですので，足し合わせるべき正弦波が無限個ということは起こりません。ある時間波形が与えられたときに，それを必ずいくつかの正弦波に分解することができますが，多くの場合，何 Hz の正弦波がどのくらいの音圧で含まれているかということが決まれば，音の聞こえ方が決まります（例外もあります）。図 6.1 に出てくる正弦波は周波数が高いほど音圧が小さいですが，この音圧の関係を変化させ，すべての正弦波を同じ音圧にすると，図 6.2 のグラフが得られます。図 6.2 の下側の左から 6 番目の時間波形を見ると，図 6.1 の場合と比べて，とげとげした感じになっていますが，これを実際に音として聴くと，気のせいか，とげとげした感じに聞こえます（コンピューターやシンセサイザーでこのような音を作ることのできる人は，ぜひ，音を作って聴いてみてください）。

このように，正弦波が音を作るときの基本になっていることがわかりますが，私たちが音を聴く仕組みにおいても周波数の異なる正弦波が粗い形で蝸牛の別々のところに分かれて処理されていることがわかっています。そこで，音を構成する一つひとつの正弦波のことを**周波数成分**または**成分音**といいます。また，いちいち正弦波の音というとややこしいので，**純音**という言葉を使います。図 6.1，図 6.2 のように成分音の周波数が，ある周波数の整数倍になっている

とき，その1倍にあたる周波数を**基本周波数**といい，その周波数の周波数成分を**基本音**といいます。周波数が2倍，3倍の成分音を2倍音，3倍音といいます。そうすると基本音のことを1倍音といいたくなるかもしれません。そのように呼ぶ人は少ないものの，間違いではありません。

　このようにほとんど基本音と倍音のみからなる音は，ヒトの出す母音や，ギターなどの楽器の音など，日常生活のあちこちで出会います。ただ，少し話がややこしくなりますが，実際の母音や楽器音では，基本音と倍音以外の成分が含まれることも多く，倍音の周波数が完全に整数倍ではなかったり，それぞれの成分音が細かく揺れ動いたりすることがあって，そのことが独特の聞こえ方を生み出すこともあるので，興味のある人はしっかり聴覚心理学を勉強してください。

　音の聞こえ方について考えるときには，横軸に時間を，縦軸に周波数をとり，周波数成分の音圧が大きければ大きいほど，濃い色で示す**スペクトログラム**というグラフを使うと便利です（単位時間あたりの音エネルギーの総量に比例する音の強さは，音圧の2乗に比例するので，スペクトログラムの濃さは，音の強さを表していると考えることもできます）。図6.1の音を10倍の長さにして，時間波形とスペクトログラムを並べて示したものが図6.3です。同じように図6.2の音を10倍の長さにして，時間波形とスペクトログラムを並べて示したものが図6.4です。

　図6.3，図6.4の上半分では，純音が1つずつ示され，下の段では1つずつ重ねられ，取り去られていく様子が，スペクトログラムを見ればよくわかります。誤解がないように繰り返しておきますが，上半分の1番目の音と，7番目の音とは時間波形もスペクトログラムもほとんど同じに見えますが，時間波形においては7番目の音は，1番目の音の上下を反転した形になっています。したがって，下半分で7番目の純音を足し合わせるということは，1番目の純音を取り去ることになります。その関係がスペクトログラムに明瞭に出ています。

　勘の良い方は，図6.3，図6.4の音が，始めに少しずつ音圧を増し，最後に少しずつ音圧を減ずるということに気づかれたかもしれません。数学的には，純音は過去から未来にずっとつながったものであり，これをあるところで突然

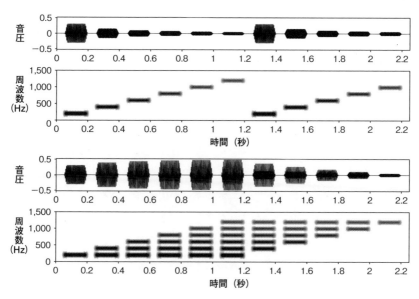

図 6.3　**時間波形とスペクトログラムの例（1）**
図 6.1 の音の長さを 10 倍にしたものです。

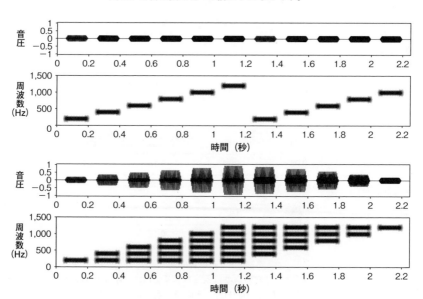

図 6.4　**時間波形とスペクトログラムの例（2）**
図 6.2 の音の長さを 10 倍にしたものです。

始めて，少したってから突然終わらせると，スペクトログラムは上下の（周波数の）方向に広がってしまいます。このことを避けるために，時間波形の両端に少しずつ音圧を増し，少しずつ音圧を減ずるという操作を加えるのです。これは聴覚実験を行うときには大変大事なことです（コラム 6.1 参照）。

　図 6.5 の上半分には，1,000 Hz の純音を，今述べたように，少しずつ出現させ，少しずつ消滅させたものが時間波形とスペクトログラムで示されていますが，下半分には，少しずつ，ではなく，突然音が現れ，突然音が消えるということをした場合が示されています。下半分のスペクトログラムを見れば，音の始まりと終わりの部分に上下に音エネルギーが広がっているのを観測することができます。この広がりは，クリック音として聴こえるので，たとえば，時間知覚の実験において，図 6.5 の下半分のような音を使ってしまうと，ある時刻から別の時刻まで，音が詰まっている充実時間を呈示したのか，両端をクリッ

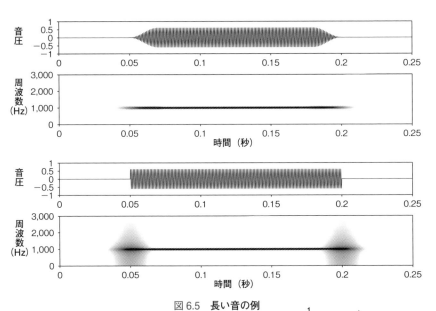

図 6.5　長い音の例

上半分の音の始まりの 0.02 秒は次のように表されます。$f(t) = \dfrac{1}{2}\left(1 - \cos \dfrac{t}{t_r}\pi\right) \cdot A \cdot \sin(2\pi f t)$。ここで $t_r = 0.02$[s]，$f = 1{,}000$[Hz]。その後の長い部分は $f(t) = A \cdot \sin(2\pi f t)$ と表されます（A は最大音圧）。終わりの部分は始まりの部分と同じ要領で式にすることができます。

ク音で区切られている空虚時間を呈示したのか，わからないことになってしまい，実験結果を解釈することが難しくなってしまいます。

図 6.3，図 6.4 のスペクトログラムを見ると，周波数成分の音圧が灰色の濃さで表されているので，スペクトログラムを見て，異なる成分音の音圧の関係をきっちり読みとることができません。そこで，成分音の間の音圧の関係を正確に表すために，図 6.6，図 6.7 のようなスペクトルが用いられます。図 6.6 の左半分には，図 6.3 の上半分に示される 1 番目から 6 番目までの音のスペクトルが 6 つのスペクトルとして表されており，横軸は周波数，縦軸はデシベル（dB）で表されたレベルです。デシベルというのは，音圧や音の強さの比率を一種の対数目盛を用いて表したもので，2 つの音の音圧が P_1，P_2 であるとき，P_1 は P_2 に比べて $20 \times \log_{10}(P_1/P_2)$ デシベルだけレベルが高いというように表すものです（図 6.6 の縦軸では，相対的な値だけが大事です。絶対的な値が必要なときには，何らかの基準値を決めてそこからのデシベル差を計算します）。

図 6.6 の右半分には，図 6.3 の下半分に示された 1 番目から 6 番目までの音が示されており，左半分に示されている純音が確かに一つひとつ加えられて音が出来上がっていくことがわかります。ちなみに，2 番目以降のように 2 つ以上の純音が足し合わされてできている音のことを**複合音**と呼びます。複合音の多くは，基本音と倍音との組合せによりますが，図 6.3 の下半分の 7 番目から 10 番目の音のように基本音を含まない場合や，そもそも周波数成分の周波数の関係が倍数関係や整数比の関係になっていない場合もあります。

静かに，というときに「シーッ」と言いますが，この音のスペクトルを観測したところ，3,500 Hz から 10,000 Hz くらいまでの成分を無数に（周波数軸上の途切れがなく）含んでいることがわかりました。これも複合音の例ではありますが，このようにある周波数範囲の成分を無数に含んでいるような音のことを特に雑音と呼びます。雑音という言葉は，聴きたい音ではない邪魔な音を指すこともありますが，同じ言葉が 2 つの意味で使われているだけですので，注意してください。

図 6.7 には，同じような形で，図 6.4 の音のスペクトルが示されています。

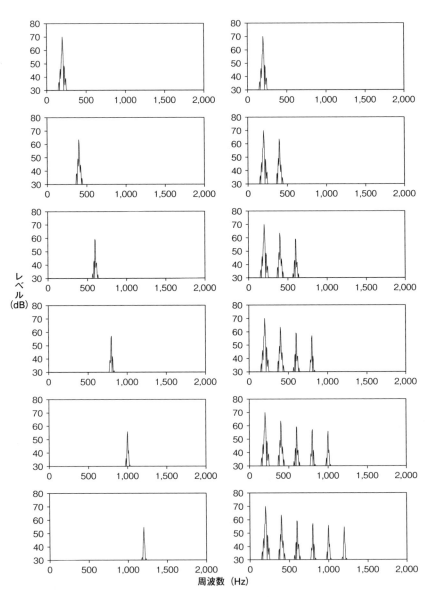

図 6.6 **スペクトルの例（1）**
図 6.3 の音を分析したものです。

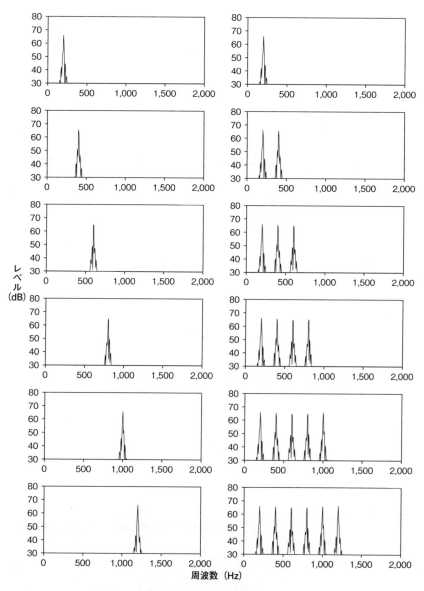

図 6.7 スペクトルの例 (2)
図 6.4 の音を分析したものです。

右下のスペクトルでは，6つの成分のピークが等しい値になっていることがわかりますが，これは6つの成分の振幅が等しいことに対応します。なお，数学的には，純音のスペクトルは図6.6，図6.7のような山型ではなく，1本の縦線（またはその上端の1点）で示されるはずですが，実際には0.150秒の短い音を使っているので，このようにスペクトルが広がります。図6.1，図6.2のように0.015秒と短く，しかも突然始まり，突然終わるというような音の場合には，スペクトルはさらに広がり，上記のような説明にも使えなくなってしまいます。

6.1.3　周波数，音圧の変化

　ここまでは，一つひとつの成分の周波数が決まっている場合を取り上げましたが，図6.8の上半分では，純音の周波数が200 Hzから1,200 Hzまで，連続

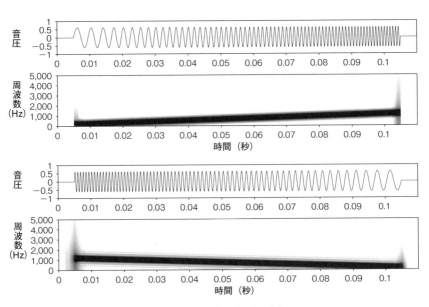

図6.8　周波数変化音の例（1）

上半分では時刻0.005秒から0.105秒にかけて周波数をf_1=200 Hzからf_2=1,200 Hzまで変化させます。時間波形は$f(t) = A \cdot \sin\left[2\pi \left\{ \dfrac{(f_2-f_1)(t-0.005)^2}{2T} + f_1(t-0.005) \right\} \right]$。$T$は音の長さ（0.1秒）。下半分では$f_1$と$f_2$の値を入れ替えます。

的に変化する場合を示します。時間波形を見れば，正弦波の周期がだんだんと詰まっていくのがわかり，スペクトログラムを見れば，確かに周波数が少しずつ上昇しています。図6.8の下半分では，スペクトログラムの時間の前後が反転しています。なお，ここでの周波数が上昇する，下降するという説明は，実は，数学的には微妙です。ここに示すような音であっても，周波数が変化しない純音を足し合わせることによって作ることができ，数学的に周波数分析といえば，そのような考え方をとる必要があります。しかし，音の鳴り方や聞こえ方について考えるときには，ある成分の周波数がだんだんと上昇する，あるいは下降すると考えたほうが現象を理解しやすいので，このように考えることがよくあります。

　図6.8では，時間波形がだんだん詰まっていく，あるいはだんだんとまばらになっていく様子をわかりやすくするために，短い音を用い，また，音が突然始まり，突然終わるというようにしました。しかし，実際にこのような周波数が連続的に上昇する，あるいは下降する音を聴覚実験に用いるときには，もう少し長めの音に，音圧がだんだん増して始まり，だんだん減じて終わるという加工を施した図6.9のようなものを用います。

　図6.10では，1,000 Hzの純音が1音ごとに音圧を小さくしていく様子が示されています。1番目の音の音圧を1とすると，2番目以降の音圧は2分の1，3分の1，4分の1，5分の1，6分の1となります。音の強さは音圧の2乗に比例するので，1番目の音に比べて2番目，3番目以降の音の強さは4分の1，9分の1，16分の1，25分の1，36分の1になります。今，純音を発生する音源が，静かな空中の高いところに1つ浮かんでいると仮定し，そこから1 m離れたところで1番目の音が観測されたとすると，2 m離れたところでは2番目の音，3 m離れたところでは3番目の音，以下，4 m，5 m，6 m離れたところで観測される音がここでは示されているはずです。音の反射や，雑音について考えなくていいときには，音の強さは音源と音を観測する点（聴く地点）の距離の2乗に反比例します。音は3次元の中で球形に広がって伝わりますから，距離が2倍になると，音が伝わる先の球面の面積が4倍になり，音の強さが4分の1になる，というわけです。

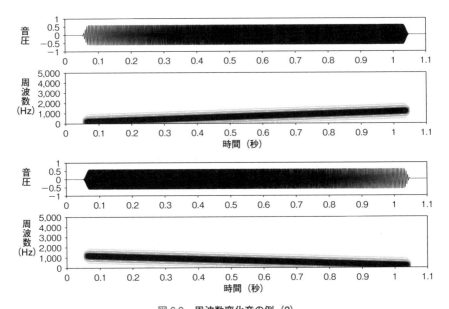

図 6.9　周波数変化音の例（2）
図 6.8 の音を 10 倍の長さに伸ばし，音が突然始まり突然終わることをなくしたもの。

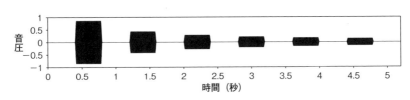

図 6.10　音圧の異なる時間波形の例
1,000 Hz の純音の音圧が変化します。

6.2 聴覚の仕組み

6.2.1　鼓膜の振動から聴覚情景分析へ

　私たちの日常生活におけるいくつかの場面を想像してみましょう。道を歩いているとき，店で買い物をしているとき，演奏会場で音楽を聴いているときを想像してみてください。たいていの場合，行き交う人の足音や話し声，車の走

行音，店先から流れるアナウンス，あるいはいくつかの楽器が同時に演奏された音が入り混じったものなど，複数の音源から生じた音が同時に私たちの耳に届いているはずです。6.1 節で学んだように，この音，すなわち，**気圧の変化**は，私たちの左右の耳にある鼓膜を振動させます。聴覚にとって，すべては 2 つの鼓膜の振動から始まります。鼓膜の振動にすべてが含まれているということは，この鼓膜の振動だけから，どのような声がどこから聞こえ，車がどちらに向かって走り，道のどちら側の店からどんなアナウンスが流れ，どの楽器の音とどの楽器の音とが楽曲の中でどのように絡み合っているのかを当ててみなさい，と言われているのと同じだといえます。

　では，聴覚はこの問題にどのように対処しているのかというと，大まかには次のようになります。まず，音を聴覚末梢である程度，分解してから神経符号に変換します。次に分解された情報を脳の中で音源ごとにまとまるように体制化を行い，情報を圧縮したり，補ったり，推測したりしながら外界の様子を再構成しています。このように，2 つの耳に入力された音に基づいて，いくつもの音源が同時に存在する外界の様子を知覚する過程は，**聴覚情景分析**（auditory scene analysis）と呼ばれています。この聴覚情景分析という用語は，カナダ，マッギル大学の心理学者ブレグマンがこの用語を題名とした 773 ページもある分厚い本（Bregman, 1990）を出版し，その意義が研究者の間で認められたことで広まりました。すなわち，この本により「ヒトの聴覚が行う音の処理について，その最終的な目的は何か」を研究者たちがはっきり意識するようになったといえます。

　ただし，この枠組みの中では一つ重要な点がそぎ落とされ，単純化されていることは述べておく必要があります。それは，日常的な状況では，私たちは自分の頭の向きを変えたり，身体ごと移動したりすることによって，音源の位置や性質がまったく変わらなくても聴覚に対する入力を変化させ，より多くの情報を取り入れ，比較することが可能だということです。このような側面は，聴覚情景分析の枠組みの中には含まれていません。一方で私たちは，そのような身体の自由な動きが制限された状況下でも，聴覚だけで周囲の状況の多くを知ることができるのも事実です。

では，これから私たちの聴覚の仕組みを末梢から順にみていきましょう。

6.2.2　聴覚末梢——外耳，中耳，内耳（蝸牛）

　聴覚末梢は，**外耳**，**中耳**，**内耳**で構成されます（図 6.11）。日常用語で「耳」と呼ばれている部分は，**耳介**というのが正式な名前です。耳介の中ほどに**外耳道**の入口があり，その奥には**鼓膜**があって，鼓膜は**耳小骨**という小さな骨とつながっています。耳小骨は，**ツチ骨**，**キヌタ骨**，**アブミ骨**の 3 つからなる，小さな骨の集まりです。鼓膜から耳小骨までを中耳と呼びます。その先にある器官が内耳です。中耳には，**耳管**がつながっていて，中耳と咽頭をつないでいます。耳管は普段は閉じているので，中耳の空間である鼓室内の気圧は一定に保たれています。このとき，外部の気圧が変化すると，すなわち音が到達すると，外耳と中耳との境目にある鼓膜が動く，という仕組みになっています。ちょうど，風船を頑丈で漏れのない観察窓つきの箱の中に入れ，箱の中に空気を押し込んだり，吸い出したりして気圧を変化させたとすると，箱の中の気圧が上がれば風船は縮み，箱の中の気圧が下がれば風船は膨らむのと同じ原理です。

　飛行機に乗ったときや，展望台の高速エレベーターに乗ったときなど，外部の気圧が急激に低下したときには，鼓膜が外側に引っ張られ，動きが悪くなったり，痛みを感じたりします。そのようなときには唾液を飲み込むなどして耳

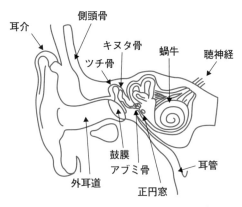

図 6.11　**聴覚末梢**（Schnupp et al., 2011）

管を開き，鼓室内の気圧と外部の気圧を一致させて問題を解消する仕組みになっています。風邪をひいて粘膜が炎症を起こすと耳管が開かなくなり，気圧の調整ができなくなって，不快な症状が続くことになります。

　耳小骨は鼓膜の動きを内耳に伝える働きをしています。そのときに，単に鼓膜の動きを伝えるだけでなく，大きな面積を持つ鼓膜で受け止めた圧力の変化を，小さな面積のアブミ骨の底の部分に集中させていることが重要です。なぜなら，内耳は**リンパ液**という液体で満たされており，これを動かすためには，空気という気体を動かす場合よりも大きな力を必要とするからです。鼓膜とアブミ骨底部との面積比，および耳小骨のてこの働きにより，約 24 倍の力の増幅が行われていると推定されています（Durrant & Lovrinic, 1995）。アブミ骨底部と内耳とは，**卵円窓**と呼ばれる穴に張られた膜を介して接しています。内耳の一部である**蝸牛**には，周波数分析を行う仕組みと，音を神経符号に変換する仕組みとが含まれています。また，アブミ骨が内耳に接続しているところの少し下に，**正円窓**と呼ばれる穴があり，膜が張られています。

1. 頭部と外耳（耳介，外耳道）の影響，方向知覚

　外耳は頭部全体と共に，音の到来方向に関する物理的手がかりを聴覚にもたらす働きをしています（図 6.12）。周波数が低い場合は，音が回り込みやすいので，**水平面**における音源の方向（**方位角**）を変えても頭部と外耳の影響をあまり受けず，音圧があまり変化しません。しかし，周波数が高くなるほど，方位角によって鼓膜に到達する音圧が大きく変化することがわかります。このように，主に高い周波数では，左右の耳の間に生じる**両耳間レベル差**が，音源の方位角を知る手がかりになり得ます。

　方位角を知るために重要なもう一つの物理的手がかりは，**両耳間時間差**です。音源に近い側の耳には音波が先に到着し，音源から遠い側の耳には音波が遅れて到着するので，両者の時間差が方位角を知る手がかりとなります。これに加えて，音源から遠い側の耳に対しては，音が頭部を回り込んで到達する分，音が進む距離が増え，両耳間時間差はさらに増加することになります。両耳間時間差は最大でも 0.65 ms にしかなりませんが，広帯域雑音の場合，10 μs 以上の時間差ならヒトの聴覚は検出することができるため（Klumpp & Eady, 1956），

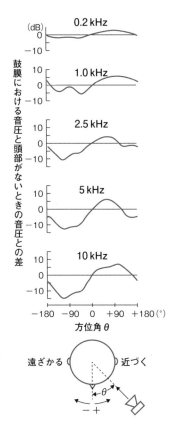

図 6.12　左耳の鼓膜における音圧と，音源の方位角および周波数との関係
(Durrant & Lovrinic, 1995)
頭の正面から見て，左耳に近づいていく方向の角度を正の方位角 θ，遠ざかる方向の角度
を負の方位角で表します。グラフの横軸は方位角 θ，縦軸は鼓膜における音圧と，頭部が
ないときの音圧との差を表します。

方位角を知る手がかりとして十分に働きます。

　純音が真横から呈示されていたとすると，750 Hz よりも高い周波数の純音
は，半周期が 0.65 ms よりも短くなるので，両耳間時間差に基づいて音の方向
を判断しようとしても，音がどちら側から来ているのかがあいまいになります。
しかし，振幅包絡に変化のある音が到達した場合は，包絡の変化が到達する時
間差を明瞭に知ることができるようになります。

かつて両耳間レベル差は高周波で差がつきやすく，両耳間時間差は低周波で差がつきやすいということに基づき，高周波の音源定位には両耳間レベル差を，低周波の音源定位には両耳間時間差を使うという**レイリー卿の二重説**（Rayleigh, 1907）が唱えられました。しかし，日常接する音には，たいていの場合包絡の変化があり，また低周波成分が含まれているので，今日では両耳間時間差が有力な手がかりとなる場合が多いと考えられています。実際に，広帯域の信号で両耳間時間差と両耳間レベル差の両方の手がかりを含む刺激を用いて実験を行うと，実験参加者は両耳間時間差により重きを置いて判断を行う傾向があることがわかっています（Macpherson & Middlebrooks, 2002）。

両耳からの距離が等しい点を結んだ**正中面**においては，両耳間レベル差も，両耳間時間差も常にゼロになるので，これらの手がかりは使えず，単耳で得られる手がかりを使うことになります。単耳で得られる方向の手がかりとして，**仰角**の違いによるスペクトル変化の手がかりがあります。これは主に耳介の特性によって生ずるもので，仰角が上昇するに従って，5 kHz 以上の高い周波数領域で，スペクトルの鋭い谷の周波数が上昇していくことを手がかりとするものです（Raykar et al., 2005; Iida et al., 2007）。さらに，仰角が上昇するに従って，スペクトルの山の周波数が上昇することも手がかりになっているとされています（Iida et al., 2007）。

2. 内耳——蝸牛の解剖学

蝸牛は，3階建てのトンネルが渦を巻いたような構造をしています（図6.13）。アブミ骨の底部は，卵円窓の薄い膜を介して**前庭階**につながっています。前庭階には，**外リンパ液**が詰まっています。前庭階と**中央階**とは**ライスネル膜**という薄い膜で仕切られています。中央階には，**内リンパ液**という，外リンパ液とは成分の比率が異なるリンパ液が詰まっています。中央階と**鼓室階**とは，**基底膜**という膜で仕切られています。基底膜および蝸牛の骨組織の上にまたがって**コルチ器**という名の器官があり，コルチ器から蝸牛の中心に向かって，**聴神経**が伸びています。鼓室階に詰まっているのは，外リンパ液です。なお，前庭階と鼓室階とは蝸牛孔を通じてつながっています（図6.16参照）。

コルチ器（図6.14）には，2種類の有毛細胞が含まれています。**内有毛細胞**

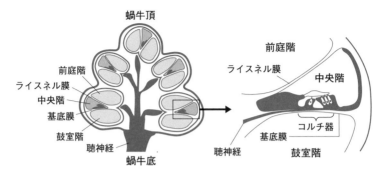

図 6.13　**蝸牛の構造**（Plack, 2018）

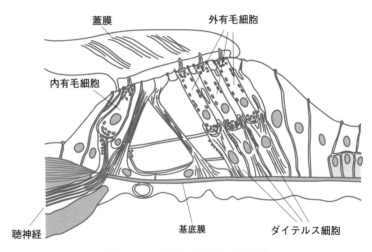

図 6.14　**コルチ器**（Pickles, 2013）

と**外有毛細胞**です。これらは細胞の形も働きも並んでいる場所も違います。内有毛細胞は，ずんぐりとした徳利のような形をしていて，この細胞が神経伝達物質を放出すると聴神経が発火します。外有毛細胞は，細長い形をしていて，弱い信号入力に対して細胞が伸び縮みして振動を増幅します。内有毛細胞は，ヒトでは約 3,500 個の細胞が 1 列に並んでいます。外有毛細胞は，1 万 2,000 個の細胞が，蝸牛の第 1 回転では 3 列，第 2 回転では 4 列，第 3 回転では 5 列

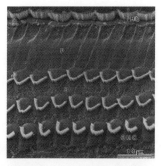

図 6.15　サルの有毛細胞上部の電子顕微鏡写真（Møller, 2013）
コルチ器の蓋膜を除去して撮影。IHC（内有毛細胞；inner hair cells），OHC（外有毛細胞；outer hair cells），P（柱細胞；pillar cells），D（ダイテルス細胞；Deiters' cells）。少し湾曲したブラシのような毛の集まりが，1 つの有毛細胞から出ている不動毛。

になって並んでいます（Møller, 2013）。

　有毛細胞の上部には，**不動毛**と呼ばれる毛が生えています（**図 6.15**）。日本語で「不動毛」と言われると，何があっても山のように断固として動かないかのように聞こえますが，実際にはそんなことはなく，外から力が加われば根元のところがたわんで毛の向きが変わります。では，なぜ「不動毛」と呼ばれるのかというと，自力で動くことのできる「動毛」と対比させるためにこのように呼ばれています。**蓋膜**は，不動毛に覆い被さるように付いていて，外有毛細胞の不動毛の先端は蓋膜の中に入っています。内有毛細胞の不動毛は，蓋膜には接していません。

3.　有毛細胞と聴神経との接続

　内有毛細胞と外有毛細胞とは，**聴神経**との接続の仕方も違います。内有毛細胞の場合，1 つの細胞に対して多数の**求心性神経線維**（中枢に向かう神経線維）が接続します。一方で，外有毛細胞には，主に**遠心性神経線維**（中枢から末梢に向かう神経線維）が接続しており，しかも，1 本の遠心性神経線維に多数の外有毛細胞がつながっています（Møller, 2013）。このように，内有毛細胞と外有毛細胞は，つながっている神経の種類も，つながり方も対照的です。

6.2.3 蝸牛の周波数選択性と周波数分析

1. 蝸牛内の力学

　蝸牛の機能を考えやすくするために，蝸牛をまっすぐに伸ばした模式図を示します（図6.16）。蝸牛の外側は，骨でできた硬い組織です。真ん中に細長いくさびのように描かれているのが基底膜です。ライスネル膜は，ここで説明する事柄と直接関係しないので省略されています。基底膜は，アブミ骨に近い側では厚みがあって幅が狭く，硬いのですが，この図の右側，つまり蝸牛の奥に行くに従って，膜が薄くなって幅が広くなり，柔らかくなります。アブミ骨の底部は，卵円窓の薄い膜を介して前庭階のリンパ液に接しています。ここで，入力された音の周波数が高かった場合，アブミ骨付近の少量のリンパ液を動かすことはできますが，それ以上の量のリンパ液を動かすことはできません。そこで，リンパ液に加わった圧力は，図のAの矢印のように基底膜のアブミ骨に近い位置の部位を動かし，さらに基底膜の下側のリンパ液を伝って，正円窓の膜を通って抜けます。

　入力された音の周波数が低くなるほど，より大量のリンパ液を動かすことができるようになり，図のBの矢印のように蝸牛の先端に近い部位の基底膜を動かし，そこから基底膜の下側のリンパ液が動いて，正円窓に向かって圧力が伝わることになります。このように，入力周波数とリンパ液および基底膜の性質との兼ね合いによって，基底膜のどの位置がよく振動するかということが変わってきます（Schnupp et al., 2011）。異なる周波数の入力が同時に入ってきたときには，それぞれの周波数に応じて基底膜の違う位置で振動が起こること

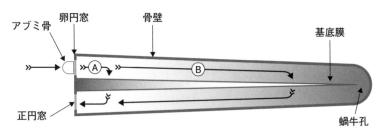

図6.16　**蝸牛における周波数分析**（Schnupp et al., 2011）

になります。つまり，蝸牛では周波数分析が行われていることになります。ま
た，蝸牛を多数の帯域通過フィルターが並んだものとしてとらえることもでき
ます。

2. 基底膜の応答と外有毛細胞の応答との関係

基底膜および外有毛細胞の応答の関係は，以下のような段階を経て明らかに
なってきました。まず，①フォン・ベケシー（von Békésy, G.）が行った，ヒ
トの死体から取り出した蝸牛の基底膜振動における進行波の観察，次に②生き
た状態の動物で観察された基底膜振動における非線形性の発見，③単離された
外有毛細胞の能動性の発見，さらに，④赤外線断層撮影による基底膜と外有毛
細胞およびダイテルス細胞領域の振動の同時観測，へと到っています。

フォン・ベケシー（von Békésy, 1960）は，ヒトの死体から取り出した蝸牛
に穴を開け，光学顕微鏡とストロボを使って基底膜の振動の様子を観察し，基
底膜の振動が進行波としてアブミ骨側から蝸牛頂に向かって進むこと，また入
力信号の周波数を上昇させるにつれ，進行波の包絡の頂点が蝸牛頂側から蝸牛
底側に向かって移動することを発見しました。この研究により，フォン・ベケ
シーは 1961 年にノーベル生理学・医学賞を受賞しました。

しかし，ガンマ線のドップラー効果による変化を利用した，より高感度の測
定法（メスバウアー（Mössbauer）法）を用いて，生きた動物（リスザル）で
基底膜の振動を観察したところ，基底膜振動の包絡は，フォン・ベケシーが死
体で観測したものよりもはるかに鋭いこと，弱い信号による小さな振動が，増
幅されて観察されること（非線形性）が明らかになりました（Rhode, 1971）。
さらに，1983 年にブロウネル（Brownell, 1983; Brownell et al., 1985）が，単離
された外有毛細胞を用いて，外有毛細胞は膜電位変化に応じて運動する（細胞
体が伸びたり，縮んだりする）こと，すなわち外有毛細胞に能動性がみられる
ことを別の目的で始めた実験で，偶然発見します。そして，レーザー光を用い
た，モルモットの基底膜やコルチ器上部の網状層の電気刺激による動きの観察
（Mammano & Ashmore, 1993），さらにルジェッロら（Ruggero et al., 1997）に
よるチンチラの基底膜振動の音刺激による観察へと進みます。このような観察
は，いずれも生きた動物の蝸牛に小さな穴を開け，ガラスの極小ビーズ（直径

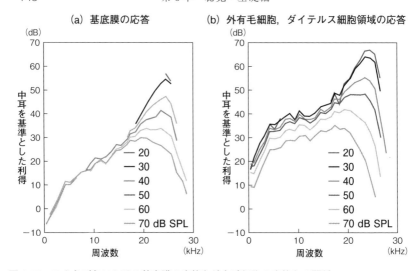

図 6.17　スナネズミにおける基底膜の応答と外有毛細胞の応答との関係
　　　　（Cooper et al., 2018 のデータをもとに Olson & Strimbu, 2020 が作成した図による）
特徴周波数 25 kHz の位置における応答を示します。

10〜30 μm）などを基底膜の上に置いて行われ，基底膜振動の非線形性が確認
されました。

　しかし，近年では，赤外線断層撮影を用いることにより，蝸牛に穴を開けな
くても，また，表面から見えないところでも，動きがわかるようになってきま
した。クーパーら（Cooper et al., 2018）は，この測定法により，蝸牛を損傷す
ることなく，基底膜の表面のみならずコルチ器の中の動きまで，生きたスナネ
ズミで観察することに成功しました（図 6.17）。

　その結果，蝸牛内でもっとも振幅の大きな振動が生じているのは，外有毛細
胞およびその支持細胞である**ダイテルス細胞**領域であることがわかりました。
また，基底膜で観測される応答は，外有毛細胞およびダイテルス細胞領域で観
測される応答のごく一部しか反映していなかったということもわかりました。
すなわち，外有毛細胞およびダイテルス細胞領域では，すべての入力周波数で
非線形な増幅作用を反映した応答がみられるのに対して，基底膜では，そのよ
うな応答は特徴周波数周辺のごく狭い範囲でしかみられないということがわか

りました。

　このような，従来知られていなかった外有毛細胞およびダイテルス細胞領域
の広い範囲の入力周波数に対する応答は，蓋膜の応答にも反映されていること
が同様の手法を用いた測定でわかっています（Lee et al., 2015）。外有毛細胞お
よびダイテルス細胞領域と蓋膜における応答は，リンパ液の流れを通じて内有
毛細胞の不動毛の動きにも反映され，さらに聴神経の応答に反映されていると
考えるのが自然です。今後は，基底膜の応答ではなく，外有毛細胞およびダイ
テルス細胞領域，ひいては内有毛細胞領域と蓋膜との応答に基づいて，聴神経
の応答について考えることになるでしょう。

3. 周波数閾値同調曲線

　一つひとつの求心性聴神経線維の閾値を調べたグラフを，周波数閾値同調曲
線と呼びます（図6.18）。それぞれの曲線の谷底になっているところがもっと
も閾値が低いということ，すなわち，その神経線維のもっとも感度の良いとこ
ろを表しているので，このときの周波数が**特徴周波数**と呼ばれます。このよう
に，神経線維ごとに特徴周波数が異なることがわかります。また，曲線の形が
周波数に対して非対称になっていますが，この形は，外有毛細胞およびダイテ
ルス細胞領域における応答（図6.17）と対応しています。

4. 場所符号化（発火率・場所符号化，周波数の部位的構成の起源）

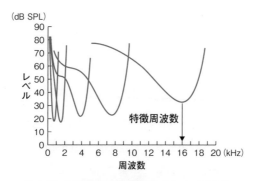

図6.18　周波数閾値同調曲線（Plack, 2018）
一つひとつの曲線は，それぞれ1本の聴覚神経線維から得られた応答であることを示しま
す。dB：デシベル（decibel），SPL：音圧（sound pressure level）。

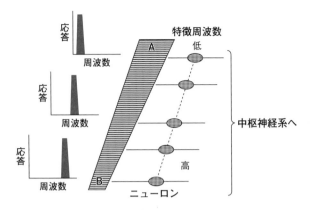

図 6.19　**場所符号化の模式図**（Durrant & Lovrinic, 1995）
左から，対数周波数と神経応答との関係を示すグラフ，基底膜，それぞれの場所から伸び
ている聴神経のニューロン，すなわち神経単位を表します。対数周波数と神経応答との関
係は，閾値付近の弱い信号を入力したときの応答であり，それぞれの神経の特徴周波数付
近でのみ，応答がみられることを示します。図の B と書かれている側は蝸牛底側，A と書
かれている側は蝸牛頂側。

　基底膜（より本質的には，コルチ器）の場所と神経応答との関係を模式的に
示すと，図 6.19 のようになります。基底膜の蝸牛底に近い場所に接続してい
る聴神経線維の特徴周波数は高く，接続している場所が蝸牛頂に近づくほど聴
神経線維の特徴周波数は低下していきます。このことから，入力信号の周波数
が基底膜の場所，および聴神経線維の特徴周波数と結びついて符号化されるこ
とになるので，これを**周波数の場所符号化**と呼んでいます。また，神経線維の
特徴周波数が順序よく並んでいる状態は，中枢神経系でも維持されており，**周
波数の部位的構成**あるいは**周波数の部位再現**などと呼ばれています。

6.2.4　神経符号への変換，位相固定と時間符号化

　ここで，少し話を戻して，コルチ器の変位から聴神経の神経符号への変換が，
どのようにして行われるのかをみておきます（図 6.20）。音が入力されると，
基底膜とコルチ器が持ち上がることにより，有毛細胞と蓋膜との間で「ずれ」
が生じます。すると，有毛細胞の不動毛が蝸牛の螺旋の外側方向に倒れます。
不動毛の先端にはカリウムイオン・チャンネルがあり，この方向に倒れたとき

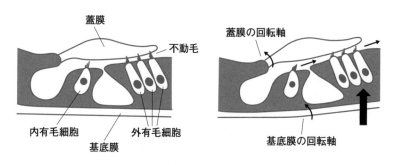

図 6.20　コルチ器の変位と不動毛の傾き（Plack, 2018）

だけ開いてカリウムイオンが有毛細胞内に流入します。すると，有毛細胞の膜
電位が上昇し（脱分極），接続している聴神経に神経伝達物質を放出します。
これにより，聴神経の発火，つまり神経インパルスの発射が起こります。この
ように，コルチ器が前庭階側（図 6.13 参照）に変位したとき，すなわち入力
信号がそのような位相にあるときに聴神経が発火する傾向があることを，**位相
固定**と呼びます（Rose et al., 1967, 1968）。このため，聴神経の発火間時間間隔
によって，刺激の周期に関する情報が伝送されていることになるので，これを
周波数の**時間符号化**と呼びます。

　ここで，「特定の位相で聴神経が発火する傾向がある」というのは，すべて
の聴神経が同時に発火するのではなく，聴神経全体として入力信号の特定の位
相で，発火する「確率」が高くなる，ということです。また，位相固定が生ず
るのは，およそ 5,000 Hz までとされています。それ以上の周波数でも応答は
生じますが，刺激の周期とは無関係なタイミングで発火が起こります。つまり，
5,000 Hz 以上の周波数では，波形の周期の情報を伝える，**時間微細構造**は伝送
できないことになります。ただし，時間微細構造よりも変化のゆっくりとした，
波形の包絡にも位相固定は起こり，包絡の情報は伝えることができます。

　一方，基底膜およびコルチ器が鼓室階側（図 6.13 参照）に変位したときに
は，カリウムイオン・チャンネルは閉じ，有毛細胞の膜電位は低下し（過分
極），神経伝達物質は放出されないので，聴神経の発火も起こりません。この
ようにして，コルチ器の動きが，聴神経の神経符号へと変換されます。

　ヒトは音の高さを知覚するのに，場所符号化によって得られる**場所情報**と時間符号化によって得られる**時間情報**の両方を用いているのではないかと考えられています。

6.2.5　上行聴覚路

　図6.21は，末梢から中枢に向かう聴覚の神経経路を非常に大雑把に示したものです。**蝸牛**を出た**聴神経**は，同側の**蝸牛神経核**に入り，そこから，主に反対側の**外側毛帯核**を通って**下丘中心核**，**内側膝状体**を通じて**一次聴覚野**に至ります。つまり，大まかにみれば，音が入力された蝸牛とは反対側の一次聴覚野に情報が届けられることになります。

　図6.22は，下丘までの経路をもう少し詳しく描いたものです。蝸牛神経核から反対側の下丘に向かう経路の他に，**上オリーブ核**を通じて，左右の情報が出会う経路があることがわかります。この，**蝸牛神経核後腹側核**から両側の上オリーブ核へ向かう流れは，音の定位に関係しています。それに対して，**蝸牛神経核背側核**から，反対側の外側毛帯核と下丘へと向かう流れは，その音が何の音であるのか，すなわち，音の同定と関係しています。さらに，下丘から内側膝状体に接続する神経線維の数は約25万本で，これは聴神経の数の10倍にあたります。つまり，それだけ詳しい分析が行われてから，情報が一次聴覚野に伝えられることになります。

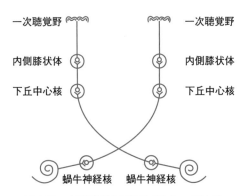

図6.21　**上行聴覚路の概略**（Møller, 2013）

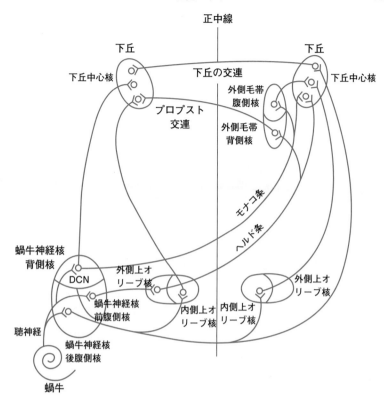

図 6.22　**上行聴覚路（下丘までのより詳しい経路）**(Møller, 2013)

　一次聴覚野（ヘッシュル回）の周囲には，**二次聴覚野**（側頭平面および側頭極平面）と呼ばれるより上位の皮質部位があります（図6.23 (b)）。一次聴覚野と二次聴覚野とは，大脳左右半球のどちら側にもあります。音声の知覚と発話には，さらに上位の領野である，**上側頭回，上側頭溝，ブローカ野，ウェルニッケ野**も関係しています（図6.23 (c)）。ブローカ野は，ここが損傷されると発話に障害の生じることをブローカ（Broca, P. P.）が発見したため名づけられた領野，ウェルニッケ野は，損傷によって音声の理解が妨げられることをウェルニッケ（Wernicke, C.）が発見したので付けられた名前です（2.3.4 項）。これらは，聴覚野の位置する側頭葉から大きく外れたところにあり，また大脳の左半球だけにあり，右半球にはありません。

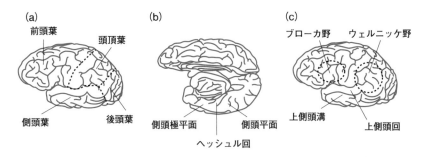

図 6.23 **大脳皮質と聴覚・音声関連野** (Schnupp et al., 2011)
(a) 大脳左半球における皮質野の位置と名称。(b) 大脳を上から見て，左前頭葉と頭頂葉とを除去し，一次聴覚野（ヘッシュル回）と二次聴覚野（側頭平面および側頭極平面）を見えるようにしたもの。(c) ブローカ野とウェルニッケ野を含む高次皮質野。

6.3 聴覚における周波数分析

6.3.1 マスキング

マスキングは，「信号とは別の音（マスキング音）が存在することによって，信号が聞こえなくなる，あるいは聞こえにくくなること」を指します（Mayer, 1876; Wegel & Lane, 1924）。実験では，信号の閾値を調べ，マスキング音の存在によって閾値が上昇すればマスキングが生じた証拠となります。特に，信号は聞こえるが，信号の大きさが小さくなったように感じられる場合は，**部分マスキング**といいます（Scharf, 1964）。マスキングには，信号とマスキング音が同時に存在する場合を指す**同時マスキング**と，両者の時間にずれがある**非同時マスキング**あるいは**継時マスキング**があります。一般に，マスキングの効果は，信号とマスキング音との周波数が近いほど，また時間的な関係が近いほど，大きくなります。日常生活においては，信号以外の音が存在する状態，すなわち信号に対してマスキングのある状態がむしろ普通です。したがって，マスキングは，聴覚の特性を考える上で重要な現象です。

なお，上記のようなマスキングは，**エネルギー的マスキング**とも呼ばれ，基本的に聴覚末梢において，信号とマスキング音による興奮パターンが競合することで生ずると考えられています。一方で，そのようなエネルギー的な説明が成り立たないマスキングも存在し，**情報マスキング**と呼ばれています（Pollack,

1975; Watson, 1987; Durlach et al., 2003)。情報マスキングは，主に刺激の統計的な不確実性により閾値が上昇することを指し，中枢で生ずると考えられています。

6.3.2 精神物理学的同調曲線

ここまで述べてきたような神経閾値同調曲線などの生理学的データは，チンチラやスナネズミといった，哺乳類の動物から得られたものです。これは，聴覚末梢の構造が，これらの動物ではヒトと近いと考えられているからです。しかし，これらの動物と，ヒトとで聴覚がまったく同じかというとそうではありません。たとえば，可聴域一つとってみてもマウスやラットとヒトではかなり違い，ヒトの場合，せいぜい 20 kHz 程度までしか聞こえませんが，マウスやラットは 60 kHz 前後まで聞こえるとされています（生物音響学会，2019）。

では，ヒトの蝸牛において，どのように周波数分析が行われているのかを知るためには，どうすればよいでしょうか。そのためには，生理学的な手段に頼らず，行動を通じて，つまり，精神物理学的測定法を用いてヒトの聴覚の特性を調べることが必要になります。そのようなヒトの同調曲線は，精神物理学的同調曲線（あるいは心理物理学的同調曲線）（図 6.24）と呼ばれます（Yasin

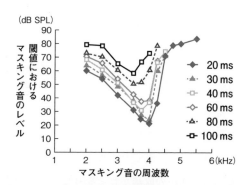

図 6.24　精神物理学的同調曲線（Plack, 2018）
4 kHz 純音の信号をマスクするのに必要な，別の純音のマスキング音のレベルを，マスキング音の周波数の関数として求めました。信号のレベルは，絶対閾の 10 dB 上という，非常に弱いレベルに設定され，また，マスキング音が呈示された後に，信号が呈示されました。図の凡例は，マスキング音と信号との時間間隔。

& Plack, 2003)。この図から，マスキング音と信号の時間間隔が増加するにつれて，マスキング音のレベルを上げなければならないこと，マスキング音のレベルを上げるほど，同調曲線の谷が緩やかになり，谷底の周波数が低下することがわかります。これらの特徴は，クーパーら（Cooper et al., 2018）の赤外線断層撮影によるスナネズミの外有毛細胞の動きの測定結果とよく対応しています。

6.3.3　聴覚フィルター

1. ノッチ雑音法と等価矩形帯域幅

　ノッチ雑音法は，聴覚末梢の周波数選択性を正確に調べるために考え出されました（Patterson, 1976）。先ほどみたように，純音刺激に対する聴覚末梢の応答は，非対称な山型の応答であると考えられます。このような応答のもとになっているのは，基底膜（およびコルチ器）の持つ帯域通過フィルター特性であると仮定します。すなわち，聴覚の末梢を，多数の，互いに裾が重なり合う帯域通過フィルターが並んだものとしてとらえ，そこから周波数選択性が生まれ，周波数分析がなされていると仮定します。この仮定されたフィルターを聴覚フィルターと呼びます。そこで，聴覚フィルターの幅がどれだけであるのかを正確に調べることができれば，聴覚の周波数選択性の細かさがわかることになります。そのためには，信号とマスキング音を同時に呈示し，両者が周波数の違いによってどれだけ分離できるのかを調べればよいことになります。

　しかし，そこで一つ問題があります。すなわち，マスキング音として信号よりも低い周波数の雑音を呈示したとすると，信号の周波数と中心周波数が一致した聴覚フィルターを使って信号を検出するよりも，信号の周波数よりもやや高い中心周波数の聴覚フィルターを使って信号検出を行ったほうが，信号からの出力をそれほど低下させずに，聴覚フィルターに入ってくる雑音の量を減らすことができるので，信号検出の成績が良くなります。このような方略を用いた聴取は，離調聴取と呼ばれ，実際に実験参加者はそのようにすることがわかっています。しかし，これでは，実験者が意図した中心周波数の聴覚フィルターの幅を正確に求めることができません。そこで，パターソン（Patterson,

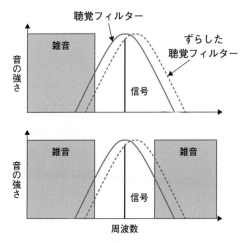

図 6.25 **低域通過雑音とノッチ雑音による聴覚フィルターを通過するマスキング雑音量の違い**
（Patterson, 1976 に基づき筆者が作成）

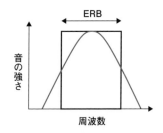

図 6.26 **等価矩形帯域幅**
山型の聴覚フィルターと同じ面積となる矩形のフィルターを考えたときの帯域幅。

1976）は，ノッチ雑音を用いて聴覚フィルターの幅を測定する方法を考え出し
ました（図 6.25）。このようにすれば，信号の周波数と中心周波数が一致した
聴覚フィルターを用いたときに，もっとも成績が良くなるので，聴覚フィルタ
ーの幅を正確に求めることができます。

　ここで，聴覚フィルターを通過する音の強さの面積を，山型の頂点と高さを
揃え，同じ面積となる矩形に置き換えて，その幅を求めることにします（図
6.26）。そのような幅を，**等価矩形帯域幅**（equivalent rectangular bandwidth;
ERB）と呼びます（Glasberg & Moore, 1990）。

2. 興奮パターン

1 kHz の純音の信号を入力したときに得られる聴神経の興奮パターンを，わかりやすくするために聴覚フィルターを 5 つだけ取り出して考えてみましょう（図 6.27）。純音は，それぞれの聴覚フィルターに a から e の強さの入力をもたらします。それぞれのフィルターからの出力をもとに，聴覚末梢からどのような聴神経の興奮パターンが得られるのかを描くと，右側に裾を引く，左右非対称な形の興奮パターンが現れます（Moore & Glasberg, 1983）。この形は，コルチ器における進行波の包絡パターンと対応しています。

3. マスキングの上方拡散

次に，このような興奮パターンが，マスキングに及ぼす影響について考えます。マスキング音の音圧レベルを上昇させると，興奮パターンの右裾が，より広がります（図 6.28）。このように，マスキング音を強くすると，マスキング

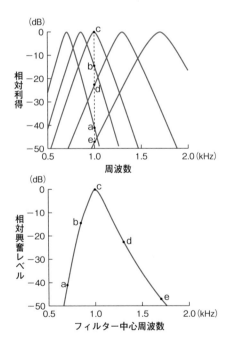

図 6.27　聴覚フィルターの特性から 1 kHz の信号による興奮パターンを求めた例
(Moore & Glasberg, 1983)

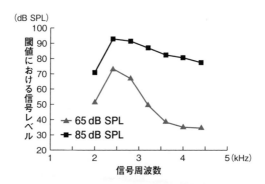

図6.28 **マスキングの上方拡散** (Plack, 2018)
2.4 kHz のマスキング音が存在するときに，純音の信号が聞こえるために必要な音圧レベル，すなわちマスキング閾を調べました。

音より低い周波数の領域よりも，高い周波数の領域のほうが，よりマスキングの影響を大きく受けることになります。このことを**マスキングの上方拡散**と呼びます（Mayer, 1876; Wegel & Lane, 1924）。

6.3.4 臨界帯域幅

聴覚フィルターの考え方に基づく等価矩形帯域幅とよく似た考え方として，**臨界帯域幅**の考え方があります。臨界帯域幅は，アメリカのベル研究所で，聴覚の絶対閾や音の大きさから音声の明瞭度まで，幅広く研究を行ったフレッチャー（Fletcher, 1940）が提案したものです。実は，等価矩形帯域幅の考え方も，フレッチャーが最初に編み出したものといえます。

フレッチャーは，今日でいう興奮パターンを矩形のパターンで近似できると考えました。そうだとすると，信号の周波数を中心とした帯域雑音をマスキング音として，マスキング音の帯域幅を広げながら信号のマスキング閾値を求めると，マスキングの効果があるところで頭打ちになるはずだと考えて実験を行ったところ，フレッチャーが考えた近似が成り立っていることがわかりました。彼は，信号のマスキングに寄与する帯域幅を臨界帯域幅と呼びました。

同様に，音の大きさについても，次のような近似が成り立つとフレッチャーは考えました。2つの音が，近い周波数で存在するときには，聴覚神経の興奮

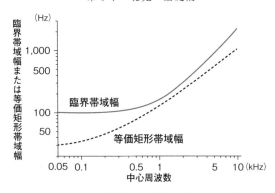

図 6.29 　臨界帯域幅と等価矩形帯域幅の比較

パターンではこの 2 つが区別できず，1 つの音として処理されるはずです。し
かし，周波数間隔を十分に広くとれば，2 つの独立した興奮パターンとして処
理されるので，音の大きさは元の 2 倍になるはずです。したがって，2 つの音
の周波数を徐々に広げていくと，大きさの増加が始まるところが見つかるはず
で，その境目までの幅が，聴覚が 1 つの音として処理する幅，すなわち臨界帯
域幅となります。このような近似も成り立つことが実験で示されています
（Zwicker et al., 1957）。

　このようにして求められた臨界帯域幅と等価矩形帯域幅を比較すると，低域
では臨界帯域幅と等価矩形帯域幅の違いが大きくなりますが，中域から上では
あまり大きな違いはありません（図 6.29）。

コラム 6.1　時間，周波数の不確定性原理と聴覚実験

　不確定性原理のことを量子力学の難しい話の中で聞いた人もいることでしょう。音響信号を扱う際にもこの原理のことをちょっと頭に入れておかないと，思わぬ間違いをします。2つの物理量，たとえば素粒子の位置と速度のうち，どちらかを精密に決定しようとすればするほど，もう一方は精密に決定することができなくなるという関係があるとき，両者の間に不確定性があるといいます。この言葉が使われる場合，「あちらを立てればこちらが立たず」の関係は本質的なものであり，将来技術が進歩すれば克服できるようなものではありません。身近な音を出したり分析したりする場合にも，時間（時刻）と周波数の間に不確定性が生じます。これは，時間の単位 s と，周波数の単位 Hz（つまり 1/s）とが逆数の関係にあることに関係しています。たとえば 1,000 Hz の純音をある時刻に一瞬だけ出すことはどう考えてもできません。1,000 Hz，つまり 1 秒あたり 1,000 回の繰返しがあるという情報を伝えるには最低でも繰返しのあることがわかる 2 周期分，すなわち 2 ms 程度の時間が必要であることは少し考えればわかります。そこで，1,000 Hz の純音を 2 ms だけ切り出してみると，そのスペクトルは 1,000 Hz を中心に上下それぞれの方向に 500 Hz 離れたところまで途切れずに広がり，さらにその向こう側にも広がってしまいます。つまり，音エネルギーは 1,000 Hz を大きく離れたところにまで分布することになり，このような音を用いて聴覚実験をすると，聴覚系の 1,000 Hz から離れた周波数に対応する部分も広く刺激され，1,000 Hz の純音で刺激を与えたことにはなりません。一方，数学的に厳密に 1,000 Hz の成分のみを含む純音は，無限の過去から無限の未来にまでずっと続いている正弦波（サイン波）の音でなければならず，これでは実験に使えません。実験のために，音の存在する時間帯を数秒以内に抑えようとすると，ある程度はスペクトルが広がることを許容しなければなりません。これが，時間と周波数の不確定性原理です。

　それでは現実的に「1,000 Hz の純音」と呼んでもよい音はどのくらい短くできるでしょうか？　これは，実験の目的によって変わりますが，これくらい短くしても大丈夫という条件を一つ挙げておきます。ずっと続く厳密な意味での 1,000 Hz の純

音を50 ms分切り取り，そのうち最初の15 msは音を無音からだんだん強くするの
に使い，最後の15 msは音をだんだん弱くして無音にするのに使うとよいでしょう。
この場合，スペクトルの広がりはおおむね臨界帯域の範囲に抑えられるので，聴覚
系の1,000 Hzに対応する部分だけが刺激されたと考えても大間違いにはなりません。
それに対応する聴覚体験として短い澄んだ音が聴こえ，雑音やクリック音は聴こえ
ません。これは「純音」と呼ばれるにふさわしい知覚内容です。この音には音の強
さが一定である定常部が20 msしかなく，純音の物理的な時間長が20〜50 msの間
のどの値になるのかが気になりますが，これはまさに「不確定」です。実験手続き
を記述する際には「物理的に音が出始めたところから出終わったところまでを時間
長とする」などのように約束事を決めて記述するしかありません。ここでは20 ms
である定常部をもっと長くすることによっていくらでも長い純音を作ることができ
ます。これを1 sくらいにすれば，両端の15 ms程度の不確定性は無視することがで
きるでしょう。一方，1,000 Hz，5 msの純音を出すことは，たとえ周波数，時間長
をコンピュータ・プログラムの変数として書き込めたとしても，無理筋（本質的に
困難）です。

　聴覚実験において時間を厳密に制御したいとしましょう。例として，2つの音のど
ちらが先に呈示されたかを聴き分ける実験について考えてみます。2つの音に20 ms
くらいの時間差があれば前後関係がある程度正しく知覚されるのですが，そのとき
に音の長さを揃えておかなければ，実験結果を解釈することが難しくなるでしょう。
そこで，たとえば2 msというように音の出始めから出終わりまでの時間長を短い値
に設定し，この2 msの時間波形をいろいろに変えてみて，はっきりと聴き分けるこ
とのできる2つの音が見つかれば実験を行うことができます。たとえば，先に
1,000 Hzの純音を2 ms切り出した音を取り上げましたが，もう一つ1,500 Hzの純音
を2 ms切り出した音を用意して，この2つの音を出すタイミングを変化させること
によって，前後関係を聴き分ける実験をすることができます。ただしこの場合，先
に記したような周波数方向の広がりが生じ，音の高さがはっきりとは聴きとれなく
なります。このような実験で音の高さもはっきり示したいと考えても，それは本質

的に不可能です。

　1,000 Hz の純音を用いて時間長の知覚について調べたいときに，1,000 Hz の無限に続く正弦波をハサミで切り取るようにある時間長（たとえば 1 s）だけ切り取ると，始まりおよび終わりのところで 1,000 Hz とは異なる周波数成分がスペクトログラムの周波数軸方向（上下）の広がりとして現れます。この広がりはコッコッという音として聴こえるので，聴取者はこちらのほうを聴いて時間長の判断をする可能性があります。それを避けるには，音の始まりで 15 ms くらいかけて少しずつ音が出てくるようにし，音の終わりでも同じくらいの時間をかけて少しずつ音がなくなっていくようにする必要があります。

　横軸が時間（時刻），縦軸が周波数の座標上に音エネルギーの分布としてスペクトログラムが描かれるわけですが，この座標上のただ 1 点に相当する音はありませんし，作れません。横軸方向に関して音エネルギーの分布を精密に区切ろうとすると縦軸方向に音エネルギーがにじみ出し，縦軸方向に関して精密に区切ろうとすると横軸方向に音エネルギーがにじみ出す，というのが聴覚実験を計画するときに筆者が持っている不確定性原理のイメージです。真っ白な座標平面に黒々と点や線を乗せていくように音を描くことはできません。聴覚心理学の教科書などでは，わかりやすくするために黒々とした図が載せられているので，時々不確定性原理のメガネをかけて図を眺めてみてください。本文中のスペクトログラムも参考になると思います。

コラム 6.2　聴覚と視覚の比較

　環境からの情報の 80％ を，ヒトは視覚を通して得ているという話を聞いたことはないでしょうか？　筆者は 1990 年代に大学の講義を担当し始めたときに，学生のレポートにこのことが何度も出てくるのに気づき，しかも「80％」という値が判で押したように決まっているので，大学の図書館にある本のどれかにこのことが書いてあるに違いないと考えました。当時は何でもまずインターネットで調べるという時代ではなかったので，他の理由は考えにくかったのです。図書館に半日ほどいて，貸出記録なども参照してどうもその出処であるらしい書物を見つけましたが，その本の著者は心理学や神経生理学には直接関係していなかったので，どこかで聞いた話を話題として紹介したのかもしれません。その後，あちこちで似たような話を聞いたり読んだりします。

　ちょっと頭を使って考えれば，そもそも 80％ という数値は何をどうやって決めるのだろうか，誰がそのような分析をしたのだろうか，という疑問が湧いてくるはずです。本稿を執筆するにあたって「聴覚」「視覚」「パーセント」の 3 つのキーワードを用いてインターネットで検索をかけてみると，真っ先に出てきたのは同じような話であり，「83 パーセント」という値が出典を示さずに出されていました。1 の桁までパーセンテージを出しておいて根拠を示さないのも困ったことです。

　ヘンデル（Handel, 1989）は，聴覚の役割についてさまざまな観点から考察を進めており，神経生理学の観点から視覚と聴覚比較の対象を明確にするための比較を行っています。左右それぞれの眼の網膜には，約 1 億 3,000 万の光受容細胞があって，ここから得られた情報が視神経において 100 万程度の神経線維にまとめられ，大脳の左右それぞれの視覚野における約 1 億の神経細胞を刺激します。一方，左右それぞれの耳（内耳）にはおよそ 1 万 5,000 の受容細胞しかないのですが，これが同程度の数の神経線維につながり，情報が大脳に伝わっていきます。その途中で神経線維を中継する核を経るごとに関係する神経細胞の数が増し，大脳において左右それぞれの聴覚野における約 1 億の神経細胞を刺激します。このような比較は，つつき出せばいろいろと問題が出てきます（6.2.2 項参照）。しかし，大脳皮質において視覚に

割かれている資源と，聴覚に割かれている資源との間に，量の上で大差はないようです。ヘンデルは，蝸牛の受容細胞から得られた情報が，大脳皮質に至るまでの過程に注目すべきであると述べています。聴覚系は，限られた情報を無駄にしないように，情報が大脳に至るまでにさまざまな処理を加えています。ビデオの映像情報をデジタルに記録すると，一緒になった音響情報よりも圧倒的に情報量が多く，視覚情報のほうが聴覚情報よりもずっと重要であるように感じてしまうかもしれませんが，聴覚においてはこの限られた音響情報が徹底的に利用されると考えるべきでしょう。内耳の蝸牛はきわめて弱い振動を受け取ったときにそれを増幅するという驚くべき働きをも有しています。弱い音に対しては，それが受容細胞に伝わる段階ですでにその情報を無駄にしない仕組みが働いているのです。

聴覚と視覚とのどちらが大事かというようには考えず，それぞれが異なる役割を果たして支え合っていると考えるべきでしょう。聴覚が大脳皮質の相当な資源を使うからにはその理由があるはずです。理由の一つは，聴覚が多くの場合言葉を使う上でもっとも大事な感覚であることです。古代ギリシアの哲学者であり，近代自然科学の成立にもさまざまな影響を与えたアリストテレスは，環境についての情報を得る上では視覚がもっとも重要な感覚であるが，人が知恵を得るためには聴覚が重要であるという趣旨のことを述べています。

ヒトの聴覚が進化した前提として，哺乳類が一般に優れた聴覚を有しているということがあります。哺乳類は 2 億年くらい前に，ネズミくらいの小さく弱い動物として現れたため，夜行性の生活を強いられたと考えられており，暗闇で周りの音をよく聴き，危険や変化に対応することも必要だったのでしょう。そのときに出来上がった精巧な聴覚の仕組みを私たちは受け継いでいます。そして，哺乳類の中でも単独では決して強い動物であるとはいえないヒトは，言語を獲得することによって他の動物よりも圧倒的に強い立場に立ちました。このように，ヒトの進化の歴史の中で，聴覚の役割を見逃すわけにはいかず，研究においても聴覚の進化の跡を，他の感覚と比較しながらたどることが重要です。

復 習 問 題

1. 音楽を聴きながら自転車に乗っていると困る理由を考えてください。

2. 音の時間波形，スペクトログラム，スペクトルの3つの表し方が必要であるのはなぜかについて述べてください。

3. 図6.1，図6.2に示したような音の変形を考えてみてください。

4. 図6.4に現れる複合音の1つを取り上げ，それにドップラー効果が生じたときにどのような時間波形，スペクトログラム，スペクトルが得られるかを考えてください。

5. 外耳，中耳，内耳（蝸牛）のそれぞれの働きについて説明してください。

6. コルチ器に含まれる，2種類の有毛細胞の違いについて説明してください。

7. 鼓膜から，耳小骨，リンパ液，基底膜，外有毛細胞およびダイテルス細胞領域，蓋膜，内有毛細胞に至る振動の経路および動作について説明してください。

8. 内耳における周波数分析の仕組みについて説明してください。

9. 位相固定の起こる仕組みと周波数限界について説明してください。

10. 上行聴覚路について説明してください。

11. マスキングについて説明してください。

12. 精神物理学的同調曲線と聴覚の周波数選択性の関係について説明してください。

13. 聴覚フィルター，等価矩形帯域幅，臨界帯域幅の関係について説明してください。

参 考 図 書

音響学全般の入門書としては，以下のものをすすめます。

坂本 真一・蘆原 郁（2016）.「音響学」を学ぶ前に読む本　コロナ社

蘆原 郁・坂本 真一（2012）. 音の科学と擬似科学──音の不思議と怪しい話──
　　　コロナ社

聴覚に関する参考図書として，古典的研究のみならず最近の研究結果に至るまで，重要なデータをきちんと示して論じており，1人の著者が全体を通して執筆した次の書物をすすめます。初学者から研究者まで利用できます。ただし，音声知覚に関する記述はほとんど含まれていません。

大串 健吾（2019）. 音響聴覚心理学　誠信書房

次の教科書は，聴覚全般の基本的な事項が網羅されており，かつ音声知覚に関する内容も含まれています。ただし，この書物は1989年に出版された原著第3版の翻訳で，原著の最新版（第6版）は2012年に出版されています。より新しい知識を得るためには，原著の最新版を読むほうがよいと思います。

ムーア，B. C. J. 大串 健吾（監訳）（1994）．聴覚心理学概論　誠信書房

Moore, B. C. J. (2012). *An introduction to the psychology of hearing* (6th ed.). Bingley, UK: Emerald.

さらに，より平易で新しく，かつバランスのとれた入門書として次をすすめます。

Plack, C. J. (2018). *The sense of hearing* (3rd ed.). Abingdon, Oxon: Routledge.

聴覚に関するさまざまな現象には，実際に音を聴いてみることで教科書の記述が腑に落ちることもよくあります。そのための資料として，次の CD（解説つき）は貴重なものです。

Houtsma, A. J. M., Rossing, T. D., & Wagenaars, W. M. (1987). *Auditory demonstrations* [Compact Disc]. Eindhoven, The Netherlands: Philips.

ヒトを含む生物全般を対象とする生物音響学という分野があり，生物音響学会が編集した次の事典は，音響学の基礎からさまざまな生物の聴覚生理学，聴覚心理学，神経科学にわたる事柄が，豊富な図版と共に平易にまとめられています。

生物音響学会（編）（2019）．生き物と音の事典　朝倉書店

音の高さに関する専門書としては，次のものをすすめます。

大串 健吾（2016）．音のピッチ知覚　コロナ社

脳における聴覚の働きを理解するためには，神経の基本的な仕組みについての理解も必要です。また，聴覚は脳における他のさまざまな機能とも関連があるので，一度，脳科学全般についての最新の知識を勉強しておいたほうが，現代人としての教養も身につくのでよいと思います。脳科学の正確かつわかりやすい入門書として，次の書物をすすめます。

バレット，L. F. 高橋 洋（訳）（2021）．バレット博士の脳科学教室 ７ 1/2 章　紀伊國屋書店

なお，Praat（プラート）〈https://www.fon.hum.uva.nl/praat/〉という，コンピューター上で音の合成，録音，再生，編集，分析，作図などができる無料のソフトウェアがあります。Windows, Macintosh, Linux で動作します。上記のウェブサイトにインストールの仕方や使い方に関する親切な説明がありますので，まずはそちらをご覧ください。

また，第6章と第7章で紹介した音の例は，サイエンス社ホームページ上のサポートページから聞くことが可能です。

　聴覚系が音をとらえるのは，ヒトが環境に適応するためであり，それを限られた資源を用いて行わなければなりません。この章では，このことについて考察を進めます。

7.1　ヒトは何を聴くのか

7.1.1　聴覚の役割

　第6章でみたように，左右の耳で気圧の時間的な変化がとらえられ，ヒトは音を聴くわけですが，ただ音そのものを聴くのではなく，一つひとつの音が環境に適応して生きていく上で意味を持っています。ヒトが聴くのは意味づけられた音なのです。

　動物が環境に適応するためには，周辺で何か変化が起こったことをただちにとらえることが重要です。そのために，ヒトにおいては，そして他の多くの空気中で生きる動物においても，聴覚がもっとも重要な感覚です。たとえば，近くに大きなものが落ちてきたときには，すぐに様子を確かめて対応する必要がありますが，そのためには24時間体制ですべての方向からの情報を，近くからも遠くからもとらえることができる，聴覚に代わる感覚はありません。目はつむることはできるのに，耳をつむることができないのは，不便だと感じる方がいらっしゃるかもしれませんが，いつでも（眠っているときでも）開いているということこそ，聴覚の大事な特徴なのです。

　第6章で述べたように，空気中で何かが速く動くと音の出ることが多く，その動きが大きなエネルギーを伴うものであるほど，音も強くなりやすいので，

強い音には生き物としての資源を多く割いて対応するということが，理にかなった適応法になります。スペクトルの形が同じ音であれば，強くなればなるほど大きい音が聞こえます。**音の大きさ（ラウドネス）**を知覚することは，ヒトが音に対してどのくらい資源を割いて対応しなければならないかの手がかりを与えるので，聴覚の基本であるといってよいでしょう。そのため，音の大きさの知覚については，物理量と主観量とを対応づける精神物理学的な研究が，数多く行われています。

　うるさい音については，騒音計でデシベル値を測るということはご存じだと思いますが，騒音計も音の大きさの知覚についての地道な研究から生まれてきたものです。しかし，騒音計は現場で幅広く使うことのできる仕様になっているので，デシベル値の変化と実際に知覚される音の大きさとは食い違うこともあり，さらに，騒音に悩まされている人については，音の大きさというよりも，うるささや不快感などまで考慮に入れた指標が求められます。

　聴覚の役割としてもう一つ重要なことは，言語コミュニケーションに使われるということです。言語こそ，ヒトと他の動物を分かつものであることに異論はないでしょう。そして，この言語を支えるもっとも重要な感覚が聴覚です。したがって，知覚心理学から聴覚の話題を外してしまうことは，ヒトではない動物の知覚心理学を研究することになってしまいます。ところが，言語というものは大変複雑なものであって，とても実験心理学の範囲には収まらないところがあり，現在も知覚心理学の研究者や言語学や工学における音声研究者の格闘が続いているところです。

　実験心理学のあらゆる分野において，今日では**脳科学**との対応づけが重要であるとされており，このことは聴覚研究においても同じです。ヒトの心と脳の活動との関係を本格的に考える重要なきっかけになったのが，19世紀後半における**ブローカ野，ウェルニッケ野**の発見であり，ヒトの言語活動と直接つながっています。ウェルニッケ野は言語の理解に関係すると考えられることが多く，この領域が**左聴覚野**と至近距離の関係にあることは，聴覚と言語能力とが深く結びついていることを示唆するものです。

　このように，聴覚には言語活動を支えるという重要な役割が与えられていま

す。その他に，聴覚は環境全体の雰囲気をとらえる，視覚が使えない状況で環境や物についての情報をとらえるなど，さまざまな役割を果たしています。なお，聴覚の役割として見逃せないのは，音楽活動を支えることです。研究史の上でみても，音楽心理学と聴覚心理学は手を取り合って，発展してきました。

7.1.2 聴覚体制化

　街を歩くといろいろな音が聞こえてきます。足音，人の話し声，車のタイヤ音，スズメやカラスの鳴き声などです。これらの音も，すべて第6章で示したような，スペクトログラムで表すことができます。今のような音が全部合わさって聞こえてくるときに，聴覚系に与えられる情報はそれぞれの音ごとのスペクトログラムではなく，すべての音が混じった状態のスペクトログラムに相当します。この中から，聴覚系は足音や人の話し声を分離して，別々の音として処理するわけですが，これはよく考えてみれば，大変，複雑な働きであり，この仕組みを解明することが，聴覚が，環境への適応をどのように支えているかを理解する上で重要であることがわかってきています。このような研究の流れのきっかけを作ったのが，ブレグマン（Bregman, A. S.；6.2.1項参照）です。

　一方，言葉や音楽を聴覚によってとらえる場合には，時間上のどこからどこまでがひとかたまりであるか，あるいはどの音とどの音が同時に出ているか，どの時間間隔とどの時間間隔が等しいか，あるいは等しくないかということが問題になります。このような時間の構造をとらえること，すなわち，リズムをとらえることが聴覚の重要な働きになります。

　このように，スペクトログラムで示される音の中に，音のまとまりを構成し，あるまとまりと別のまとまりとの関係を把握し，それぞれの音が環境あるいはコミュニケーションの内容についてのどのような事柄に対応しているのかを見つける働きを聴覚体制化といいます。少し難しいですが，音はバラバラになったままでは使いようがなく，意味づけのできるまとまりにしていかなければならないと考えてください。ただし，意味づけができるということは，可能性を示しているだけであって，まとまりはあっても特別な意味を与えられていないような音もあり得ます。聴覚心理学の実験で用いる音の多くは，そのような音

です。

　それでは，さまざまな音の中からヒトの声を抽出するときに，どのような仕組みが働くのかを考えてみましょう。街を歩いているときに，後ろのほうから，「おはようございます」と言われたならば，すぐに後ろを振り向くでしょう。それは，ある音のかたまりを，一人の人の声としてとらえることができ，しかも，それが後ろから来ているということまで感ずることができたからです。このような，一見，単純な働きの中に，聴覚の働きがたくさん隠れています。

　スペクトログラムでみれば，「おはようございます」という音が始まったときに，母音の「お」に含まれるたくさんの周波数成分が，同時に始まっています。また，それらの成分は，**調波関係（倍音関係）**を有しています。このことから，聴覚系はこれがまとまった1つの音であるということをとらえることができます。このように，調波関係があるときには，はっきりした音の高さがとらえられ，それは基本音だけを純音として単独で出したときに知覚される音の高さに近いものです。人の声や，笛，バイオリンなどの楽器の音を聴くと，たちどころに音の高さが感ぜられます。この働きは複数の周波数成分が，1つのまとまりをなした音として知覚される聴覚体制化の働きと深く関わっています。

　少し脱線しますが，男性が電話を通じて「おはようございます」と言うとき，基本音は周波数が低すぎて伝わりません。それでも，直接声を聴いたときと，同じ音の高さが知覚されます。この聴覚現象は電話がなかった頃から知られており，聴覚の仕組みについて考える大事なきっかけになりました。

　「お」という音だけを分離してみると，数百 Hz のあたりに強い成分があることがわかります。この成分は，「は」の母音のときには，弱くなります。また，「い」のときには，2,000 Hz のあたりに周辺よりも強い成分が現れます。このようなことが母音を知覚する手がかりになります。子音については，母音の前後で空白や雑音が現れたり，スペクトルの急激な変化が現れたりすることによって示されています。このように，言葉を知覚するときには，まず言葉を表す音声を分離し，言葉の音としてどのように解釈できるかを一つひとつの音ごとに決めていく必要があります。日本語の場合には，「お・は・よ・う・ご・ざ・い・ま・す」という9拍分の音が1つのリズムを作っており，このリ

ズムを適切にとらえることによって，言葉の内容も正しく理解することができます。このような複雑なことを私たちの聴覚系は，まさに一瞬にして行っているのです。

　足音については，一つひとつの音についてたくさんの周波数成分が急激に，同時に出ており，さらに，たくさんの音が時間的にほとんど等間隔に出ているということが，重要な手がかりになっています。よく考えてみれば，言葉の音をとらえるときと，大変よく似ています。言葉の音は，もちろん，特別なものですが，聴覚研究の立場からみれば，言葉の音も，他の物音も，同じ仕組みでとらえられているのではないかと思われることがよくあります。

7.1.3　ゲシュタルト原理

　視覚体制化の場合と同じように，聴覚体制化について考える際にも，ゲシュタルト原理を導入することが有効です。ゲシュタルト心理学は，ヴェルトハイマーによる仮現運動（5.2.1 項参照）の研究から始まったとされていますが，その先駆になったのは，エーレンフェルス（Ehrenfels, C. von）やマッハ（Mach, E.）による旋律知覚に関する考察です。たとえば，ハ長調で，ドレミレドという音を鳴らした後に，それぞれの音を半音上げて同じように鳴らすと，同じ旋律が知覚されます。この場合に，音列を構成している音の中に，共通しているものは一つもありませんが，同じ旋律が知覚されるわけですから，はじめのドレミレドという中に，一つひとつの音の高さとは別の音のならび全体についての情報があると考えざるを得ません。このようなことをエーレンフェルスらは考えました。

　先ほど，音のまとまりというものについて考えましたが，スペクトログラム上のどの成分とどの成分がまとまって1つの音として知覚されるか，あるいは，どの音とどの音がまとまりになって，リズムを構成するかというようなことを考える上で，一つひとつの成分の知覚や一つひとつの音の知覚について考えるだけでなく，全体がどうなっているかに着目することが重要です。そして，全体に着目したときに，異なる場合にも共通するまとまりの原理が見つかることがあります。たとえば，人の声であっても，人の足音であっても，複数の周波

数成分が同時に始まるということが，それらの成分がまとまって1つの音に聞こえることに貢献しています。これは，**共通運命の原理**として知られているゲシュタルト原理の一つにあたると考えられます（図5.2参照）。

　パーティーの席で，人の注目を引きたいときに，お行儀はよくないかもしれませんが，スプーンでコップを何度もたたいて，「チン，チン，チン」と鳴らす場合があります。ざわついたパーティーの席でも，この音はひとつながりに聞こえ，注目を引いていることがただちに伝わります。コップをたたく音は，手元で試してみたところでは，4,000 Hzのあたりに相対的に強い成分を含んでいますが，このように周波数の高い成分が立て続けに現れたことで，周波数の上でも時間の上でも，近い（または等しい）成分が知覚の上で1つのまとまりをなしたと考えられます。これは，**近接の原理**の一例であると考えられるでしょう（図5.2参照）。

　また，人の声で満たされていたところで，立ち上がり時間が数ms程度と短い音が続くと，それらの音は人の声とは質的に違うので，1つのまとまりになりやすいという面もあるでしょう。これは，**類同の原理**に相当します（図5.2参照）。もちろん，ここで述べたことを科学的にきっちり解明するには，実際のコップの音を用いるのではなく，人工的な音を用いた実験が必要になります。

　一方，聴覚特有の，あるいは聴覚において特に重要なゲシュタルト原理もあります。調波性を持った成分が1つの音にまとまって聞こえやすい，ということを述べましたが，調波性を持った成分が1つの音に聞こえやすいということは，**調波性の原理**と名づけることのできる，聴覚特有のゲシュタルト原理の現れであると考えることができます。音楽において，長三和音（ドミソの和音）は，特にまとまりの良い和音とされています。長三和音を構成する周波数成分の関係は，調波関係を有する成分の周波数の関係に非常に似ており，これも調波性の原理でとらえることができるでしょう。

　ほとんどすべての音楽において，1，2，3と数えられるような，時間的に等間隔の時間構造が基本になっています。等間隔の構造から外れている音楽は，聴きにくいものであったり，独特の緊張感を生み出したりすることが多いようです。人の足音についても，お話ししたように，等間隔で出てくる音は1つの

音の流れとしてまとまりやすいようです。これも一つのゲシュタルト原理と考えてよいでしょう（筆者の研究グループでは，これを**時間的規則性の原理**と名づけています（中島ら，2014））。

　ゲシュタルト原理についての考察は，旋律知覚の問題をきっかけとして始まったのですが，ゲシュタルト心理学が，心理学の大きな流れとして確立したときには，聴覚のことが忘れ去られ，知覚に関してはほとんどが視覚の研究になってしまいました。その理由の一つとして，音を用いていろいろな複雑なパターンを人工的に作るということが，20世紀の前半では非常に難しかったということがあるでしょう。聴覚について，ゲシュタルト心理学の観点から考察を進めることは，1950年代にミラー（Miller, G. A.）が行った聴覚実験から始まっています（7.2.5項参照）。ミラーは，「魔法の数7±2」の研究でよく知られていますが，聴覚体制化の研究においても画期的な実験を行っています。

　聴覚におけるゲシュタルト原理についての本格的な考察は，1970年代に始まり，今でも続いています。

7.2　聴覚コミュニケーション

7.2.1　音声，会話，言語

1. 言語学者，ド・ソシュールの会話の回路

　1906年から1911年にかけてド・ソシュール（de Saussure, F.）は，スイスのジュネーブ大学で言語学の講義を行いました。それは，それまでの言語学者が行っていたような言語の歴史についての解説のみならず，「言語の本質とは何か」「言語的な構造とは何か」ということを追究する画期的な研究であり，講義でした。ところがド・ソシュールは，講義で述べた最新の研究成果を自身の手でまとめる機会がないまま，1913年に亡くなってしまいます。そこで，彼の講義を受講した学生のノートに残された講義内容を同僚がまとめて1916年に本を出版しました。この本が，その後の言語学全体の流れを変えただけでなく，民俗学や哲学など他の分野にも大きな影響を与えることになった『一般言語学講義』です（de Saussure, 1916, 1959, 1983 町田訳 2016）。この本によっ

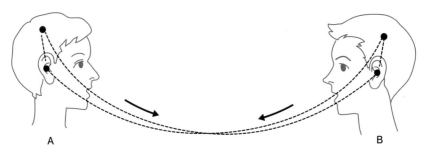

図7.1　**会話の回路**（de Saussure, 1916）

てド・ソシュールは，言語学を記号学の一部門として位置づけ，構造主義言語学を提唱し，20世紀の思想に大きな影響を与えた言語学者として後世に名を残すことになりました。

　ド・ソシュールは，言語が成立するためには最低 2 人の人がいて会話を交わすことが必要だと考えました（図7.1）。そして，A さんが脳で考えた事柄を B さんに伝えるため，A さんは発声発話器官を動かして，自分の考えを音声に変え，空気中に送り出します。この音声は，B さんの聴覚を通じて，B さんの脳で解釈され，A さんの考えが B さんに伝わります。さらに，B さんは，自分の考えを A さんに伝えるため，発声発話器官を動かして音声を発し，A さんに伝えます。この過程の始まりは，心理学的な過程であり，次いで（運動系の）生理学的過程，物理学的過程を経て相手に伝わり，そこから（聴覚系の）生理学的過程を経て心理学的な過程に至ることになります。このような**会話の回路**を通じてお互いの考えをやりとりすることが，言語にとって本質的であるとド・ソシュールは考えました。

　ド・ソシュールの会話の回路は，図7.2 のように抽象化できます。まず，相手に伝えたい**概念**があり，その概念と結びついた**音のパターン**があります。この音のパターンはつまり「音声による言葉」ですが，「音そのもの」ではありません。心理学的なもの，つまり「人がこうだと思っているもの」であり，概念としっかり 1 対 1 で結びついています。その時々で微妙に変化したりするものではありません。そして，この頭の中にある音のパターン，あるいは**聴覚心**

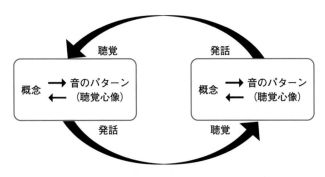

図7.2 会話の回路における概念と音のパターン（聴覚心像）との関係
(de Saussure, 1916 に基づき筆者が作成)

像に従って生理学的機構による発話が行われ，物理的な音として相手の聴覚で受け止められます。物理的な「音」は，相手の脳で「音のパターン」として認識され，それに対応する概念に変換されます。そしてまた，概念から音のパターンへの変換が行われ，音のパターンから発話が行われ，というふうにして会話が成り立ちます。このように，ド・ソシュールの説では音声は言語の本質と関わる重要なものと位置づけられています。

2. 言語の定義と音声

　ド・ソシュールは，言語とは「異なる記号が異なる概念と対応している体系」であると述べています。つまり，ヒトにとって「異なる記号」と認識される「音のパターン」は，「異なる概念」を表すものと受け取られるし，「異なる概念」を表すためには，「異なる記号」が用いられなければなりません。そして，どのような記号がどのような概念を表すのかという規則が人々の間で共有されて，体系となっている必要があるということになります。また，彼は「音声は不均質であるが，言語は均質である」とも述べています。音声にはさまざまな変動が含まれていますが，言語として認識される「音のパターン」には変動がない，といった意味合いです。連続量と離散値の関係と考えるとわかりやすいかもしれません。このような「聴覚上の音のパターン（聴覚心像）と概念が結びついた記号の体系が言語である」という考えを，ド・ソシュールははじめて打ち出しました。

3. 会話の回路と音声の鎖（言葉の鎖）

　その後，50年近くたってからこのようなド・ソシュールの図式とそっくりな音声の鎖（または言葉の鎖）（speech chain）という図式が現れました（Denes & Pinson, 1993，初版は1963年）。この図式がド・ソシュールの図式と違うところは，話者の側にも音声から聴覚および脳へとつながる経路が描かれている点です。この部分は，遅延聴覚フィードバック（delayed auditory feedback）の研究が反映されています（Lee, 1950）。遅延聴覚フィードバックとは，発話者自身の声を，200 ms程度の遅延を付加した上でヘッドフォンを通じて発話者の聴覚に戻し，聴かせることを意味します。正常な話者に遅延聴覚フィードバックを与えた場合，吃音が生じたり，同じ音節を繰り返すなどの発話の障害を示すことがあります。この現象は，3ヘッド式（録音，再生，消去用にそれぞれ独立した磁気ヘッドを備えた型）のテープレコーダーが開発され，音声を録音しながら直後にわずかな遅延を伴って再生できるようになって発見されました。この発見により，発話の仕組みには聴覚からのフィードバックも組み込まれていることが明らかになりました。しかし，この図式においても会話という行為と言語の本質との関係を示した部分は，ド・ソシュールの考えをそのまま引き継いでいるといえます。

7.2.2 音声生成過程

1. 音源・フィルター理論

　では，音声がどのようにして生成されるのかを少しみておきましょう。音声生成の過程を大まかにとらえると，次のようになります。肺から出た呼気は，気管支および気管を通じて喉頭に至り，そこから咽頭を経て口蓋や鼻腔に至ります。喉頭（正確には声帯および声門（声帯の隙間））から上の部分にあたる，声の通り道を声道と呼び，口蓋，舌などの器官を調音器官と呼びます。声道は，「形を変えることができる管のようなもの」とみなすことができます（図7.3）。そして，この「形を変える運動」すなわち調音（構音とも呼ばれる）と，声帯および呼気の制御との組合せによって，言語音の発音が行われます。

　では，このような調音器官を使って母音が作られる仕組みについて考えてみ

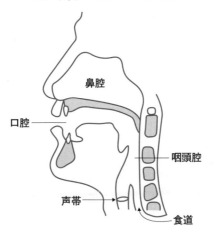

図7.3 **軟口蓋で鼻腔が閉鎖された状態の声道**（Raphael et al., 2011に基づく）

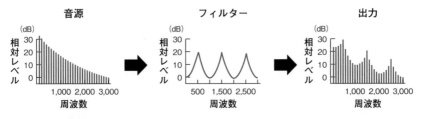

図7.4 **音源・フィルター理論のあてはめ**（Raphael et al., 2011に基づく）
声帯音源が声道特性によってスペクトルを変形され，出力されます。

ましょう。このとき，音源・フィルター理論（Chiba & Kajiyama, 1942）を考え方の枠組みとするのが一般的です。音源・フィルター理論では，「音源がフィルターを通ることでスペクトルが変化し出力される」と考えます。理論を具体的なものにあてはめると，音源は声帯音源，フィルターは声道特性，出力は母音の音声となります（**図7.4**）。

このようにして出力された音声のパワー・スペクトルには，声道特性を反映する特徴が包絡パターンの山としてみられます。このような山を**フォルマント**と呼びます。そして，フォルマントのピークの周波数を**フォルマント周波数**と呼びます。フォルマント周波数は，低いものから順に第1フォルマント周波数

（F1），第 2 フォルマント周波数（F2），第 3 フォルマント周波数（F3）という
ふうに番号をつけて呼びます。

2. 子音の特徴

　次に，**子音の特徴**について説明します。子音と母音の決定的な違いは，子音
の場合，声道に著しい**狭め**があるということです。また，子音には，**有声と無
声の区別**があります。有声子音は声帯振動を伴うもの，無声子音は声帯振動を
伴わないものです。ささやき声ではない通常の発話の場合，母音はすべて有声
ですが，子音に関しては，有声のものと無声のものがあることになります。

　さらに，子音は，**調音の方法**と**調音の場所**によって分類されます。調音の方
法とは，狭めの作り方を意味します。完全な閉鎖が行われる破裂音，隙間のあ
る摩擦音や接近音，鼻音化などの調音方法があります。調音の場所は，唇，歯
茎などの区別があります。一方で，このような調音のための発声発話器官の運
動には，直前直後の調音による影響があります。つまり，前後にどのような子
音や母音がくるかによって運動の仕方や到達点が変わってきます。このような
現象を**調音結合**と呼んでいます。調音結合の結果は，**スペクトログラム**（スペ
クトルの時間変化の濃淡表示）上で**フォルマント遷移**の違いなどに現れます。

3. 音　　素

　ある言語において意味の違いをもたらす最小の音声の単位を**音素**と呼びます。
音素は音素記号の前後を“/”で挟んで表します。たとえば，「朝」/asa/ と
「赤」/aka/ は /s/ と /k/ の違いによって別の言葉になっているので，/s/ も
/k/ も音素ということになります。また「赤」/aka/ と「秋」/aki/ は最後の
/a/ と /i/ が異なるだけで別の言葉になるので，/a/ も /i/ も音素ということ
になります。

　一方，音声記号（単位は言語を限定しない**単音**）は“[”と“]”で挟んで表
します。たとえば「朝」/asa/ と「葦」/asi/ は最後の母音 /a/ と /i/ の違い
によって別の言葉であると区別されますが，子音はどちらも同じ音素 /s/ だと
思われています。実際には，/asa/ の /s/ は [s]，/asi/ の /s/ は [ʃ] と発音
されますが，この違いは日本語では意味を持たないことになります。これらの
例のように音素が 1 つだけ異なることによって区別される語の対を，**最小対語**

と呼びます。

　さらに，文字には現れないような違いも音声には存在します。そのような違いのうち，文ないし発話全体に関わる声の高さの変化を**抑揚**（イントネーション）と呼び，声の大きさ，高さ，長さおよびそれらの変化を**韻律**（プロソディー）と呼びます。韻律は，文字には現れないような意味の違いや，話し手の感情などを表すことができるといえます。

7.2.3　音声の変動性

　調音結合の問題に戻ると，これは私たちがどうやって音声を知覚しているのかという問題と密接につながっていることがわかります。つまり調音結合とは，「連続音声中の単音の物理的性質が，その置かれた環境によって，単独に発話された場合とは異なってくる現象」を指しますから，そのような現象があるということは，単独発話された単音だけを相手にしていては音声知覚の仕組みを調べることはできないことを意味します。すなわち，音声知覚について調べるためには，「なぜ，調音結合による変化を受けても，知覚される音素は変わらないのか」ということを調べる必要があります。

1.　音声知覚の運動説

　リーバーマンら（Liberman & Mattingly, 1985）は，このような疑問に対する答えとして，**音声知覚の運動説**を唱えました。彼らは，音声を知覚するためには音声知覚に特化した機構が必要だと仮定しました。彼らのスローガンは，「音声は特殊だ」（"Speech is special."）です。何が特殊かというと，音声を知覚するためには音声そのものではなく，その音声を発した話者がどのように調音器官を動かして音声が生成されたかを推測することが必要だと考えているからです。そして音声を聴く側は，話者がどのような調音器官の運動を意図して発話を行ったのかを推測することで，音声を知覚しているのだと彼らは主張しました。たとえば /d/ に引き続いて /i/ を発話しようとするか /a/ を発話しようとするかによって，舌による閉鎖の仕方や，その後の舌の動きなどは変わってきますが，最初に舌で閉鎖をしようとして脳から調音器官に送られる運動指令は同じだから同じ子音に聞こえるのだ，と主張するわけです。

　しかし，この説はさまざまな批判も受けています（Diehl et al., 2004）。たとえば，聴覚で受け止めた音声の信号が，どのような機構によって運動指令に還元されるのかは不明です。また，そもそも音声をどう知覚するのかは，どのような言語環境で育つのかによって学習されることなので，どのような音のパターンであれ同じものとして学習されてしまえば，そのように知覚されるのではないかと考えることもできます。そうだとすれば，わざわざ運動指令に置き換えてから知覚する必要はないことになります。またブローカ失語といって，音声の発話を司る脳の部位であるブローカ野（図6.23（c）参照）が損傷されたために起こる発話障害が知られています。しかし，そのようなブローカ失語の患者でも音声知覚は損なわれないことがわかっています。このことも音声知覚の運動説とは矛盾します。あるいは，私たちは食事をしながらでもガムを噛みながらでも，音声を問題なく知覚できますが，このことも，音声知覚の運動説とは合わない事実だと考えられています。このように，多くの批判があるものの，音声知覚の運動説ほど極端な主張ではないにせよ，音声知覚と音声発話を司る脳内機構の類似性を示唆する最近の研究結果もあり（たとえば，Poeppel & Assaneo, 2020），今後の研究動向を注意してみる必要があるでしょう。

2.　母音の変動性

　本節の最初に，言語学者ド・ソシュールが「言語とは，異なる記号が異なる概念と対応している体系である」と述べたことを紹介しました。ここでド・ソシュールが言う「記号」とは，文字ではなく私たちが脳でとらえた音声，すなわち私たちが「こう聞こえる」と受け止めている聴覚上の「音のパターン」であるということが重要でした。このことは音声知覚を考える上で重要な問題を投げかけています。つまり，同じ話者が同じ言葉の発話を繰り返したとしてもまったく同じように発話することはできませんし，違う話者が発話したとしたらなおさらです。そのようなばらつきが含まれているにもかかわらず，人々が「同じ言葉」だと考えている音声は，同じ記号としてとらえられているということになります。実際に，私たちが「同じ母音」と考えている音声もその物理的な特徴を調べてみると大きな変動が含まれていることがわかります。

　たとえば，ヒレンブランドら（Hillenbrand et al., 1995）が139人の話者から

集めたデータによれば，異なる母音の間でフォルマント周波数が互いに大きく重なっています。ただし，これは子どもから大人の男女までさまざまな話者の分析結果をひとまとめにした結果であるので，それらの間に重なりがあってもそれほど不思議な話ではありません。つまり，それぞれの個人の中では違う母音ははっきり区別されているのですが，いろんな人の分析結果を1つのグラフにまとめると大きな重なりがみられるということになります。

　私たちが音声を知覚するときには，話者ごとにその人の基準に合わせて母音の区別をしていることになります。このことは見方を変えると，母音の区別はその置かれた文脈の中で相対的に決まる面があり，同じフォルマント周波数であっても文脈によっては違う母音として知覚される場合もあることになります。実際にラディフォギッドとブロードベント（Ladefoged & Broadbent, 1957）は，物理的にはまったく同じ刺激が前後に配置された音声のフォルマント構造によって違う母音と知覚されることを示しました。このように，母音のフォルマント周波数には大きな変動が含まれており，私たちは母音のフォルマント周波数だけに基づいて母音を知覚しているのではなく，それぞれの母音がどのような前後関係の中に置かれているのかに応じて，そのような文脈の中でもっともふさわしい母音を知覚しているといえます。

3. 正弦波音声

　正弦波音声は，元の音声には含まれていない成分を，音声の分析によって抽出し合成した音声です（Remez et al., 1981）。この音声は，原音声のフォルマント周波数の軌跡を調べて軌跡をなぞる正弦波を作り，これらを足し合わせて合成されます。たとえば，最初の3つのフォルマント周波数を推定しその軌跡をなぞる成分だけを足し合わせると，いずれの瞬間においても3つの正弦波成分だけでできた刺激が作られることになります（図7.5）。フォルマント周波数はスペクトルの形から推定されるもので，原音声にはフォルマント周波数の軌跡をなぞる成分は含まれていません。したがって，はじめて正弦波音声を聴く人は，それまでに聴いたことのない刺激を耳にすることになります。そのため，何も手がかりを与えられずに聞かされると，ほとんどの人には音声に聞こえないことがわかっています。ところが「これは計算機で合成された音声で

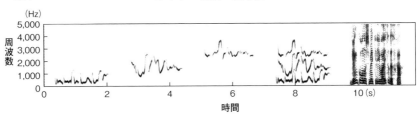

図7.5　**正弦波音声**（原音声は ATR 音声データベースによる。Chris Darwin が作成したプログラムにより合成）
最初の 3 つのフォルマント周波数の軌跡を第 1 フォルマントから順に単独で示した後に，それらを重ね合わせた正弦波音声，そして原音声を狭帯域スペクトログラム表示（帯域幅43 Hz で分析）しています。

す」と伝えられた場合には，半数近くの実験参加者に正確な音声が聴きとられました。つまり，このような知覚手がかりに乏しく，**ボトムアップ処理**の難しい刺激であっても，「これは音声である」というヒントがあれば，**トップダウン処理**により音声として処理されると考えられます。ただし，このような結果は，4 回繰り返して同じ刺激を聞かせるという条件で得られています。

7.2.4　音声の冗長性

1. フィルター通過音声

次に，さまざまな環境の変化によっても音声が記号として働くために重要な，音声の**冗長性**についてみていきます。たとえば原音声をフィルターに通して一部の周波数帯域のみを残し，それ以外の周波数帯域を削除してしまっても，ほとんどの場合，内容を聞きとることができます（French & Steinberg, 1947; Studebaker et al., 1987; Warren et al., 2004）（図 7.6）。このように，音声を聴きとるために必要な手がかりは音声の帯域の広い範囲にわたって散らばっており，その中の一部だけからでもヒトは音声を聴きとることができます。つまり，音声は冗長性の高い信号であるといえます。なお，後で述べるように，音声の冗長性は周波数領域だけでなく，時間領域においてもみられます。

2. チャンネル・ボコーダー

重度の聴力障害者に皮膚感覚を通じて音声を伝える試みがあります。そのときに，音声をどのような帯域に分割して伝えるべきかという問題がありました。

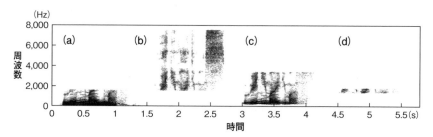

図7.6　フィルター通過音声の例（狭帯域スペクトログラム表示）
（a）遮断周波数 1,600 Hz の低域通過フィルターを通した音声，（b）遮断周波数 1,600 Hz
の高域通過フィルターを通した音声，（c）遮断周波数 300 Hz および 3,400 Hz の帯域通
過フィルターを通した音声（電話帯域），（d）遮断周波数 1,425 Hz および 1,796 Hz（中
心周波数 1,600 Hz）の帯域通過フィルターを通した音声（1/3 オクターブ帯域）。

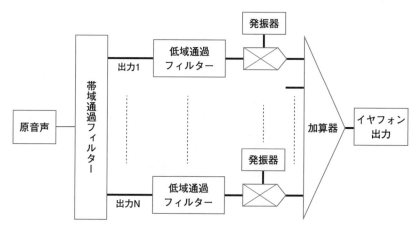

図7.7　音声の分析合成を行うチャンネル・ボコーダー
（Hill et al., 1968 に基づき筆者が作成）
音源は帯域通過フィルターを通って帯域分割されます。各チャンネル出力は低域通過フィ
ルターを通過し，振幅包絡となります。振幅包絡は発振器の純音信号と掛け合わされ，足
し合わされて合成音声となります。

　そこで，まず触覚ではなく聴覚を使って音声を知覚するときに，音声をいくつ
の帯域に分割すればよいのかをチャンネル・ボコーダー（channel vocoder）
と呼ばれる装置を作成して調べた研究が，ヒルら（Hill et al., 1968）によって
行われました（図7.7）。この装置により，音声はいくつかの帯域に分割され，
それぞれの帯域における振幅包絡が取り出されて音声刺激が合成され，どれだ

けの帯域数があればどの程度の正答率で音声を知覚できるのかが調べられました。この研究では，6ないし8チャンネルの情報があれば70％の音声を知覚できたそうです。見方を変えればこの装置は，音声の情報を圧縮して，より少ない情報量で音声を伝える働きをすると考えることができます。また，音声を分析した後で何らかの操作を加えた音声を合成する装置とみることもできます。

3. 人 工 内 耳

　有毛細胞の損傷や欠損などによる失聴者の内耳に，聴神経を直接電気刺激する電極を埋め込み，聴力を補おうとする人工内耳と呼ばれる装置があります（図7.8；Lenarz, 2017）。人工内耳の装用手術では，蝸牛の基底部の正円窓から細長い電極を蝸牛の中に入れます。この電極は，外部の装置とコイルを通じて電気的につながっており，外部の装置が音声を取り込んでチャンネル・ボコーダーと似た仕組みにより処理した信号を伝えます。人工内耳によって聴神経

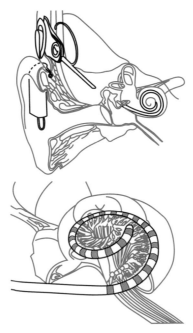

図7.8　**人工内耳**（Lenarz, 2017 より作成）
上は全体の構成を，下は蝸牛内の電極と聴神経の関係を表しています。

に伝えられる情報には，次のような大きな制約があると考えられます。一つは，聴神経のうち蝸牛底側の1回転と少しの部位だけが刺激されること，もう一つは，聴神経が直接，電気刺激されるため，有毛細胞による位相同期が働かないことです。人工内耳装用による効果には個人差が大きいことがわかっています（Shafiro et al., 2022）。しかし，全体としては幼少期に人工内耳の装用を始めたほうが効果が高い傾向があり，脳の可塑性が大きく関与していると考えられています（Ching et al., 2017）。

4. 雑音駆動音声

シャノンら（Shannon et al., 1995）は人工内耳を装用している人の聞こえ方を模擬するため，雑音駆動音声を作りました。雑音駆動音声はチャンネル・ボコーダーとよく似た仕組みで合成されます。ただし，振幅包絡は純音ではなく帯域雑音で駆動されます（図7.9）。雑音駆動音声は帯域数によって了解度が変わり，健聴者が音声を聴きとるためには少なくとも4帯域以上の帯域数が必要であることがわかっています。

5. 音声のパワー変動の因子分析

明瞭な雑音駆動音声を作成するには，帯域数だけでなく，どのように帯域を分割するのかも重要な条件になります。上田と中島（Ueda & Nakajima, 2017）は，成人が発話した8言語または方言の音声データを分析し，音声のパワー変

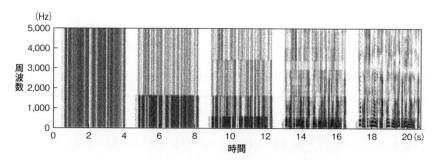

図7.9 同じ原音声から作成された雑音駆動音声の例
左から，1帯域，2帯域，4帯域，20帯域の雑音駆動音声，および原音声の（狭帯域）スペクトログラム。音声を聴きとるためには4帯域以上の帯域数が必要です。原音声はATR音声データベースによります。

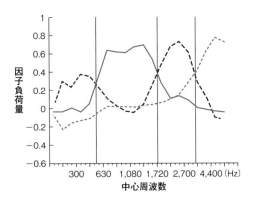

図 7.10　8 言語または方言から得られたパワー変動の因子分析結果（3 因子）
　　　　　　（Ueda & Nakajima, 2017 に基づく）

線種は因子の違いを表します。縦線は周波数帯域の境界を表します。4 因子による分析で
も同じ境界が得られました。

　動がどのような帯域でまとまって現れるのかを調べました。具体的には，音声
信号を臨界帯域フィルターバンクに通して帯域ごとにパワー変動を計算し，臨
界帯域間の相関係数をもとに多変量解析の一種である因子分析を用いて，どの
ような帯域がまとまって変動する傾向があるのかを調べました。その結果，3
因子の分析でも 4 因子の分析でも音声の周波数帯域を 8 言語または方言に共通
する 4 つの帯域に分割することができました（図 7.10）。

　では，この分析結果にどのような意義があるのかというと，たとえば雑音駆
動音声の帯域を 4 帯域に分けるときに，この因子分析によって示された 4 帯域
に分割すれば，およそどのような言語または方言であっても最適な分割ができ，
4 帯域雑音駆動音声の中ではもっとも了解度の高い刺激を作ることができると
予測できることです。実際に，ここで示された周波数帯域を用いて 4 帯域の雑
音駆動音声を作成し了解度を測定したところ，日本語であってもドイツ語であ
っても 80％前後の了解度を得られることがわかっています。また，固定電話
の周波数帯域が 300 Hz から 3,400 Hz に設定されていることは，この 4 周波数
帯域をぎりぎりで含む範囲に周波数帯域が設定されていることになり，そのた
めに，どんな言語または方言でも電話で伝えることができると考えられます。

さらに，上田と中島（Ueda & Nakajima, 2017）が用いた分析方法を用いて，人工内耳を使って音声を聴かせようとする場合の限界を示すことができるという研究も行われています（Grange & Culling, 2018）。

別の観点からみれば，これらの因子によって音素がどのように識別できるのかというのも興味深い課題となります。中島ら（Nakajima et al., 2017; Zhang et al., 2020）は，英語音声に関してこれらの因子が母音，共鳴音，阻害音を区別するために重要であることを示しました。さらにこの分析手法を洗練させて音声の分析合成を行った結果，最初の3因子が音声を知覚するために決定的に重要であることも聴取実験で示されています（Kishida et al., 2016）。

7.2.5　音声の時間・周波数領域における劣化と知覚的修復

1.　断続音声の知覚と垣根効果

ミラーとリックライダーは，1950年，アメリカ音響学会誌に断続音声の知覚について調べた重要な論文を発表しました（Miller & Licklider, 1950）。ミラーは音声知覚の研究で非常に重要な業績をいくつも残した研究者で，私たちの短期記憶の容量が7±2チャンク（チャンク（chunk）は「かたまり」や「まとまり」といった意味）であることを発見しました（Miller, 1956）。彼は今日の短期記憶研究や認知心理学の基礎を作った人物であり，また素晴らしい心理学概論の教科書（Miller, 1962 戸田・新田訳 1967）を書いた先生でもありました。リックライダーは優れた心理学者で，かつ，コンピュータ・ネットワークを考案した人でもあります。

この論文では，音素の出現頻度を揃えた単音節の単語リストが用いられ，さまざまな条件で断続された音声の了解度が調べられました。たとえば，音声を通過させる時間と遮断する時間の比率を1：1にした場合，全体の半分の音声は削除されることになりますが（図7.11 (b)），断続時間（通過区間あるいは遮断区間の時間長）が5〜50 msの範囲なら90%以上，聴きとれることがわかりました。このような結果になるのは，1つの音節の持続時間がおよそ100〜250 ms程度なので，この断続時間の範囲ならほぼすべての音節の手がかりが得られるためと考えられます。また，空白部分を強い雑音で置き換えると，断

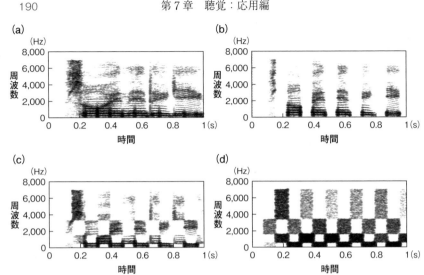

図 7.11　**劣化音声の例**（Ueda et al., 2021 に基づく）
（a）原音声を 4 帯域の帯域通過フィルターに通し，80 ms ごとに区切ったもの，（b）区間長 80 ms の断続音声，（c）4 帯域，区間長 80 ms の市松音声，（d）モザイク化された市松音声。

続時間が 33〜50 ms の範囲で音声がなめらかに聞こえることを，ミラーとリックライダーは発見しました。空白ではなく，強い雑音があることによって，視覚刺激で考えるとちょうど垣根越しに見える対象物がひとまとまりにつながって見えるのと似ているため，彼らはこの現象を垣根効果と呼びました。

　ただし，ミラーとリックライダーの実験のように単語と単語との間に意味的なつながりのない，単語リストで実験を行った場合は，なめらかに聞こえる印象は生じても正答率が上昇することはなく，むしろ雑音によってマスキングが生じることで正答率は下がる傾向になることがわかりました。その後の研究により，意味のある文を用いて実験を行った場合は，垣根効果が生じるだけではなく了解度も向上することがわかりました（Powers & Wilcox, 1977）。つまり，空白を雑音で置き換えることによって**知覚的修復**が生じたことになります。このように文脈のある条件では，雑音を間に挟むことで断続音声がつながって聞こえるようになると，聴きとりの向上にも寄与することがわかります。

2. 市松音声

　原音声の半分しか残っていない断続音声でも了解度は50％を超えることから，断片化された音声の知覚手がかりを聴覚はうまくまとめ上げて体制化できていると考えられます。音声の帯域全体にわたって，同時に立ち上がり，立ち下がることが，このような体制化の手がかりとなっている可能性があります。このことを調べるために，上田ら（Ueda et al., 2021）は，帯域ごとに立ち上がりと立ち下がりのタイミングを交代させた，**市松音声**（図 7.11（c））を使った実験を行いました。その結果，帯域数が多い条件（20 帯域，すなわち臨界帯域を用いた条件）では区間長にかかわらず了解度が100％近くになりましたが，帯域数が4または2に減少すると，断続音声よりも了解度が低くなり，区間長 160 ms で了解度が最低になりました（図 7.12）。このことは，聴覚の体制化に明白な限界があることを示しています。

　また，断片化された音声知覚手がかりを聴覚が体制化するときには，音声の周期性および時間微細構造も大きな手がかりになっている可能性があります。実際，音声の周期性および時間微細構造を取り除き，周波数・時間区間ごとにパワーを平均化するモザイク化処理（Nakajima et al., 2018）を断続音声や市松音声に施した（図 7.11（d））ところ，ほとんどの条件で了解度が 10％以下となりました。したがって，周期性および時間微細構造は，このように断片化さ

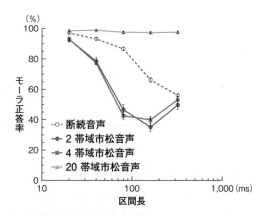

図 7.12　断続音声と市松音声の了解度（Ueda et al., 2021 に基づく）
「モーラ」は音節に対応する日本語の単位。

れた知覚手がかりをひとつながりのものとして体制化し，利用するために大きな役割を果たしているものと考えられます（Ueda et al., 2022）。

7.2.6　音声知覚と多感覚統合

1.　マガーク効果

"ba, ba" という音声のタイミングに合わせて "ga, ga" と発話したときの口元の画像を見せると，実験参加者は "da, da" という音声が聞こえたと感じます。つまり，調音位置が聴覚情報と視覚情報の間をとったような知覚が生じます。この効果は非常に安定してみられ，マガーク効果によって "da, da" と知覚されているときに目をつぶると，即座に聴覚のみに対応した "ba, ba" という知覚に切り替わり，また目を開けると "da, da" と発話しているように聞こえます。これがマガーク効果です（McGurk & MacDonald, 1976）。

　この効果は，音声知覚が必ずしも聴覚のみに依存して行われているのではなく，視覚情報も音声知覚に影響を与え得ることを示しています。雑音のある状況，すなわち音声が聴きとりにくい状況で，発話者の口元という視覚情報が与えられれば音声の了解度が向上することは，すでにサンビーとポラックが1954 年に示しています（Sumby & Pollack, 1954）。さらに，マガーク効果は，常に聴覚と視覚との中間の刺激が知覚されることを示しているのではありません。聴覚には /ga-ga/，視覚には /ba-ba/ と呈示した場合には，/gabga/，/dabda/ のような混乱した知覚が生じることもわかっています。したがって，このマガーク効果は，一部の俗説でいわれるような「視覚が聴覚よりも優位であることを示す現象」ではありません。健聴者に画像のみを呈示しても，通常は音声が知覚されることはありません。マガーク効果は，音声の知覚に視覚情報が干渉する場合があることを示しているだけです。

　加えて，このような聴覚を基本とした感覚に影響するのは，視覚だけではありません。条件によっては触覚も影響することがわかっています（Gick & Derrick, 2009）。すなわち，皮膚に空気を吹きつけることによって気息音が聞こえやすくなること，つまり聴覚に呈示された /b/ が /p/ に聞こえたり，/d/ が /t/ に聞こえる場合があることが示されました。

2. 視覚，聴覚，触覚の組合せ

　それでは，視覚，聴覚，触覚の3つを組み合わせた場合，音声知覚にどのような影響がみられるのでしょうか。デリックら（Derrick et al., 2019）は，聴覚刺激に雑音を加え，聴覚刺激に対する正答率が82％になるときの信号と雑音の比，すなわち，信号対雑音比を視覚刺激や触覚刺激と組み合わせて測定しました。実験結果から，全体としてこのように聴覚刺激を聴きとりにくい条件では視覚刺激が及ぼす影響が大きいことがわかりました。しかし，触覚刺激も小さいながらも影響はありました。

7.2.7 ま と め

　音声知覚には，視覚刺激も触覚刺激も影響を及ぼし得ることがわかりました。つまり，ヒトの脳は音声を知覚するために視覚刺激であろうと触覚刺激であろうと，使えるものは何でも使うようにできているということになります。そのおかげでひどい騒音があるような状況でも，視覚情報が使える場合は聴覚だけでは聴きとれない音声を聴きとることができるようになっているといえます。新型コロナウイルス禍の状態が典型的ですが，マスクをして会話をしなければならないような状況は，ただでさえ音声が不明瞭になりがちな上に，相手が口元の動きに関する視覚情報を取り込むこともできず，音声知覚にとっては不利な条件となります。ド・ソシュールが取り上げた会話の回路では，「音そのものではなく，人が聞こえたと思っている音のパターーンこそが重要だ」ということが説明されています。「聞こえたと思ったもの」の中には，視覚や，触覚から取り込まれた情報も含まれていることが，その後の研究でわかったととらえることもできるでしょう。また，断続音声や雑音駆動音声などのように劣化した音声に対しても，私たちの脳は自動修復を行いながら音声知覚を行っていると考えられる証拠もあります。この自動修復には，「文脈の理解」，つまり私たちの脳が意味を理解するということが大きな役割を果たしています。それは，言語は理解されるためにこそあるので，言葉を聞くということと意味を理解するということは切り離すことができず，密接な関係を持っているためだと考えることもできます。

コラム 7.1　音韻論と聴覚心理学

　言語音声をどのように聴きとるかについても，聴覚心理学における詳しい研究が求められます（7.2節参照）。そのような研究のためには，まずどのような音が，どのように使われて言語を作り上げているかを知る必要があり，言語学における音韻論がこれを担います。その起源は大変に古く，日本語の音を整理した五十音図の基本となる考え方は，古代インドにおけるサンスクリット語の音韻論にあるとされています。日本語をローマ字表記にすれば，母音と子音が現れ，日本語音声に対する理解が深まりますが，母音と子音をアルファベット（α，βなどの文字）によって明確に区別することは古代ギリシアに始まりました。

　言語音声を発したり聴いたりする様子を理解するには，音を短時間の構成単位に分けていきますが，それにはいろいろなやり方があります。「言語音声」という言葉を一番細かく分けると母音や子音，すなわち音素に分けることになり /geNgooNseH/ と記すことができます（よく用いられる考え方の一つに従います；7.2.2項参照）。/N/ は平仮名の「ん」で示される撥音を表し，/H/ は直前の母音を長音として1拍分伸ばすことを表し，「ー」で示すことができます。/H/ を音素とすることは直観的にはわかりにくいですが，ここでは「母音を1拍分伸ばす」という音の出し方が音素であると考えてください。そうするとここでは，10の音素が時間方向に一列に並んでいることになります。

　言語においては，構成単位が必ずこのように前後関係を持って一列に並び，並行して2つ以上の構成単位が現れるようなことはありません。この性質を言語の線条性と呼びます。音素は，それ自体には意味のない構成単位ですが，/geNgo/ のようにいくつかの構成単位が並んで，話者が伝えようとする意味につながる単語あるいは単語の一部を構成します。音素である母音が1つだけで（1つだけ並んで）単語になることもあり，/o/ はそれだけで「尾」という単語になります。しかし「尾」は「言語」とは意味の上で何の関係もないので，/geNgo/ の中の /o/ は意味を持たない音素です。日本語音声は，規則正しい拍の並びになっており，多くの拍は，通常の母音，すなわち /a/, /i/, /u/, /e/, /o/ のいずれかで終わります。/N/ や /H/ は，

それだけで1拍になりますが，ごくまれな例外を除いて直前に通常の母音で終わる拍がなければ現れないなどの特殊性があるので，「日本語の特殊拍」と呼ばれます。小さい「っ」で表される促音も特殊拍です。

　さて，どの言語にも主に母音を核にした音節と呼ばれる構成単位があり，日本語の場合には必ず母音が核になります。上記の例では /geN go oN seH/ と4つの音節が線条性を保持して分かれます。音素にせよ，音節にせよ，1つの言語体系の中では有限個の種類しかありません。どの言語においても，2つの音素，あるいは2つの音節を比べれば，同じであるか異なるかが決まります。今読んでいる文章が朗読されるのを聴き，「言語」という言葉が何度も聴こえたときに，「これは同じ言葉だ」とわかるのは同じ音素が同じ順に並んでいること，あるいは同じ音節が同じ順に並んでいることがわかるからです。しかし，これは必ずしもまったく同じ音が聴こえたということではありません。この言葉が突然ゆっくり強調して発音されても，朗読する人が途中で変わっても，「言語」という同じ単語が聴こえます。そのおかげで，このような音の並びが同じ意味を担い，言語コミュニケーションが成立するのです。音の並びにどのような意味が与えられるかは，この場合，日本語話者の間での約束事のようなもので，音そのものから決まるのではありません。日本語母語話者が英語の /l/ と /r/ とを異なる音として扱うことを苦手とすることはよく知られています。これは日本語の音韻体系と英語の音韻体系の違いを反映しており，別の見方をすれば，日本語話者は英語において /l/，/r/ と区別される音を同じ音であるととらえることが得意であるということになります。

　以上の考え方の大枠は，スイスの言語学者ド・ソシュールが20世紀初頭に述べた内容に基づきます（7.2.1項参照）。言語音声が発せられ聴かれるときには，有限個の種類のそれ自体は意味を持たない構成要素が線条性を保って配列されるという枠組みが必ず現れます。ある配列と別の配列は，同じであるか異なるかのいずれかです。1つまたは複数の音素が並んで音節を構成し，1つまたは複数の音節が並んで意味を持つ単語などが現れます。さて，このように説明してきましたが，もともとそこにあったものはひとつながりの音声であり，どこかに区切りの目盛りがついているわ

けではありません。言語の働きについて掘り下げた結果，このような考え方に到達するのです。音韻論においては，それぞれの言語において，音素や音節がどのように並び，関係づけられて，まとまりをなし，言語コミュニケーションの道具になるかが論ぜられます。これは，まさに言語と音についての心理学です。

　ここから大事なただし書きになります。実際の時間波形やスペクトログラムにおいて，時間方向にきっちりと音素や音節を切り取ることはできません。音素や音節はあくまでも心の中ではじめて明確に現れるものです。音韻論はこの心の中での音の並び方を扱いますが，実際に音として発せられた音声とは付かず離れずの関係にあり，ここにこの分野の難しさと面白さがあります。

　音韻論の知見は，聴覚心理学に対して2つの意義を持ちます。まず第1に言語コミュニケーションのために音声から情報を得ることは，当然のことながら聴覚系の重要な働きです。この働きを理解するためには言語に使われる音の分かれ方，並び方，まとまり方などをまず理解する必要があります。言語音声を用いた聴覚実験の手続きを考え，結果を解釈するにも音韻論が必要です。

　次に，音の流れの中に音素や音節などの並ぶ構造を見出すこと自体が聴覚の重要な特性を示していると考えられます。言語音声に必ず母音と子音が現れることなどは，実験室で証明されたわけではありませんが，世界の何千もの言語に共通しており，多くの言語に関する音韻論の成果がそのことを証明していると考えられます。そうであれば，音韻論にはヒトが音声を発し聴きとる際の，心の（あるいは脳の）働きに関する貴重な知見が含まれているはずです。このように考えてくると，音の流れの中に母音や子音を聴きとっていくような聴覚の働きが，音声以外の音を聴くことには関係がないのか気になってきます。著者らのグループでは，きっと関係があるはずだと考え，そこで現れる心の枠組みを「聴覚の文法（Auditory Grammar）」と名づけて研究を進めています（中島ら，2014）。

コラム 7.2　**聴覚研究者の集まり**

　日本の特殊事情というべきかもしれませんが，日本では聴覚や音声知覚研究者の数が少なく，心理学以外のいろんな研究室にも散らばって活動している傾向が強いといえます。裏を返せば，日本国内で，聴覚や音声知覚に関する研究発表や情報交換が行える場がそれだけ貴重なものであることにもなります。

　いくつかそのような場が設けられていますが，中でも日本音響学会の聴覚研究委員会が主催する「聴覚研究会」は，活動の頻度（1，2 カ月に 1 度，全国各地で研究会を開催），歴史（1971 年から続いている），内容からみて，その代表的な場の一つといえます。九州大学芸術工学部は，前身である九州芸術工科大学の時代から，寺西 立 年，津村尚志，中島祥好，現在の上田和夫，ジェラード・レメイン（Gerard B. Remijn）という聴覚心理学および知覚心理学を専門とする研究室の系譜を持ち，1978 年より聴覚研究会の開催を定期的に引き受け，国際セッション，国際懇親会を設けるなど，聴覚研究会の運営にも大いに貢献してきました。この研究会は，毎回の発表件数がそれほど多くない代わりに，1 件あたりの発表および討論時間が長く，また懇親会等を通じてじっくりと話し合う機会も豊富にあるので，研究者同士のつながりを作る場としても貴重なものといえます。

　音声の知覚および発話に関しては，日本音響学会に音声コミュニケーション研究委員会が 2021 年に発足し，第 1 回の研究会が 2021 年 9 月に開催されました。今後，同じ日本音響学会に属する聴覚研究会や音声研究会とも協力しながら，活動の範囲を広げていくものと思われます。

　全国規模の学会では，日本音響学会の研究発表会（年 2 回開催）において，聴覚，聴覚・音声，音声コミュニケーションの発表セッションが常にプログラムに組まれています。日本音楽知覚認知学会（音知会）は，学会全体が音楽に関する聴覚の発表で占められます。心理学の学会である，日本心理学会，日本基礎心理学会でも聴覚に関する研究の発表や聴講の機会はもちろんありますが，聴覚だけの発表セッションはない場合が普通です。また，聴覚研究会や日本音響学会，日本音楽知覚認知学会に参加する研究者のうち，心理学関係の研究室に籍を置いている人が出席する場合が多いようです。

　生物音響学会は，ヒトを含む生物一般を対象とする音響学の学会であるという意味でユニークであるとともに，国内で開催される学会でありながら，すべての発表および討論が英語で行われる国際会議であるため，海外からの参加者とも情報交換しやすいという点でも貴重な情報交換の場です。

　国外では，アメリカ音響学会（The Acoustical Society of America）が，聴覚や音声コミュニケーションに関する主要な情報交換の場です。アメリカ音響学会は，音響学に関する専門的な学術雑誌として世界のトップレベルを誇る *The Journal of the Acoustical Society of America*（JASA），および *JASA Express Letters* を発行する学術団体であり，その意味でもこの学会に行けば，世界のトップレベルの研究者と会える可能性が高いことになります。コロナ禍をきっかけとして，JASA の最新号に掲載された論文の中から1本を選び，著者に15分程度で論文の内容を紹介してもらったのち，45分程度，参加者に自由に討論してもらうというオンライン国際会議（P & P Virtual Journal Club）も開催されるようになりました。JASA の刊行のタイミングに従って，ほぼ月1回のペースで開催されています。日本とアメリカの時差が問題となる場合もありますが，著者が日本にいる場合その点も最大限配慮していただけるので，日本の研究者にとっては努力のしがいのある目標が一つ増えたといえるでしょう。

　聴覚の研究は，精神物理学（心理物理学）の一部として心理学の始まりから続く研究の歴史を持っています。国際精神物理学会（The International Society for Psychophysics）が主催するフェヒナー・デー（Fechner Day）という愛称の国際会議は，聴覚だけでなく，視覚，嗅覚，触覚，時間知覚，認知科学，そしてもちろん精神物理学にわたる幅広い研究者が集まる，大変楽しい学会です。この学会の一つの特徴は，口頭発表の並行セッションを作らず常にすべての参加者が同じセッションで同じ講演を聴講し，討論するという点です。そのため，参加者の視野と人脈を広げやすい点が，大きな魅力であるといえます。北米またはヨーロッパで開催される頻度が高いのですが，2007年には東京で，2017年には福岡で開催され，日本からの参加者も増えつつあります。

復習問題

1. 聴覚体制化が適切に行われなければ困るような例を，日常生活の中で見つけてください。

2. 本文中で共通運命の原理，調波性の原理，時間的規則性の原理が同時に現れているヒトの音声の例を挙げましたが，この例において，近接の原理を導入する必要があるかどうかを考えてください。さらに，この点で疑問が生じたときに，どのような実験をすればよいかを考えてください。

3. ド・ソシュールが述べた言語の定義と音声との関係について説明してください。

4. 音源・フィルター理論について説明してください。

5. 母音と子音の違いについて説明してください。

6. 音素とは何かについて説明してください。

7. 音声知覚の運動説について説明してください。

8. 音声の変動性と冗長性が，音声知覚の研究にとってどのような意味を持つのかを説明してください。

9. 音声を時間・周波数領域において劣化させた具体例を述べ，どのような知見が得られたのかを説明してください。

10. 音声知覚における多感覚統合について説明してください。

参考図書

次の書物は，聴覚体制化に関する専門書です。

中島 祥好・佐々木 隆之・上田 和夫・レメイン，G. B.（2014）. 聴覚の文法　コロナ社

次の書物は，音楽心理学に関する専門書で，ゲシュタルト原理についても触れられています。

Deutsch, D.（Ed.）.（2013）. *The psychology of music*（3rd ed.）. London: Academic Press.

音声知覚に関する入門書としては次のものが良いと思います。

ライアルズ，J. 今富 摂子・荒井 隆行・菅原 勉（監訳）（2003）. 音声知覚の基礎　海文堂

言語学および音声学の入門書としては，次の書物をおすすめします。

小泉 保（1995）. 言語学とコミュニケーション　大学書林

斎藤 純男（2010）. 言語学入門　三省堂

第 8 章

嗅覚・味覚・痛覚

本章で扱う嗅覚，味覚および痛覚は，人間が環境に適応して生きていくためになくてはならない感覚です。嗅覚は食物のありかを教えたり，環境に異変が起こっていないかどうかを教えたりします。味覚は口に入れたものが栄養になるか，有害な物質かを教えてくれます。また痛覚は，私たちの体が危機にさらされていることを教えてくれる信号です。本章ではまず，これらの感覚がどうやって生まれ，どのように脳に伝えられているかを学びます。それから，これらの感覚が持っている心理学的な性質について学びます。

8.1 嗅　　覚

8.1.1 嗅覚の重要性

街を歩いていてどこからともなく漂ってくるカレーの匂いは私たちの食欲をそそります。腐りかけた魚が発する匂いは私たちに「これを食べてはだめだ」ということを教えてくれます。このように，匂いは食物の存在や危険を教えてくれる大事な信号なのです。近づいてもよいものか，そうでないかを最初に教えてくれる感覚は匂いです。人間の嗅覚はイヌのような動物に比べて鈍いと思われていますが，決してそんなことはありません。たとえば，汗臭い匂いを出す酪酸という物質は，空気1ℓの中にわずか24個ほどの分子があれば感じることができます（松田，2000）。嗅覚は生存に直結する大事な感覚ですから，脳の中には匂いを感じる特別な構造があります。また，嗅覚は私たちの情動や精神的健康とも深い関わりを持っています。

8.1.2 匂いの分類

　私たちの身の回りにはいったい何種類の匂いがあるのでしょうか。色の三原色のように基本になる匂いがあって，それらが組み合わさっていろいろな匂いができているのでしょうか。

　この疑問には多くの研究者が取り組んできましたが，はっきりした答えは出ていません。さまざまな化学物質がさまざまな匂いを発しているとしか言えないのが現状です。私たちが嗅ぎ分けられる匂いはおよそ10万種類もあるといわれています。それでも，似たような匂いをグループとして感じることがあるでしょう。レモンの香りとオレンジの香りは「違うもの」としてわかりますが，これらは桃の香りとは違っていて，「柑橘類の香り」という1つのグループにまとめられます。

　私たちがさまざまな匂いをどのように感じとっているかを「多次元尺度構成法」と呼ばれる方法で調べた研究があります（Schiffman, 1974）。それによるとだいたい4群から9群の匂いのグループがあるようです。図8.1にその一例

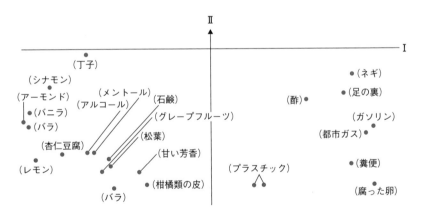

図8.1　**匂いの分類**（Schiffman, 1974）

いろいろな匂いの類似度に基づいて多次元尺度構成法を用いて分類を試みたものです。実際には50種類の化学物質が使われました。この図は抜粋です。論文では化学物質の名前が使われていますが，それではわかりにくいので例を示しました。図の左側が「良い匂い」，右側が「悪い匂い」といえるでしょう。良い匂いは大きくスパイス系と花や果実系に分かれるようですが，その境界線ははっきりしません。一方，悪い匂いのほうは酸の系と腐敗系の2つのグループに分かれるようです。

を示しておきます。この図からは，私たちが匂いをスパイス系と花や果実系の芳香，すえたような悪臭，腐ったものの悪臭というグループに分けていることがみてとれます。

　もちろん，この他にも研究者によっていろいろな分類があります。しかし，興味深いことが一つあります。それは，どのような分類にも「良い匂い」と「悪い匂い」があること，言い換えれば匂いによる快感と不快感があることです。私たちの身の回りには，好きでも嫌いでもない匂いは存在しません。程度の差はあってもすべての匂いが好きか嫌いかのどちらかになるのです。これは嗅覚が生存に直結した感覚であることを物語っているのでしょう。ただし，何を芳香と思い，何を悪臭と思うかは育ってきた環境によって変わります。その結果，民族や国情による違いも生まれます。発酵食品の匂いはその良い例でしょう。ブルーチーズや魚醤，納豆などの匂いは慣れた人には芳香ですが，慣れない人には悪臭です。そのため，嗅覚について学ぶと異文化を受け入れる心の広さを持つことができるようになるかもしれません。

8.1.3　匂いを感じる仕組み

　私たちの鼻腔は嗅上皮という膜のような組織で覆われています。嗅上皮には嗅細胞という細胞があります。嗅細胞は神経細胞の一種で，1個の嗅細胞にはいくつもの嗅覚受容体があります。空気中を漂っている化学物質が嗅覚受容体に結合すると電気の信号が発生するのです。嗅覚受容体はある種のタンパク質で，バック（Buck, L.）とアクセル（Axel, R.）という2人の研究者が1991年にその構造をはじめて明らかにしました（Buck & Axel, 1991）。2人の仕事は2004年のノーベル医学・生理学賞に輝きました。

　嗅細胞で発生した神経の信号は「嗅球」と呼ばれる構造体にたどり着きます（図8.2）。嗅球は脳の中ではかなり大きな神経細胞のかたまりです。人間の脳では大脳の下に隠れていますが，マウス，ラット，ネコ，イヌといった動物では脳の先端に飛び出しています。嗅球にたどり着いた匂いの信号はここで識別され，さらに脳の中のいろいろな部位に送られます。

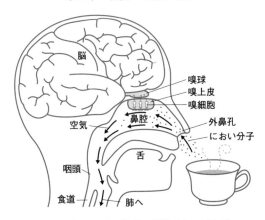

図8.2　匂いを脳に伝える経路（森，2010）
空気中を漂う揮発性の物質は，嗅上皮にある嗅細胞にキャッチされます。嗅細胞は匂いを
神経の電気信号に変えます。その信号は神経線維を介して嗅球と呼ばれる場所に届き，匂
いが知覚されます。

8.1.4　さまざまな匂いを嗅ぎ分ける仕組み

　バックとアクセルは18種類の嗅覚受容体を報告しましたが，現在では嗅覚
受容体は約390種あると考えられています。しかし，それにしても私たちが嗅
ぎ分けられる匂いの種類はもっと多いのです。限られた数の嗅覚受容体でどう
やって多様な匂いを嗅ぎ分けているのでしょうか。

　これについては現在次のように考えられています（図8.3）。嗅覚受容体に
はさまざまな形の「ポケット」があります。匂いを発する物質は複雑な形をし
ており，それがいろいろな向きでこの「ポケット」にはまります。はまる向き
によって，ある受容体は高い頻度の神経インパルスを生じ，別の受容体はちら
ほらとした低い頻度の神経インパルスを生じます。それが同時にたくさんの受
容体で起こるので，結局のところ，このときの神経インパルスはある種のパタ
ーンを作ります。そのパターンが特定の匂いの知覚を生むと考えられます。こ
れを「アクロスファイバーパターン説」と呼びます（栗原，1998）。

　嗅細胞からの信号は嗅球の特定の場所に届きます。どの嗅細胞が反応したか
によって嗅球のどこが活動するかが決まっているのです。ちょうどプラネタリ
ウムの中にたくさんの電球があり，たとえば「夏の星座」というと特定のパタ

匂い物質　嗅細胞　膜電位変化　神経インパルス　応答パターン

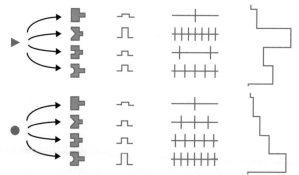

図8.3　さまざまな匂いを嗅ぎ分ける仕組み（栗原，1998）
匂いを起こす物質はいくつかの嗅細胞に結合します。嗅細胞には匂い物質が結合する「ポケット」のような構造があります。匂いを起こす物質は複雑な形をしており，ポケットの形もさまざまなので，ある匂い物質に対してある嗅細胞は強く反応し，別の嗅細胞は弱く反応します。そうすると，匂いごとに嗅細胞の活動パターンが異なることになります。このパターンがさまざまな匂いの違いとして感じられるわけです。

図8.4　嗅球の「匂いマップ（地図）」（森，2010）
ある匂いを感じたときには嗅球の中の特定の神経細胞群が活動し，別の匂いを感じたときには別の神経細胞群が活動します。嗅球の神経細胞は部位によっていくつかのグループに分かれており，匂いによって活動する神経細胞の空間的な分布が違います。これを地図に例えることができ，模式的な例ではありますが，たとえばブドウの匂いを嗅いだときには左のように，スイカの匂いを嗅いだときには右のようにと，嗅球の活動パターンが違う可能性があるのです。

ーンで電球が点灯し，「秋の星座」というと別のパターンで点灯するようなものです。このような仕組みで，嗅球の中には匂いの「マップ（地図）」が作られているのです（図8.4）（森，2010）。

8.1.5　嗅覚の心理学的な性質

　視覚や聴覚と同じように，嗅覚の場合も**精神物理学的**な方法を使って匂いの閾値を測定する試みが行われています。しかし，その実験方法がなかなか難しいのです。匂いを発する物質の濃度をどうやってコントロールするか，その物質を含んだ気体をどのくらいの流速で提示するかなど，いろいろと考えなければならないことがあります。厳密な実験になると実験装置も大がかりになります。個人差も大きいといわれています。そういうわけで，嗅覚閾値の研究はそれほど多くないのですが，高齢になると匂いの検知閾が高くなり，匂いに鈍感になります（Rawson et al., 2012）。嗅覚は高齢者心理とも深い関係があるのです。

　厳密な閾値の測定が難しい一方で，主観的な臭気の強度の評定は，環境汚染を防ぐといった現実的な要請もあって重要な課題であり，多くの研究が行われています。臭気の強度は学習や経験の影響を受けやすく，よく知っている匂いはそうでない匂いよりも強く感じます。また，快・不快の程度が強いほど匂いを強く感じます（図8.5）（Distel et al., 1999）。

　しかし，匂いの評定で気をつけなければならないのは**順応**という現象です。

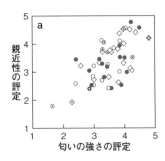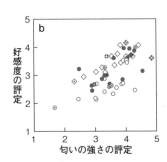

図8.5　匂いの強さの感じ方が経験や情動の影響を受けることを示す図
(Distel et al., 1999)

日本人（○），メキシコ人（◇），ドイツ人（●）に，かつお節，チョコレート，松の木などの匂いを嗅いでもらい，その強さを評定してもらいました。図の横軸はその評定値を示しています。左の図の縦軸は匂いに対する親近性，すなわち匂いをよく知っているかどうかの評定値です。右の図の縦軸はその匂いに対する好き嫌いの程度です。よく知っている匂いはそうでない匂いよりも強く感じ（左），快・不快の程度が強い匂いは強く感じることがわかります（右）。

他の感覚と同じように，嗅覚にも順応が生じます。香水の香りが強い人が自分の近くに来たら，最初は「キツイな」と思いますが，じきに慣れるでしょう。人間は約2分半で感覚的な匂いの強さが半分以下に低下するといわれています。ただし，ここにも個人差があり，同じ匂いを嗅ぎ続けていると，だんだん強度が強くなってくるように感じる人もいるのです。このように変化に富むところが嗅覚の研究の難しいところといえますが，それがまた面白いところでもあります。日常生活の中では，嗅覚は他の感覚と密接に結びついています。じゅうじゅうと焼けるウナギのかば焼きは良い匂いですが，それはウナギの焼けている情景が見えるという視覚刺激，焼ける音という聴覚刺激などと複合した感覚です。私たちにはけっこう視覚が優位なところがあります。ある実験では白ワインに赤色の色素を混ぜました。そうしてワインの匂いを言語で表現してもらうと，赤ワインに対して用いられる表現になったということです（Morrot et al., 2001）。カレー，マヨネーズ，オレンジジュースなど，匂いにはそれを連想させる色があります。適切な色づけをされた匂いはそうでない匂いよりも正確に認識できるそうです（坂井ら，2003）。

8.1.6　嗅覚と情動

8.1.1項で，嗅覚は情動と深い関わりを持っていると述べましたが，その仕組みの一端がマウスを使った実験で明らかにされました。

マウスは警戒心の強い動物で，天敵であるキツネやイタチの匂いを嗅ぐと警戒して体を固め，動かなくなります。その匂いが強くなると一目散に逃げます。危険を知らせる匂いにはただちに反応しなければなりません。

理化学研究所の研究者らは，マウスの嗅上皮にあるタンパク質を網羅的に調べ，ある特定のタンパク質が嗅覚と深い関わりを持っていることを発見しました。このタンパク質は細胞の中のゴルジ体という構造に結合していることから，「グーフィ」と名づけられました。遺伝子操作によってグーフィを欠失させたマウスを作ると，キツネの糞に含まれる化学物質の匂いを染み込ませたペーパーにも反応しませんでした（図8.6）（Kaneko-Goto et al., 2013）。あたかも恐怖心がなくなってしまったかのようにみえます。

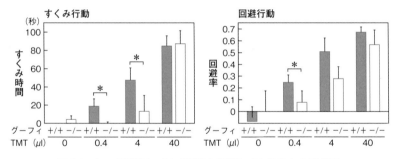

図 8.6　匂いが分子レベルで情動と直結していることを示す図
(Kaneko-Goto et al., 2013)

マウスの嗅球で発見されたタンパク質「グーフィ」は恐怖反応を起こす役割を果たしています。キツネの糞に含まれる化学物質（TMT（トリメチルチアゾリン））を染み込ませた紙片をマウスの前に置くと，普通のマウス（+/+）は低濃度でも体をすくめたり，逃げたりします。しかし，遺伝子工学のテクニックを使って「グーフィ」を欠失させたマウス（−/−）は，かなり高濃度になるまでこのような反応を起こしません。左側の縦軸は体がすくんでしまった時間，右側の縦軸（回避率）は 5 分間の観察時間の中で紙片の近くに行かなかった時間の割合を示しています。

　これは嗅覚と情動がたった 1 種類のタンパク質でつながれていることを明らかにした研究です。このような例は珍しいかもしれません。しかし，ある匂いを嗅いだときに起こる行動がはっきり決まっていれば，その途中で働いているメカニズムも明らかにできるでしょう。

　日常生活のさまざまな匂いの中には心地良い情動を起こすものから強い不快感を起こすものまで，いろいろあります。匂いと情動の関係を整理してみると，図 8.7 のようになります。アルコールや揮発油の匂いに対する好き嫌いは人によってばらつくようですが，すべての匂いが快か不快かのどちらかに分類できるのです（斉藤，2008）。

8.1.7　香りと精神的な健康

　以上のように，匂いは主観的に快か不快かに分類できますが，匂いは生理的にも私たちの体に影響を与えます。興味深いことに，心理的な反応と生理的な反応が一致しない場合もあるのです。たとえば，熟成したウィスキーの香りは「不快」と評定する人がかなりいたのですが，そのような人でも大きな音に対

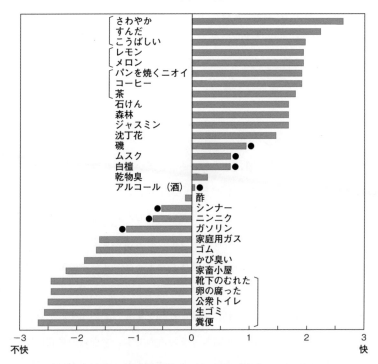

図 8.7　匂いが情動を起こすことを示す図 (斉藤，2008)
横軸は快（右側），不快（左側）の程度で，さまざまな匂いに対する快・不快の評定値が
表されています。さわやかな香りや香ばしい香りは「好ましい」と評定する人が多く，生
ゴミや糞便の匂いは「不快」と感じられます。図中に●で示した匂いは，好きな人も嫌い
な人もいて，個人差が大きいことを示しています。

する驚き（驚愕反射）という無意識の指標を使うと，生理的には「快」の反応
を起こしていることが明らかになったのです（山田，2003）。匂いのこういう
性質をもっと積極的に利用して，心身の健康を促進しようとするのがアロマテ
ラピーです。アロマテラピーについてはいろいろな研究が行われ，医療や看護
の現場で実践もされています。その効果が科学的に立証されたものはまだ多い
とはいえませんが，柑橘系の香りには精神的なリフレッシュ効果があり，ラベ
ンダーの香りには気持ちを落ち着かせるリラクゼーション効果があることはほ
ぼ明らかなことと考えてよさそうです（Nagai et al., 2014）。
　このように香りを積極的に利用しようとする動きがある一方で，私たちの日

常生活は匂いを消す方向に，無臭の方向に進んでいるように思えます。環境から匂いが消えていくことが良いのかどうか，早急な判断はできませんが，五感を豊かに活性化する機会が失われているとすれば，私たちは何とかしてそれを取り戻さなければならないでしょう。

コラム8.1　フェロモン

　フェロモンという言葉を聞いたことがあると思います。性的な魅力にあふれた人のことを「フェロモン発散」などといいますね。しかし，これは動物の話を強引に人間にあてはめたもので，正しいとはいえません。フェロモンとは「刺激を運ぶもの」という意味で，動物の体外に分泌されて情報を伝える化学物質です。フェロモンは性行動と深い関係があります。たとえばコオロギの鳴き声は秋を思わせる美しい声ですが，メスのフェロモンに対するオスの反応です。四足歩行する哺乳類でもフェロモンは性行動に重要な役割を果たしています。それには「第2の嗅覚」と呼べる情報処理系が関わっているのです。マウスの鼻腔には，匂いを伝える主嗅覚とは別に鋤鼻器と呼ばれる器官があり，その出力は副嗅球と呼ばれるところに届いています。ここから先の神経回路が性行動に関わっているのです。マウスではフェロモンは尿に存在すると考えられ，幼若メスの発情を促進したり，成熟メスの性周期を同調させたりします（木本，2005）。それではヒトにもフェロモンがあるのでしょうか？　これについては，寄宿舎で生活している女子学生の月経周期が同調するという論文が有名になり，ヒトにも性行動に関連するフェロモンがあるのではないかという話が出たことがありました（寄宿舎効果；McClintock, 1971）。しかし，ヒトでは鋤鼻器は退化しており，私たちは副嗅球も持っていません。そもそも寄宿舎効果は存在しないという報告もあります（Ziomkiewicz, 2006）。ヒトにもフェロモン的な物質があるのではないかという研究は続いていますが，現在のところ，人間の性的魅力を「フェロモン」と表現するのは根拠のない俗説と思っておいたほうがよいでしょう。

8.2 味　覚

8.2.1 味とは何か

　匂いが体から遠くにあるものが安全か危険かを知らせる信号であるのに対して，味は口の中に入れたものが栄養になるものか，危ないものかを教えてくれる信号です。匂いを起こす化学物質は多種多様でしたが，味の場合はそれに比

コラム 8.2　味覚と嗅覚の調和

　ほとんどの食べ物には香りがあります。口に入れる前にその香りを嗅ぐときもあり，食べ物が口の中にあるときや，喉を通っていくときに揮発性の成分が鼻腔に届いて，食べ物特有の香りを感じることもあります。微妙な風味は味覚から生じるというより，嗅覚に頼っている部分が大きいのです。風邪をひいて鼻が詰まっているときにはオレンジジュースとアップルジュースの区別さえつかないといいます。

　東北大学の坂井らは味覚と嗅覚の関係を詳しく研究しています。たとえば，バニラの香りを嗅ぎながらアスパルテーム（人工甘味料）の甘さを評定すると，バニラの匂いがないときよりも強い甘味が感じられます。しかし，レモンの匂いを嗅ぎながら甘味を評定したときには，そのような相乗効果はありません。おそらく，バニラアイスクリームが好まれる理由は，甘味を強く感じさせるという嗅覚と味覚の相互作用によるのでしょう。一方，レモンの香りを嗅ぎながら酸っぱいクエン酸の酸味を評定すると，酸味が強く感じられます。バニラの香りを嗅ぎながらクエン酸の酸味を評定すると，酸味が抑えられたように感じるそうです。これは単なる連想なのでしょうか？　どうやらそうではなさそうです。坂井らの研究は神経科学に踏み込み，味覚と嗅覚の相互関係を脳のレベルで明らかにしようとしています。日常生活の中で経験する味と香りの組合せが私たちの味覚を調整しているといえそうです（坂井，2008）。

表8.1　**基本的な味とそれらを起こす物質およびそれらが伝えるシグナル**
（松田，2000 に筆者が加筆）

味の種類	代表的な物質	シグナル
甘味	糖	エネルギー
うま味	グルタミン酸	タンパク質
塩味	食塩	ミネラル
酸味	酢酸	腐敗物
苦味	キニーネ	毒物

べると単純です。

　基本的な味は表8.1 に示すように5種類あります。甘味は糖分に，塩味はミネラルに，うま味はアミノ酸に関連する信号です。これらは生体にとって必要な栄養素で，生体は味を手がかりにこれらの物質を摂取するのです。うま味は日本の研究者が他の味とは違う独立した味覚であることを提唱しました。しかし西洋の人は「だし」のような微妙なうま味に対する感受性が低いのか，味覚の一種としては国際的にはなかなか認められませんでした。今世紀になってからようやく，ラットの舌にグルタミン酸に応答する受容体があることが明らかになり，うま味が確かに味覚であることが受け入れられるようになりました。うま味は英語でも「UMAMI」と表現されています（Kinnamon, 2009）。

　5種類の味のうち酸味と苦味については，自然界では酸味を示すものは腐敗物，苦味を示すものは毒物であることが多いので，動物は酸味や苦味を嫌がります。これらの5種類以外にも「味かな？」と思うものがあるかもしれませんが，それらは味覚とは違うものです。たとえば，トウガラシの辛味は味覚ではありません。あのような辛味を「ホット」と表現しますが，それはまことに正しく，あれは温度受容体が刺激されて生じる痛覚の一種です。また，お茶などの渋味も味ではありません。渋味は舌の表面にあるタンパク質が少し変性（収斂）する感覚です。

8.2.2　味はどのようにして知覚されるのか？

　舌の表面は常に濡れています。水に溶ける物質が味覚を起こすのです。舌に

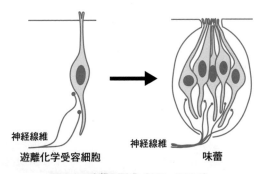

神経線維

遊離化学受容細胞

神経線維

味蕾

図 8.8　味蕾の形成（岩堀，2011）
　動物が水中に生息していたとき，化学物質に反応する神経細胞がありました。これが私たちの味覚の起源です。そのような神経細胞が寄り集まって舌の中に収まり，つぼみのような形の味蕾が作られました。

は「つぼみ」のような形をした「味蕾」という構造が並んでいます。味蕾の中には神経細胞が束になって収められています（図 8.8）。化学物質が味蕾に結合すると神経のインパルスが発生し，それが脳に伝えられて味覚として認知されます。ヒトの舌には味蕾が 6,000 個から 9,000 個あるといわれており，それは常に新しく入れ替わっています。ヒトの場合 7 日から 10 日間ですっかり新しいものに入れ替わるそうです。味蕾の一部は咽頭にもあります。「喉越しの味」というのは本当なのです。また，味蕾は舌の表面だけでなく側面にもあります。舌の側面の味蕾に味を届けるには食べ物をしっかり噛む必要があります。よく噛んではじめて感じる味もあるわけです。

　舌には筋肉がありますから，私たちは随意に舌を動かすことができます。舌の中では味に対する感受性が違うので，私たちは舌を動かして口の中で食べ物を転がし，いろいろな味を味わうことができます。伝統的には舌の先端のほうが甘味に敏感で，奥歯の周りが酸味に敏感だといわれてきましたが，実際はもっと複雑です。味覚の感受性を詳しく調べてみると図 8.9 のようになっており，先端は甘味や苦味に敏感ですがうま味には敏感ではありません。お吸い物の微妙なうま味は舌先ではわからないようです。舌の後部の縁のほうはうま味に敏感です。この部位は苦味にも酸味にも甘味にも敏感ですが，塩味に対しては敏感ではないようです。舌の後部の中央はどの味に対しても敏感ではないので，

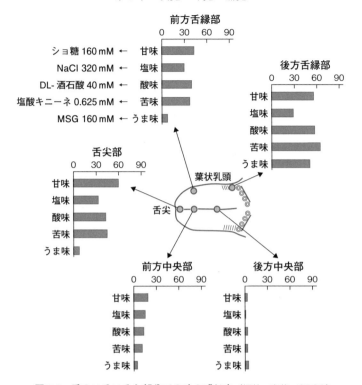

図 8.9　舌のいろいろな部分での味の感じ方（坂井・斉藤，2008）
私たちの舌は場所によって味に対する感受性が違います。味を染み込ませたろ紙をいろい
ろなところに置いて，味を感じる閾値を調べました。横軸の数値は 90 人の実験参加者中
その味を感じた人の人数です。舌の先端部，後縁部，後部の中央部分などで感じ方の違う
ことがわかります。

苦い錠剤を飲むときなどはこのあたりに送るとあまり苦味を感じなくてすむか
もしれません（坂井・斉藤，2008）。

8.2.3　味覚はどうやって脳に伝えられるのか？

　味蕾から出た感覚神経線維は延髄の「孤束核」という場所を介して脳に伝え
られます。大脳皮質では側頭葉に属する「弁蓋」やその内側にある「島皮質」
と呼ばれるところが味覚を感じる部位，一次味覚野です。そこからさらに記憶
や情動に関連した部位に信号が送られて，味覚の認知が生じ，味覚に対する好

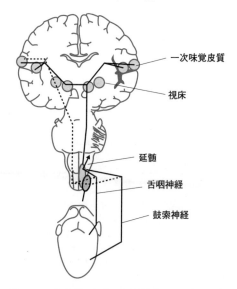

一次味覚皮質

視床

延髄

舌咽神経

鼓索神経

図 8.10 味が脳に伝えられる経路（小川，2011）
味蕾から出た感覚神経線維は鼓索神経と舌咽神経に分かれて延髄に伝えられます。そこから視床を介して大脳皮質の一次味覚野に送られます。味覚の信号はさらに記憶や情動に関連した部位に進みます。

き嫌いの情動が起こります（図 8.10）（小川，2011）。

　味覚を感じる感覚神経線維は 1 種類の味にだけ応答するわけではありません。甘味に対して強く応答し，他の味にはあまり応答しないものや，塩味に対して強く応答し，他の味にはあまり応答しないものなどがあります。（図 8.11；山本，2008）。このように，味によって応答が違う線維があり，それらが組み合わされて味覚が認知されると考えられます。この考えを「ラベルドライン説」といいます。これに加えて嗅覚の場合のようなアクロスファイバーパターンのような情報処理も行われているようです。味を素早く大まかに分析するときにはラベルドライン，よく似た味の識別や微妙な味の分析にはアクロスファイバーパターンというように，脳の中で両者が使い分けられているようです（de Brito Sanchez & Giurfa, 2011）。

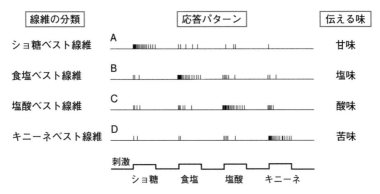

図 8.11　**味覚のラベルドライン説**（山本，2008）

味覚を感じる神経線維は複数の味に応答しますが，その中でも甘味に対して強く応答するものや，塩味に対して強く応答するものなどがあります。それらを「ショ糖ベスト線維（甘味）」，「食塩ベスト線維（塩味）」，「塩酸ベスト線維（酸味）」，「キニーネベスト線維（苦味）」と呼んでいます。これらの「ベスト線維」が伝える信号が組み合わされて味覚が認知されると考えられます。

8.2.4　味覚の心理的な性質

　味覚の閾値（刺激閾）を厳密に測定することは，嗅覚の場合と同様，容易ではありません。味を染み込ませたろ紙のようなものを舌の表面に置いて測定するのですが，ろ紙の面積や，舌の上に乗せておく時間などによって結果が左右されます。このような限界はありますが，ろ紙に染み込ませた物質の濃度から考えると，私たちは苦味にもっとも敏感で，次いで酸味，塩味，甘味と鈍感になっていくようです。生体にとって危険な毒物や腐敗物を敏感に検出するのは理にかなったことかもしれません（坂井・斉藤，2008）。

　味覚の閾値は温度の影響を受けます。甘味の場合は刺激の温度が高くなると感度が良くなります。よく冷やした炭酸飲料などはかなり甘いにもかかわらず，それほど甘味を強く感じませんが，それがぬるくなって温度が上がると甘味に対する感度が上がるので「こんなに甘かったのか」と驚くほどです。一方，塩味と苦味に対しては温度が下がると感度が良くなります（図 8.12；松田，2000）。冷めたラーメンの汁や味噌汁がしょっぱくておいしくない理由はこんなところにあります。それらが冷たくなると，塩味を強く感じるのです。

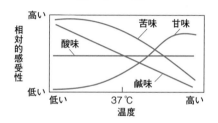

図 8.12　味覚の閾値に対する温度の影響 (松田，2000)
温度によって味覚の閾値は変わり，しかもそれは味覚ごとに違いがあります。たとえば，甘味の場合は刺激の温度が上がると感度が良くなります。一方，塩味（鹹味）と苦味に対しては温度が下がると感度が良くなります。

　さて，甘いケーキと酸っぱいキウイフルーツがあったときに，どちらを先に食べますか？　ケーキのほうを先に食べると，キウイの酸っぱさをより強く感じるはずです。これが味覚の順応です。この例からわかるように，味覚の順応はかなり短時間で起こります。実験によると 10％ という高濃度の食塩水に対しても 20 秒ほどで塩味を感じなくなるそうです。また，水を飲んだときに「甘い」と感じたことはありませんか？　唾液には生理的な塩分が含まれているので，私たちの味覚は常にある程度の塩味に順応した状態にあります。これが水を「甘い」と感じる理由です。

　精神物理学というと厳密な実験条件の話ばかりで，日常生活の心理と何の関係があるのかと疑問に思うことがあるかもしれませんが，実は私たちの生活体験について深く教えてくれるのが精神物理学なのです（第 3 章参照）。

8.2.5　味覚の発達

　私たちには生まれる前から味覚があります。胎児の味蕾は胎生 6 週でみられるようになり，妊娠 12 週ですでに機能し始めます。

　子どもは甘いものが好きです。これは 3 歳前後の子どもの甘味に対する刺激閾値が大人よりも高いからです。つまり甘味に対して成人よりも鈍感なのです。一方，子どもは酸っぱいものが苦手です。酸味に対する閾値は幼児期には低く，成長するにつれて上昇します。

　味覚の感受性が成人と同じパターンになるのは 8〜9 歳頃です。この頃にな

ると男女差がみられます。女児は成人とほぼ同じですが，男児は成人男性より
もショ糖（甘味）や食塩（塩味），クエン酸（酸味）に対する閾値が高く，こ
れらの味に対して鈍感です（坂井・斉藤，2008）。

　子どもは大人よりも甘味と塩分が好きです。そして苦味を嫌がります。これ
は子どもが低糖分，低塩分で野菜の多い食物，つまりダイエットに良い食物を
好まないことを意味します。気をつけていないと子どもは塩分と糖分の多い食
物を摂りすぎてしまうでしょう。しかし，嗜好を作るのは経験です。発達初期
の経験が大切です。ヘルシーな食物が好きな母親は子どもに良い影響を与える
ことができるといわれています（Mennella, 2014）。

　高齢になると基本的な味に対する閾値は上昇します。高齢者が淡泊な味を好
むわけではないのです。ただし，加齢の影響には個人差が大きく，一概に高齢
者が濃い味を好むともいえないようです。

8.2.6　味覚と嗜好

　乳児の口に甘いショ糖溶液を垂らすと，口を横に広げ，舌を奥に下げ，その
溶液を受け入れるような表情をします。口を横に広げることから頬の筋肉は収
縮し，目も細くなり，おのずと笑顔に似た顔になります。一方，苦いキニーネ
の溶液を垂らすと，口をすぼめて舌を突き出し，その溶液を拒否する表情にな
ります。興味深いことに，味覚の快・不快に対するこのような反応はオランウ
ータンやラットでも共通しているといいます（図8.13；Berridge, 2004）。人
をなごませる笑顔がもともと食物を受け入れる表情であったと考えるのはなか
なか楽しいことではないでしょうか。

　美味なものは脳の中央部から前方に向かって走っているドーパミン神経を活
性化させます（図8.14）。この神経は微弱な電気で刺激すると強い快感を起こ
すとされ，「報酬系」と呼ばれています。実際，マウスが餌を食べているとき
には報酬系からドーパミンが放出されます。時々美味なアーモンドの粒を与え
ると，そのときにはドーパミンの放出反応が大きくなります（Natori et al.,
2009）。油脂はとりわけドーパミンの放出を盛んにします。脂っこいものはも
ともと生体にとって価値の大きな報酬なのです（Valdivia et al., 2014）。

快 （甘味）

不快 （苦味）

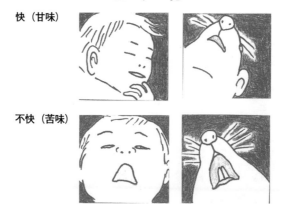

図 8.13　**味に対する乳児とラットの反応**（Berridge, 2004）
口の中に甘いショ糖溶液を垂らしたときの反応と，苦いキニーネの溶液を垂らしたときの
反応をイラストで示します。乳児とラットの反応には基本的に共通の要素があります。甘
味に対してはそれを受け入れるように，苦味に対してはそれを吐き出すように反応するの
です。

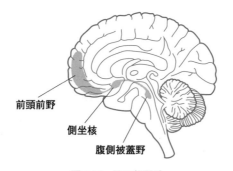

前頭前野

側坐核

腹側被蓋野

図 8.14　**脳の報酬系**
中脳の「腹側被蓋野」という部位から大脳辺縁系の一部である「側坐核」という部位に向
かってドーパミン神経が走行しています。側坐核からはさらに前頭前野にドーパミン神経
が広がっています。この経路は快情動に関係し，美味な味覚刺激や性動機を喚起する刺激
に反応します。

　ドーパミンが放出されると「もっと欲しい」という欲求が生じます。これが
美味に対する好みを作る基礎と考えられています。

8.2.7　味覚嫌悪条件づけ

　一方，どんなにおいしいものでも，それを食べた後に体調不良が起こると，

その味を避ける傾向が作られます。このことは1960年代にラットを使った実験で示されました。

　ラットは甘いサッカリン溶液を好みますが，その溶液をなめた後に塩化リチウムを注射します。塩化リチウムは電解質のバランスを崩すので，ラットは体調不良に陥ります。こうなると次からはラットはサッカリン溶液に対する好みを示さなくなります。これは経験による行動の変化なので学習の一種で，「味覚嫌悪条件づけ」と呼ばれています（図8.15）。この学習はパブロフ型の条件づけの一つで，甘い味が**条件刺激**（CS），塩化リチウムが**無条件刺激**（US），体調不良が**無条件反応**（UR）で，忌避傾向が**条件反応**（CR）です。

　この条件づけには特別な性質があります。まず，たった1回の経験で成立し，その効果が長く続くことです。次に，味覚と体調不良の組合せのときにだけこのような強い学習が起こることです。聴覚や視覚と体調不良という組合せや，味覚と痛覚（弱い電撃による）という組合せでは，このような条件づけは起こりません。

　考えてみたら，何かを食べた後に体調不良になるのは，食中毒の場合に相当しますから，強い嫌悪傾向が学習されるのも納得できることではないでしょうか。

　この学習には脳の中の扁桃体という部位が関わっています。扁桃体は情動と

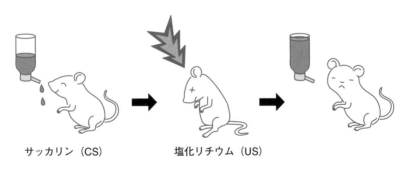

サッカリン（CS）　　　　　塩化リチウム（US）

図8.15　味覚嫌悪条件づけ
まず，ラットに甘いサッカリン溶液を摂取させます。その後に「塩化リチウム」という化学物質を注射します。この物質はラットに体調不良を起こします。その1日後に再びサッカリン溶液を示すと，ラットはほとんどそれを摂取しません。

深い関係があり，とりわけ危険なものを察知して生体に警告を発する働きをしています（Yamamoto, 2007）。

8.2.8　味覚と生活

　ものを食べるという行動は，生存に必要な栄養素を摂取する行動ですが，それだけではありません。味覚，嗅覚，さらには視覚や聴覚にも支えられた楽しみを求める行動でもあります。しかし，それだけでもありません。食べすぎによるメタボリック・シンドロームや肥満は大きな問題になっています。このような食べすぎを詳しく分析してみると，楽しみよりもむしろ「苦しみによって食べる」という側面が明らかになってきます。それが「情動的摂食（emotional eating)」というものです。たとえば「私は寂しいときに食べる」とか「私は学校の成績が悪かったときに食べる」などというのが情動的摂食の例です。情動的摂食に関する質問紙を作り，アメリカの低所得の少数民族を対象に調査を行った研究によれば，ストレス，寂しさ，退屈といったときに情動的摂食がみられています（Rollins et al., 2011）。味覚について本章で学んだからには，おいしく，楽しく食べることが意外に難しいという事実について，もう一度考え直してみましょう。

8.3　痛　覚

8.3.1　痛みとは何か

　私は先日転んで膝をしたたかに打ち，数日痛みが残っていました。痛みがあると意識がそこに集中して他のことを考えるのが面倒になります。また，痛む場所を守ろうとして不自然な姿勢をとるので疲れてしまいます。

　Webを使った大規模調査によると，日本人（成人）の実に13.4%の人が何らかの慢性の痛みを抱えています（図8.16)。一番多いのが背中の下部，いわゆる腰痛で，次が肩の痛みです。疼痛のある人の34.5%が痛みのために仕事や学業を休んだことがあるそうです。痛みは大きな社会問題でもあるのです（服部，2006)。

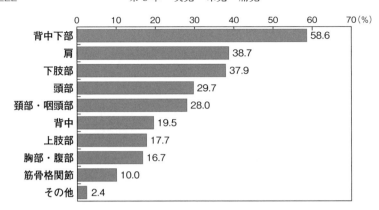

図 8.16　**慢性疼痛を抱える人々が痛みを感じている部位**（服部，2006）
この研究では日本統計年鑑（平成 16 年版）から層別ランダムサンプリングによって 3 万
人を抽出し，Web ベースで 1 次調査を行いました。有効回答の得られた 2 万 1,669 人か
らデータモニタリングを行い，規定回答者を 1 万 8,000 人としました。その中で 2,455
人が慢性疼痛を抱えていました。図はその人々がどの部位に痛みを感じているかを整理し
たものです（複数回答）。

　痛み（痛覚）には他の感覚とは違った性質があります。視覚や聴覚の場合，
物理的な刺激を強くしても主観的な刺激の強さはそれに比例して強くはなりま
せん。マグニチュード推定法という方法で刺激の大きさを答えてもらうと，明
るさの場合はあるところから先になると，刺激を大きくしても主観的な感覚は
それほど大きくなったようには感じません。しかし，痛みの場合はそうではあ
りません。図に示すように，刺激が少しでも強くなると加速度的に痛みの感覚
は大きくなります（図 8.17；松田，2000）。なぜこのように過敏になるかは，
痛みとは生体が危機にさらされていることを知らせる重要な信号であることを
考えれば理解できるでしょう。
　痛みは嫌な感覚ではありますが，生存にとって不可欠な信号でもあります。
さまざまな刺激が痛みを起こします。擦り傷，切り傷，刺し傷といった外傷か
ら，腹痛や胸痛，腰痛，頭痛といった内臓の痛み，感染による炎症の痛み，神
経因性の疼痛など，数え上げればきりがないほどです。もしかしたら痛みの原
因は悪性の病気かもしれません。痛みを抑えることは生活の質を高める上で重
要ですが，痛みの原因を突き止め，適切に治療することも大事です。

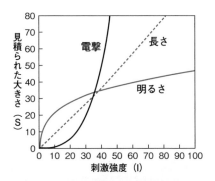

図8.17 **マグニチュード推定法による痛みの特徴**（松田, 2000）
物理的な刺激の強さ（横軸）と主観的な感覚の強さ（縦軸）はスティーブンスのべき法則
に従います。長さの場合は指数がほぼ1になり，物理的な長さと主観的な長さが比例関係
にあることがわかります。明るさの場合は指数が1より小さく，刺激が強くなってもそれ
ほど明るくなったとは感じません。それに対して，刺激が電撃（痛み）の場合は指数が1
より大きくなり，刺激強度がわずかに強くなっても痛みを強く感じます。

8.3.2 痛みを感じる仕組み

　他の感覚と違って「痛み受容器」といったものはありません。皮膚を例にと
って説明すると，表皮や真皮の中に散らばった「**自由神経終末**」が刺激される
と神経インパルスが発生し，それが脳に届いて痛みとして知覚されます（図
8.18）。

　痛みを脳に伝える仕組みには大きく分けて2種類あります。切り傷や刺し傷
のような鋭い痛みは，Aδと呼ばれる線維が伝えます。Aδ線維は機械刺激と
熱刺激に反応します。この線維は有髄神経線維で，刺激が伝わる速さは大変速
く，1秒間に12〜30mの速さで痛みを伝えます。これに対して炎症のような
鈍い痛みはC線維という神経線維が伝えます。C線維は機械的な刺激の他に，
熱刺激や炎症性の化学物質などにも反応します。C線維は無髄神経線維で，刺
激の伝わる速度は遅く，1秒間に0.5〜2mぐらいです。

　近年，痛みを受容するメカニズムとして，「TRPチャネル」というものが注
目されています（富永, 2006）。TRPチャネルはもともとショウジョウバエで
見つかったタンパク質で，細胞の中に陽イオンを通して細胞を興奮させるイオ

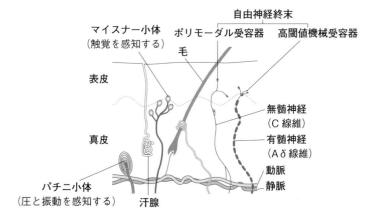

図 8.18　**痛みを感じる仕組み**（伊藤，2011）

痛みには特定の受容器はなく，表皮や真皮の中に神経細胞が分散しています。これを「自由神経終末」と呼びます。自由神経終末が刺激されると神経インパルスが生じ，それが痛みとして知覚されます。自由神経終末には切り傷や刺し傷に反応する「高閾値機械受容器」と，傷ばかりでなく熱や酸，アルカリ，炎症を起こす化学物質などに反応する「ポリモーダル受容器」があります。前者は A δ 線維にあって鋭い痛みを伝え，後者は C 線維にあって鈍い痛みを伝えます。

ンチャネルなのですが，機械刺激，熱，酸やアルカリ，浸透圧などいろいろな刺激に反応します。哺乳類にはだいたい6種類の TRP チャネルがあり，体のさまざまなところに分布して，いろいろな刺激に反応しています。たとえば，石鹸の泡が目に入ると痛いのは，目の粘膜の TRP チャネルがアルカリ性の石鹸に反応しているからです。

　TRP チャネルの研究は今盛んに進んでいます。その中で，たとえば，炎症が起こるとなぜ全身がずきずきと痛むのかがわかってきました。炎症が起こると，その部位から出てくる化学物質の働きで「TRPV チャネル」と呼ばれるチャネルにリン酸が結合します。TRPV チャネルはもともと高温に反応し，熱による痛みを伝えるのですが，このチャネルにリン酸がくっつくと，反応する温度が下がるのです。そうすると，普通の体温でもこのチャネルが開いてしまいます。これが風邪をひいて熱っぽいときなどに，炎症によって全身が痛くなる理由です。

8.3.3　痛みが脳に伝えられるまで

　末梢の組織で発生した痛みの信号は，脊髄の後根に伝えられ，ここでシナプスを乗り換えます。Aδ線維はグルタミン酸を放出し，C線維はグルタミン酸と「サブスタンスP」と呼ばれる物質を放出して，痛みの信号を脊髄に伝えます。

　脊髄から脳に痛みが伝えられる経路にも2種類あります。鋭い痛みは脊髄の外側，「新脊髄視床路」と呼ばれる経路を伝わって脳に向かいます。鈍い痛みは内側の「旧脊髄視床路」を伝わって脳に向かいます。

　どちらも脳の「視床」という場所で再び神経を乗り換え，新脊髄視床路は**体性感覚野**に痛みを伝え，旧脊髄視床路は**大脳辺縁系**（扁桃体，島皮質，帯状回）に痛みを伝えます（図8.19）。

　この図から，痛みには感覚としての側面と，情動としての側面があることがわかるでしょう。体性感覚野では，体のどの部分が痛いかという感覚が生じま

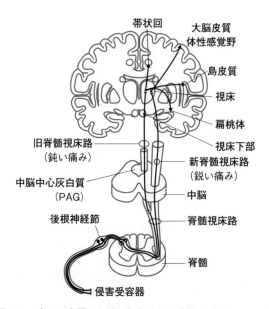

図8.19　**痛みが末梢から脳に伝えられる仕組み**（伊藤，2011）
鋭い痛みは脊髄の外側，鈍い痛みは内側を伝わって脳に向かい，視床を介して体性感覚野と大脳辺縁系に伝えられます。

す。それに対して大脳辺縁系では漠然とした不快な情動が引き起こされます。

　この不快な情動はストレスになります。したがって痛みの信号は視床下部を介して副腎皮質や副腎髄質を刺激し、血圧の上昇や血糖値の上昇などを引き起こします。生体が緊急事態に備える準備をするわけです。

　実は、痛みの信号は脊髄から脳へという一方通行ではありません。痛む場所を押さえるといくぶんか痛みがやわらぐでしょう。これはなぜだろうと考えたメルザック（Melzack, R.）とウォール（Wall, P. D.）は、脊髄の中に脊髄から脳に至る信号を抑制する仕組みがあるのではないかと考えました。これが「痛みのゲートコントロール説」です（Melzack & Wall, 1965）。その後の知見によってこの仮説は修正され、現在では脳から脊髄へ向かって、「痛みを抑えろ」という信号が出ていることが明らかになりました。

　これを「下行性疼痛抑制系」と呼びます。下行性疼痛抑制系は脳の中脳周辺水道灰白質というところから出発し、ノルアドレナリンやセロトニンという神経伝達物質を放出して、痛みを鎮める役目をしています。これが、こういった神経伝達物質に作用する抗うつ薬が疼痛の治療に効果を発揮する理由でもあり、ゲートコントロール説を実証する一つの証拠と考えられる理由でもあります。ハリ（鍼）には鎮痛効果があるといわれていますが、もしかしたらハリによってこの経路が刺激されるのかもしれません（Li et al., 2007）。

8.3.4　痛みの評価

　痛みのコントロールは心理学のみならず臨床医学的にも重要な問題であり、数々の鎮痛薬も開発されています。痛みの治療のためには、「どのぐらい痛いのか」を評価することが重要です。

　これまでこのような痛みの評価には「ビジュアルアナログスケール」という方法や、「フェイススケール」という方法が使われてきました。ビジュアルアナログスケールは図8.20のように物差しのような直線を示し、右端が「もっとも痛い」、左端が「まったく痛くない」として、現在の痛みがどのあたりの位置にあるかを指さしてもらう方法です。この方法は単純ではありますが、痛みが長さとして表されるので、**間隔尺度**として統計処理ができる利点がありま

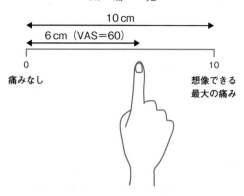

図 8.20　ビジュアルアナログスケール（VAS）（日本ペインクリニック学会のホームページ
より：http://www.jspc.gr.jp/gakusei/gakusei_rank.html)
直線状の物差しのようなものを参加者に示して，現在の痛みの程度が無痛（左端）から最
大痛（右端）までのどのあたりに位置するかを答えてもらいます。

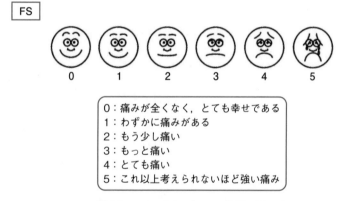

図 8.21　フェイススケール（伊藤，2011）
「まったく痛くない（笑顔）」から「非常に痛い（泣き顔）」までの 6 枚の顔を参加者に示
し，現在の痛みがどの顔に相当するかを答えてもらいます。

す。

　一方，フェイススケールは図 8.21 のように笑顔（まったく痛くない）から
泣き顔（非常に痛い）まで，いくつかの表情を示して，現在の痛みがどの顔に
相当するかを評定してもらうものです。視覚的に痛みの程度を表現しやすいと
いう利点がありますが，このスケールで得られたデータは順序尺度になります。

　これまではこのように数値化した痛みの尺度が開発されてきましたが，果たして痛みというものは「痛くない」から「とても痛い」まで，1次元の尺度で表されるものでしょうか？　私たちは「ずきずき痛い」「ひりひり痛い」「ちくちく痛い」などとさまざまな表現で痛みを表します。このような擬音語・擬態語を「オノマトペ」といいます。日本語には痛みを表すオノマトペが豊富にあるのです。痛みを表すオノマトペを集めて整理すれば，痛みがどのように表現されているかを知ることができ，1次元のスケール以上の情報が得られると思われます。痛みを表すオノマトペと脳の活動の関係も調べられており（Osaka et al., 2004），医療や看護の分野での応用も考えられています（服部・東山，2010）。

8.3.5　痛みと情動

　痛みは不快な情動ですから，さまざまな心の問題を引き起こします。

　どこかが急に痛くなったとすると，私たちにはまず不安が起こります。いつまでも続く慢性の痛みは抑うつ状態を起こします。こうなると始終痛みのことばかり考えて，何をやるのもおっくうになり，人付き合いや楽しみごとも嫌になってしまいます。活動性の低下やうつ状態はさらに痛みを増強してしまいます（一色，2000）。

　痛みが精神状態に影響を与える一方，精神状態も痛みに影響を与えます。慢性の関節痛を抱えている患者を対象に調べてみると，不快な出来事の起きた日やその翌日には痛みが強くなります。その逆に，ネガティブなライフイベントがなかったり，社会的サポートが得られたりした場合には痛みは強くならないのです（Affleck et al., 1994）。

　さまざまな精神状態が痛みに影響を与えますが，痛みを増悪させる要因が一つわかっています。それは孤独感です。胸部ガン患者を対象にした研究によると，孤独と感じた人ほど痛み，抑うつ気分，疲労感が強かったといい，その背景として免疫系が関係しているのではないかと考えられています。免疫力も精神状態の影響を受けるのです（Jaremka et al., 2013）。

　それでは，精神的に痛みをやわらげることはできないのでしょうか？

視床
小脳 島皮質 前部帯状皮質
前頭葉腹内側部

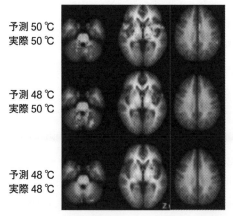

予測 50 ℃
実際 50 ℃

予測 48 ℃
実際 50 ℃

予測 48 ℃
実際 48 ℃

図 8.22 痛みに対する「構え」と脳の活動 (Koyama et al., 2005)
10 人の参加者の右下肢に温熱刺激を与えます。この刺激は普段は 35 ℃で，120 秒の試行中に 1 秒 6 ℃の割合で加温して 48 ℃や 50 ℃になります。初日は訓練で，試行間間隔が短いとき（15 秒）は 48 ℃，長いとき（30 秒）は 50 ℃とします。こうすると参加者は試行間間隔が長いか短いかによって，次の試行の温度が熱いか熱くないかを予測するようになります。2 日目に脳の fMRI 画像を撮影します。このとき全体の 3 分の 1 ほどの試行で，「熱い」はずの試行間間隔の後に熱くない刺激を与えます。図の上段は「熱い」予測をした後に実際の温度も熱かったとき（50 ℃）で，小脳（左列），視床・島皮質・前頭葉腹内側（中央列），前部帯状回（右列）など，痛みの認知に関わる脳部位が活動していることがわかります。下段は「熱くない」という予測をした後に実際の温度も熱くなかったとき（48 ℃）で，脳はほとんど痛みを感じていません。中段は 50 ℃を予測していたときに，実際には 48 ℃の温熱刺激を与えたときで，脳はあまり反応していません。

　それはある程度可能であろうと思われます。その手段の一つは音楽です。自分の好きな曲を聴くと，温熱刺激に対する痛みの評定値が下がったという研究があります（Hsieh et al., 2014）。

　こういう痛みの低減は単なる「思い込み」ではなさそうです。温熱刺激を使った実験によると，熱さ（痛み）が軽いと予測しているときには，実際には熱い刺激を与えても，脳は痛みをそれほど感じていないことがわかります（図8.22）（Koyama et al., 2005）。

　痛みのケアは生活の質（QOL）を高めるために非常に大切な課題であり，それには心理学が重要な役割を果たすのです。

コラム 8.3　心の痛み

　私たちの周囲には「いじめ」や差別など，人の心を傷つける問題が絶えません。心理学はこれらの問題に立ち向かわなければなりません。いじめや差別による「心の痛み」は体の痛みと同じ痛みなのです。これは脳科学の研究からも明らかになっています。

　図 8.23 に示すような「サイバーボール」と呼ばれるゲームがあります。パソコンの画面の中であなたを含めた 3 人がキャッチボールをしています。ところが，プログラムにちょっとした細工がしてあり，いつの間にか画面の中の 2 人がキャッチボールを始め，あなたを「仲間外れ」にするのです。

　たったこれだけのことですが，そのときの脳の活動を調べてみると，実際に体が痛いときと同じ部位が活動しています（Eisenberger et al., 2003）。こんなゲームで仲間外れにされただけで脳は本当の痛みを感じるのです。このことを考えると，たとえば「LINE 外し」のような行為がいかに当事者の心に傷を与えるかがよくわかります。身体的な暴力のみならず，言葉や態度によるいじめや差別は被害者に大きな苦痛を起こしているのです。こうした非人間的な扱いがなくなるように，心理学を学んだ皆さんに何ができるか，真剣に考えてほしいところです。サイバーボールは下記のパーデュー大学のホームページからダウンロードすることができます。ぜひ解説を読んで勉強し，実際に試してみてください。

図 8.23　「サイバーボール」ゲーム（パーデュー大学のホームページより
　　　　： http://www3.psych.purdue.edu/~willia55/Announce/cyberball.htm）
画面の中央下部に見えているのがあなた自身の手です。あなた自身を含めた 3 人がキャッチボールをします。あなたがだんだん「仲間外れ」にされていくときがあり，「心の痛み」を経験することができます。

復習問題

1. いろいろな匂いが嗅ぎ分けられる仕組みはどのようなものか，説明してください。
2. 基本的な味とそれぞれが示している生体にとっての意義はどのようなものか，説明してください。
3. 痛みをやわらげるために心理学的にできることはどのようなことか，説明してください。

参考図書

森 憲作（2010）．脳のなかの匂い地図　PHP 研究所

　初級程度。ハンディな新書ですが，匂いを感じる仕組みについて，最新の研究成果が紹介されています。匂いと意欲や情動の関係にも脳科学の観点から触れられています。

山本 隆（2001）．美味の構造──なぜ「おいしい」のか──　講談社

　中級程度。さまざまなエピソードを交えて味覚の神経科学的な仕組みが解説されています。味覚ばかりでなく「食べる」という行動のメカニズムや意義について考えさせてくれる本です。

伊藤 和憲（2011）．図解入門　よくわかる 痛み・鎮痛の基本としくみ──なぜ痛むのか？どう治すのか？を図解で学ぶ！ 痛覚の不思議──　秀和システム

　中級程度。イラストが多く，一つひとつのトピックは短く，わかりやすく解説されています。臨床の現場で痛みがどのように考えられ，治療されているかも知ることができます。

第9章 時間知覚

　人間にとって1日は24時間であり，国籍や人種，貧富の差に関係なく，あらゆる人間にとって時間は一定の速さで進みます。しかしながら，1日の終わりにその日を振り返った際，1日を長かったと感じるときもあれば，短く感じるときもあります。また，友人を待っている30分は長く感じるのに，友人と過ごす楽しい30分はいつの間にか終わっていたという経験もあるでしょう。つまり，物理的には同じ時間であるにもかかわらず，私たちの感じる時間はいとも簡単に伸縮してしまうのです。このような，人間の感じる時間の速さや長さは，心理的時間もしくは主観的時間という用語で説明されています。

9.1　心理的時間の感覚器官

　それでは，なぜ心理的時間は簡単に伸縮してしまうのでしょうか。その原因の一つは，人間が時間を直接計測する感覚器官を持っていないことが挙げられます。たとえば，視覚情報を取り込むために，私たちは目を持っていますし，聴覚情報を取り込むためには耳があります。もしも私たちの脳や体のどこかに，メトロノームや時計のような，時間の経過を正確に刻む感覚器官があったとしたら，どんなときでも正確に1日の長さを感じることになり，心理的時間が伸縮するようなことはなかったと考えられます。つまり，時間を直接計測する感覚器官を持っていない人間が，時間の長さを正確に感じることができないのは当然とも考えられます。

　しかし，ここでまったく反対の疑問が湧いてきます。時間を直接計測する感覚器官を持っていないはずの私たちは，正確ではないにしろ，確かに時間を感じています。たとえば，10分よりも1時間のほうが長いと感じるし，10秒よ

りも 20 秒のほうが長いと感じることができます。つまり，私たち人間は不完全ではあるが時間を知覚することのできる何らかのメカニズムを持っていることになります。こうした心理的時間のメカニズムを解明するために，多くの研究者がさまざまなアプローチで研究を行ってきました。

9.2　時間の長さによるプロセスの違い

　私たちが「時間」という言葉で表現するものは，1 年単位のものから 1 秒単位のものまで非常に幅があります。これまでの研究で，時間の長さの違いによって，人間のまったく異なったシステムが働いていることが示されています。たとえば，0.5 秒を感じるときに働く脳の領域と 5 秒を感じるときに働く脳の領域は異なります（Lewis & Miall, 2003）。

9.2.1　時間知覚

　心理的時間に関する研究は古くから行われてきましたが，それらの多くは 5 秒以下の比較的短い時間を扱った研究です。この約 5 秒以下の短い時間に関する処理は時間知覚（time perception）と呼ばれており，心理的時間の研究論文の大半を占めています（本章では，時間知覚の時間幅の範囲外の処理も扱いますが，代表的な例として表題を時間知覚としています）。

　ここでいう約 5 秒の区切りは，心理的現在（psychological present）とされています。心理的現在とは，私たちが直接的に意識し得る時間であり，その範囲は 3 秒程度（Michon, 1978），長くても 5 秒以下の範囲であるとされています（Fraisse, 1984）。心理的現在は，言い換えるならば，一連のイベントを 1 つのまとまりとして知覚できる時間範囲ともいえるため，その処理過程においてはワーキングメモリや短期記憶が重要な役割を担っていると考えられています。

9.2.2　時間評価

　心理的現在よりも長い時間に関する処理は，時間評価（time estimation）と

コラム 9.1　　自分の心理的時間の進みを調べてみよう

　ストップウォッチを用意し，表示されている数字を見ずに 5 秒と感じるところ
で止めてみましょう。その際，なるべくじっとして，体の動きで拍子をとるよう
なことはしないようにしてください。5 秒と感じるところで止めた結果，5 秒よ
りも長かった場合，心理的時間の進みがゆっくりであったことを意味します。反
対に，5 秒よりも短かった場合，心理的時間の進みが速かったことを意味します
（図 9.1）。

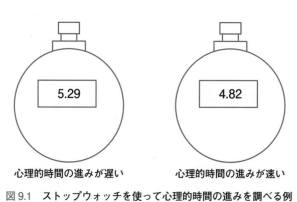

図 9.1　ストップウォッチを使って心理的時間の進みを調べる例

呼ばれています。時間評価では，扱う時間範囲が心理的現在を超えるため，知
覚以外のさまざまな要因が関与してくることになります。一般的に，扱う時間
幅が長くなっていくに従って，思考や記憶の他にも，年齢や性格特性といった
要因の影響が強くなっていくと考えられています。しかし，時間は連続してお
り，ある時間から明確に時間知覚と時間評価とに分けて考えることが適切でな
い場合もあります。

9.2.3　体内時計

　生物には，ある時間範囲で定期的な働きをする器官が存在することが知られ

ています。たとえば，サーカディアンリズム（概日時計；circadian rhythm）
は，約 24 時間の周期であることが知られており，脳内の視交叉上核（suprachi-
asmatic nucleus）が重要な役割を担っていることが知られています（Moore,
1997）。このサーカディアンリズムは太陽による 24 時間の明暗の周期に従って
いるため，夜に強い光を受けたり，昼に暗闇の部屋で過ごすことで，この周期
が乱れることが知られています。このサーカディアンリズムの乱れは，睡眠障
害や時差ぼけのような症状を引き起こすことがあるとされています。また，周
期の乱れは日光や運動，食事によりリセットされます（たとえば，Sato et al.,
2014）。こうした，日・週・季節・年などの単位で変化する生物のリズムは主
に時間生物学で研究されています。

9.3　心理的時間の研究法

9.3.1　心理的時間の測定法

　心理的時間を測定するために，多くの方法が開発されています。しかし，研
究者たちがそれぞれ独自の測定方法で実験を行ってきたため，心理的時間の測
定方法は雑多になり，実験結果の解釈も困難な状況になりました。そこで心理
的時間の測定方法を分類する試みが行われてきました（松田ら，1996）。ここ
では，代表的な測定法である，比較法，カテゴリー評定法，時間再生法，言語
的見積もり法，時間作成法の 5 つを紹介します（表9.1）。

　比較法は，呈示された 2 つの時間を比較し，どちらが長かったか（短かった
か）を判断する方法です。一般的に，2 つの時間のうち，一方を標準刺激とし
て呈示時間を固定し，他方を比較刺激として試行ごとに呈示時間を変化させま
す。

　カテゴリー評定法は，時間を呈示して，その時間を「短い」「中くらい」「長
い」といった，何段階かのカテゴリーのいずれかで回答する方法です。その際，
実験の最初に基準となる時間の長さを複数回呈示し，学習させることが多いで
す。また，カテゴリー評定法と似た測定法として，時間を呈示して，その時間
を標準刺激の時間と比較して数値で回答する測定法もあります（マグニチュー

表9.1 **心理的時間の測定法**

比較法	呈示された2つの時間を比較し，どちらが長かったか（短かったか）を判断する方法。
カテゴリー評定法	時間を呈示して，その時間を何段階かのカテゴリーで回答する方法。
時間再生法	呈示された時間の長さを，キー押しなどの動作によって再び作り出す方法。
言語的見積もり法	呈示された時間の長さを，実験参加者が「何秒」や「何分」といった言語で表現する方法。
時間作成法	指示された時間の長さを，キー押しなどの動作によって作り出す方法。

ド評価法)。たとえば，標準刺激の時間の長さを 100 とした場合，比較刺激の長さが数値でいくつかを回答します。前述のカテゴリー評定法が，3つ（もう少し多いときもある）のカテゴリーの回答であったのに対し，マグニチュード評価法はさらに細かい違いを検出することができます。

　時間再生法は，呈示された時間の長さを，キー押しなどの動作によって再び作り出す方法です。たとえば，視覚刺激が3秒間呈示され，その後，実験参加者がキーを同じ時間押し続けるという方法です。さらに，時間再生法の発展形として，比率再生法があります。比率再生法では，たとえば，視覚刺激が3秒間呈示され，その後，実験参加者が呈示時間の半分の時間，キーを押し続けるという方法です。この方法を用いることで，それぞれの実験参加者が持っているタイミングを計る方略を使用しにくくすることができると考えられます。

　言語的見積もり法は，呈示された時間の長さを，実験参加者が「何秒」や「何分」といった言語で表現する方法です。この方法は，長い時間を扱う実験でも適用することが可能です。特別な機器が必要なく，方法が簡便であるため，複数の実験参加者を対象とした実験で用いやすいというメリットがあります。しかしながら，言語での表現には限界があるため，細かな違いを検出しにくいというデメリットもあります。

　時間作成法は，指示された時間の長さを，キー押しなどの動作によって作り出す方法です。たとえば，3秒で止めてください，と教示された後に，聴覚刺

激等により時間の測定が開始され，実験参加者が 3 秒だと感じた時点でキーを
押すという方法です。この時間作成法に関しては，結果の解釈に注意が必要で
す。前述の他の測定法を用いた場合，心理的時間の経過が通常よりも速いとき
には，回答として得られる心理的時間は長くなります。しかし，時間作成法を
用いた場合には，課題遂行中の心理的時間の経過が通常よりも速いときには，
目標の時間に心理的に速く到達するため，回答として得られる作成時間は短く
なります。したがって，同じ実験状況で課題を行った場合，時間作成法と他の
方法で得られた結果は逆の対応関係になることが知られています（Zakay,
1993）。

9.3.2　時間の評価・判断を行うタイミング

　前述の心理的時間の測定法の分類の他に，時間の評価・判断を行うタイミン
グの違いによって，**予期的時間判断**（prospective time judgment）と**追想的時
間判断**（retrospective time judgment）の 2 つに分けられます。予期的時間判
断は，実験参加者が時間を判断すべき事象をあらかじめ知っている方法です。
たとえば，実験参加者に対し，「今から呈示される視覚刺激の呈示時間を評価
してください」といった教示をあらかじめ行っておくことです。この予期的時
間判断は現在，心理的時間の研究論文の大半を占めています。

　それに対し，追想的時間判断では，実験参加者が時間を判断すべき事象を知
らない方法です。たとえば，時間を判断すべき事象が起こった後に，実験参加
者に対して，「先ほどの事象の時間を評価してください」といった教示を行い
ます。この追想的時間判断では，実験参加者は心理的時間に関する課題を行う
こと自体を知らないことが前提となります。そのため，参加者 1 人に対して実
験を行えるのは 1 回のみになります。したがって，データを集めることが難し
く，研究数に関しても，予期的時間判断の研究と比較して圧倒的に少ないので
す。しかし，私たちの日常生活で心理的時間の判断を行うシーンを考えてみる
と，むしろ追想的時間判断を行っていることが多いと考えられます。

　また，予期的時間判断と追想的時間判断では，さまざまな要因が心理的時間
に影響を与えるプロセスが異なるため，たびたび反対の結果が示されることが

知られています。たとえば，注意負荷の高い実験状況で予期的時間判断を行う
と，心理的時間は短く判断されるのに対し，追想的時間判断を行うと心理的時
間は長く判断されます（Block & Zakay, 1997）。この原因は，予期的時間判断
では，注意負荷によって時間経過に注意が向かなくなったことにより，心理的
時間が短くなり，追想的時間判断では，事象の時間を思い出す際に，注意負荷
が高かったことが手がかりとなり，事象に関する多くのことがらが想起された
結果，心理的時間が長くなったと考えられています。日常生活においては，旅
行を楽しんでいるときには，時間経過に注意が向かなくなり，いつの間にか時
間が過ぎてしまいますが，後日，旅行を思い出す際には，思い出の手がかりが
多いことで，多くの事象が想起され，旅程を長く感じることが多いと考えられ
ます。

9.3.3　中枢プロセス vs 分散処理

　この章の冒頭で述べたように，人間は時間を直接計測する感覚器官を持って
いません。それにもかかわらず，呈示刺激が視覚であっても聴覚であっても，
大まかな時間の知覚は可能です。つまり，心理的時間には複数の感覚モダリテ
ィが関与していると考えられています（Brown, 1995）。心理的時間と感覚モダ
リティの関係を考える際に，もっとも大きな疑問は，心理的時間を担っている
処理プロセスが1つの中枢に集約されているのか，それとも感覚モダリティご
とに分散して存在しているのか，といった疑問です。

　現在のところ，心理的時間に関する多くの研究では，何らかの中枢プロセス
を仮定しています。中枢プロセスを採用する根拠としては，刺激の呈示モダリ
ティが異なっても，心理的時間に差異がないとする研究が報告されていること
です（Bobko et al., 1977; Craig, 1973）。また，ワームらは，視覚（聴覚）呈示
された刺激に対する心理的時間の学習効果が聴覚（視覚）呈示の刺激に転移す
ることを明らかにしています（Warm et al., 1975）。さらに，小野らは，視覚呈
示された刺激による心理的時間の歪みと聴覚呈示された刺激による心理的時間
の歪みの間に相関関係があることを示しています（Ono et al., 2010；図9.2）。
これらの研究結果は，モダリティ間で共通の中枢プロセスの存在を支持してい

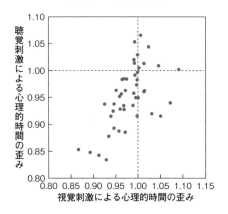

図9.2　視覚刺激による心理的時間の歪みと聴覚刺激による心理的時間の歪みの
　　　　相関関係（Ono et al., 2010 を改変）
　　　値が1よりも大きいことは，呈示時間を実際よりも長く感じたことを意味します。

ます。

　反対に，モダリティごとに心理的時間を担っている処理プロセスが存在して
いるとする根拠としては，刺激の呈示モダリティが異なることで，心理的時間
が必ずしも同じにはならないことが挙げられます（Behar & Bevan, 1961）。た
とえば，ゴールドストーンとラモンは，視覚刺激の心理的時間は，聴覚刺激の
心理的時間よりも短くなることを示しています（Goldstone & Lhamon, 1974）。
さらに，心理的時間における最小単位は，呈示された2つの刺激が2つである
と感じることのできる最小の時間幅とされ，この最小の時間幅に関しては，呈
示モダリティによって異なる値になるといわれています（Lichtenstein, 1961;
Pastore, 1983; Theodor, 1972; Serviere et al., 1977）。

9.4　心理的時間を伸縮させる要因

　前述したように，心理的時間はいとも簡単に伸縮します。しかしながら，そ
の伸縮を引き起こす要因は多岐にわたり，こうした伸縮を説明するためにさま
ざまな心理的時間のモデルが提案されています。代表的なモデルの一つである
スカラー期待理論（scalar expectancy theory）では，心理的時間の処理プロセ

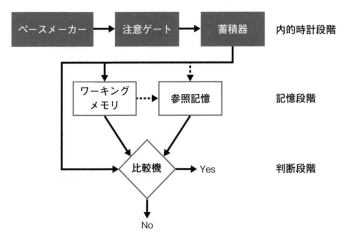

図 9.3 **スカラー期待理論** (Gibbon et al., 1984 を改変)

スは，内的時計段階，記憶段階，判断段階の大きく3つの段階に分けられ，さ
らに，内的時計段階はペースメーカー，注意ゲート，蓄積器の3つのプロセス
が想定されています（Gibbon et al., 1984；図 9.3）。最初に，ペースメーカー
から一定の間隔で発生する信号が蓄積器に送られます。その際，時間経過に対
し注意が向けられた場合にのみ，信号は注意ゲートを通過し，時間情報として
蓄積器に蓄積されます。その後，蓄積器の時間情報は記憶段階に送られます。
判断段階では，記憶段階のワーキングメモリ内の時間情報と，基準となる過去
の参照記憶内の時間情報を比較し，心理的時間の長さが決定されます。一般的
に，心理的時間の伸縮はペースメーカーと注意ゲートで説明されることが多く，
比較的短い時間における心理的時間の伸縮はペースメーカーで，長い時間にお
ける心理的時間の伸縮は注意ゲートの働きが関与していると考えられています。
次に，どのようなときに心理的時間の伸縮が起こるのか，その具体例を紹介し
ます。

9.4.1 身体的代謝の要因

心理的時間は，生理的要因，特に身体的代謝によって伸縮することが知られ

ています。ホークスらは，呼吸数が増えるに従い，心理的時間も長くなること
を示しています（Hawkes et al., 1962）。また，ホグランドは，風邪をひいて熱
のある人（ホグランドの妻）に，60 秒のカウントをしてもらったところ，体
温が高いときほど，心理的な 60 秒が短くなりました（Hoagland, 1933）。9.3.1
項で説明したように，この結果は体温が高いときほど，目標の時間（60 秒）
に速く到達したことを意味しているため，心理的時間の経過が速いことになり
ます。したがって，単位時間における心理的時間は長くなります。バデレーは，
実験参加者に冷水の中に入ってもらい，体温を低下させた結果，作成時間は長
くなりました（Baddeley, 1966）。一般的に，体温の高い状態のように，代謝が
高い状態では心理的時間は長くなり，反対に，体温が低い状態や酸素の少ない
高所にいる状態のように，代謝が低下している状態では心理的時間は短くなる
とされています（Wearden & Penton-Voak, 1995）。

　さらに，アショフは，実験参加者に朝から夜まで数回，10 秒の時間作成課
題を行ってもらったところ，朝から夜になるに従い，作成時間が短くなりまし
た。つまり，夜になるに従い，心理的時間が長くなることを示しました
（Aschoff, 1998）。栗山は，この朝と夜の心理的時間の伸縮効果が，実験参加者
の代謝と相関することを示し，私たちの心理的時間がサーカディアンリズムの
影響を受けることを示しました（Kuriyama et al., 2003；図 9.4）。

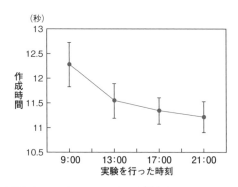

図 9.4　**心理的時間とサーカディアンリズムの関係**（Kuriyama et al., 2003 を改変）

9.4.2 非時間情報の要因

　時間とは直接関係のない情報は**非時間情報**（nontemporal information）と呼ばれており，私たちの心理的時間はこの非時間情報の影響を大きく受けることが知られています。一般的に，呈示される刺激がより大きい，より速い，より多い等々，要するに the more と認知されるほど，心理的時間は長くなるとされています（松田，1996）。トーマスとキャンターは，実験参加者にさまざまな大きさの円を瞬間呈示し，その呈示時間を評定してもらいました。その結果，物理的な呈示時間が同じであるにもかかわらず，大きな円は小さな円に比べて長い時間呈示されていたと評定されました（Thomas & Cantor, 1975；図9.5）。この結果は，私たちが時間の長さを判断する際に，呈示される非時間情報（この場合は物理的大きさ）の影響を受けていることを示しています。さらに，小野と河原は，幾何学的錯視と呼ばれる錯覚現象を利用して，物理的には同じ大きさの円を過大（または過小）視させ，心理的時間に与える主観的大きさの影響を調べた結果，物理的な時間と大きさは同じであるにもかかわらず，主観的に大きな円の呈示時間は，主観的に小さな円の呈示時間よりも長く感じられることを明らかにしています（Ono & Kawahara, 2007）。

　その他にも，ドット刺激であれば，数が多いほど，それが動く場合は速いほど，心理的時間は長くなります（Rachlin, 1966）。さらに，同じ数の刺激であっても，それらに脈絡やまとまりがあると短く感じられます。たとえば，相互に無関連な映像を次々に見せられた場合と，映像の中に何らかの脈絡が見出さ

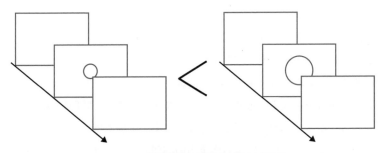

図9.5　**心理的時間と視覚的大きさの関係**
円が大きいほうが心理的時間が長くなります。

図 9.6　**充実時程錯覚**

呈示時間の前後を区切った時間（空虚時程）よりも空虚時程の中を連続刺激等で埋められた時間（充実時程）が心理的時間は長くなります。

れた場合とでは，後者のほうが心理的時間が短くなることが知られています。

　また，視覚的なフラッシュ刺激や聴覚的な短音で，呈示時間の前後を区切った時間は，空虚時程（empty interval）と呼ばれます。それに対し，この空虚時程の中に，視覚や聴覚の連続刺激等が呈示された場合は，充実時程（filled duration）と呼ばれます。一般的に，空虚時程よりも充実時程のほうが心理的時間は長くなることが知られており，この現象は，**充実時程錯覚**（filled-duration illusion；図 9.6）と呼ばれています。

　こうした非時間情報の要因に関しては，多くの事象が生起するためには長い時間が必要である，という認識の般化が原因だと考えられています。大人になると 1 年が短く感じるのは，子どもの生活は新鮮な出来事や心理的に大きな変化が多く，刺激がより多く感じられるのに対し，大人の生活はルーチンワークで，刺激が少なく感じられることが要因の一つと考えられています（一川，2008）。

9.4.3　注意の要因

　この章の冒頭で述べた，友人を待っている 30 分は長く感じるのに，友人と過ごす楽しい 30 分はいつの間にか終わっていたという現象は，主に注意の要因で説明されています。前述したように，スカラー期待理論によると，私たちの心理的時間の処理プロセスでは，時間経過に対し注意が向けられた場合にのみ時間情報が蓄積される，と考えられています。つまり，時間経過に対し，注意が向けられるほど心理的時間は長くなります。実験では，困難な課題の作業中の心理的時間は，容易な課題の作業中の心理的時間よりも短くなることが示されています（Brown, 1985; Hicks & Brundige, 1974; Sawyer et al., 1994）。こ

コラム 9.2 **クロノスタシス**

　秒針のある時計を準備して，動いている秒針に素早く目を動かしてみましょう。そうすると，秒針が最初に動く1秒間が，以降の1秒間よりも長く見えることがあります（図9.7）。これはクロノスタシス（chronostasis）と呼ばれる現象で，サッカードと呼ばれる速い眼球運動中の時間の空白を，脳が補填していることで生じていると考えられています。

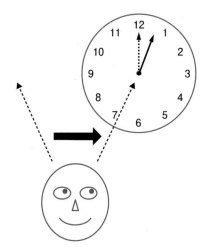

図9.7　アナログ時計を使ったクロノスタシスの例

れは，困難な課題を行っているときは，時間経過に向けられる注意が少なくなるため，心理的時間が短くなるのに対し，容易な課題を行っているときは，時間経過に多くの注意が向けられるため，心理的時間が長くなると考えられています。

　また，私たちの注意は新奇な刺激にも向けられます。ツェラは，同じ視覚刺激を同じ呈示時間で繰返し呈示した場合，その刺激が最初に呈示されたときの心理的時間は，2度目以降の心理的時間よりも長くなることを明らかにしました。さらに，同じ刺激が繰返し呈示された後に，それまでとは異なる新奇な刺激が呈示された場合，この新奇な刺激の心理的時間は他の刺激の心理的時間よ

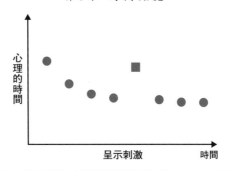

図9.8　**呈示刺激と心理的時間の関係**（Tse et al., 2004）
同じ刺激（●）を繰返し呈示した場合，その刺激が最初に呈示されたときの心理的時間は
2度目以降よりも長くなります。また，新奇な刺激（■）の心理的時間も長くなります。

りも長くなりました（Tse et al., 2004；図9.8）。つまり，新奇な刺激に対して
注意が向けられた結果，心理的時間が長くなったと考えられています。

9.4.4　時間経過中の情動の要因

　心理的時間は恐怖や緊張の影響により伸縮することが知られています。たと
えば，クモ恐怖症の人に，ガラス越しにクモを見てもらい，その心理的時間を
測定すると，クモ恐怖症でない人よりも長くなることが示されています
（Watts & Sharrock, 1984）。また，野球選手がボールが止まって見えたという
エピソードや，交通事故に遭った人が事故の瞬間をスローモーションのように
感じたという話を聞いたことがあるでしょう。この現象のメカニズムに関して
は，現在も議論されていますが，近年，さまざまな研究で恐怖や緊張が心理的
時間に与える影響について検討されています。ステットソンらは，自由落下の
絶叫アトラクション（紐がないバンジージャンプ）中に視覚の時間的解像度を
測定する課題を行い，心理的な極限状態でスローモーションに見えるか否かを
調べました。その結果，落下中にスローモーションに見えることはありません
でした（視覚課題の成績は向上しなかった）が，落下直後に報告された落下時
間は実際よりも約36%過大評価されていました（Stetson et al., 2007）。つまり，
強い恐怖を感じることで，後から思い出す際に，心理的時間が長くなることを
示しています。

復 習 問 題

1.　時間知覚と時間評価の違いを説明してください。

2.　予期的時間判断と追想的時間判断の違いを説明してください。

3.　友人を待っている30分は長く感じるのに，友人と過ごす楽しい30分はいつの間にか終わっていたという現象を，時間経過に向けられる注意の要因で説明してください。

参 考 図 書

一川 誠（2008）．大人の時間はなぜ短いのか　集英社

　大人になるとなぜ1年が短く感じられるのか？といった素朴な疑問に対して，心理学を含め，さまざまな学問からアプローチを試みています。はじめて心理的時間の本を読む人にもわかりやすく書かれています。

松田 文子（編）（2004）．時間を作る，時間を生きる──心理的時間入門──　北大路書房

　心理的時間に関する代表的な知見がまとめられており，心理的時間を学ぶ人にとって入門書として最適な一冊。

リベット，B. 下條 信輔（訳）（2005）．マインド・タイム──脳と意識の時間──　岩波書店

　脳と意識に関する疑問を，時間をキーワードにアプローチしています。人間の意識の問題を考える上で重要な一冊。

第 10 章
注　意

　私たちは日常生活を送るにあたって，たとえば本を読んだり，食事をしたり，自動車を運転するといったさまざまな行動をします。そのような普段の行動をとる際には，そのときに必要とされる情報のみを利用することができます。読書を例に挙げると，本を開いて文章を読む際，読んでいる箇所の前後の行の文字も視界に入ります。しかしながら，2，3行分の内容を一度に読むことはほとんどできません。私たちは多くの感覚情報を受け取る中で，膨大な情報量に混乱することなく，必要なものだけを取捨選択し，利用することができます。このような情報の取捨選択機能は注意と呼ばれています。本章では，主要な注意理論と実験について紹介しながら，注意とは何かを考えていきたいと思います。

10.1　注意とは

10.1.1　カクテルパーティー効果

　たとえば立食形式のパーティーなど，ざわざわとした会場の中で誰かと話をする場面を想像してみましょう。多くの人の会話があなたの耳に飛び込んでくる中，友人が近づいて，話しかけてきます。あなたはそれに対してにこやかに応じ，何の問題もなく会話を成立させることができます。さらには，特定の誰かと会話をしている間には気に留めていなかった別の場所から自分の名前が聞こえてくると，すぐに気づくことができます。このように，私たちは多くのノイズの中から自分にとって必要だと思われる情報を選択し，利用することができます。その際に働いているのが，注意と呼ばれる機能です。

10.1.2　両耳分離聴

　よく知られた注意研究の一つに，チェリー（Cherry, E. C.）による**両耳分離聴**（dichotic listening）の実験があります。この実験では，実験参加者に対して片耳ずつ異なる内容の音声情報が流されます。実験参加者の課題は，一方の耳に入ってくる音声を無視しつつ，もう一方の耳に流れる音声情報を**追唱**（shadowing）することでした（図 10.1）。実験参加者はその課題を問題なく達成することができましたが，その後，無視したほうの耳に流された言葉を報告させたところ，ほとんど報告することができませんでした。このように，同じように耳に入ってくる情報であっても，追唱のために注意を向ける場合と，注意を向けず無視した場合とでは，内容を報告できるまでに処理をされた情報となるかどうかが異なります。ただし，内容を報告できないという意味では処理がなされていないといえますが，音声情報が女性の声から男性の声に変わったり，途中で純音が提示されたりといった変化には実験参加者は気づくことができ，処理がまったくなされていないわけではないことも明らかにされています。

　このような実験結果に基づくと，注意とは情報の取捨選択機能ということになります。ただし，情報の取捨選択が処理のどの段階で行われているかには以下に紹介するように諸説あります。

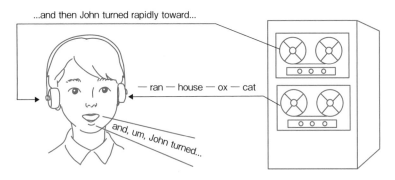

図 10.1　**両耳分離聴**（Lindsey & Norman, 1977 中溝ら訳 1984）
両耳分離聴の実験の様子。片耳ずつ異なる音声を聞きながら，指定された側の音声を追唱します。

10.1.3　初期選択説（ブロードベントのフィルター理論）

　ブロードベント（Broadbent, 1958）によるフィルター理論では，感覚器に入力された刺激のうち，特定のもののみを通すフィルターの存在が想定されています。彼の理論では，刺激の物理的特性の処理の直後に注意が介入すると考えられており，このことから初期選択理論とも呼ばれています。この理論は後述するモレイらによって批判されますが，その後，トリーズマン（Treisman, 1960）による減衰説の提案によって，修正されつつも支持されます。ブロードベントのフィルター理論では，フィルターは不要な情報を遮断してしまうのに対し，トリーズマンの減衰説ではフィルターは注意を向けられていない刺激の強度を減衰させる機能を持つと考えられています。

10.1.4　後期選択説（ドイッチとドイッチの選択的反応説）

　モレイ（Moray, 1959）は両耳分離聴課題において，実験参加者が注意を向けていない側の耳に実験参加者の氏名を音声挿入したところ，30％程度の参加者は自分の名前が提示されたことに気づくという結果を得ました。このことから，左右の耳に入力された情報は意味処理段階まで同時並行で処理が進行した後，反応のために必要な情報を選択する際に注意が介入すると考えられます。このような注意のとらえ方を，情報の処理の比較的後ろのほうの段階で注意が働いているという意味で，後期選択説といいます（Deutsch & Deutsch, 1963）。

10.2　選択的注意

10.2.1　注意のスポットライト

　視野の中の特定の位置に注意を向けることで，その位置にある情報の処理を促進させることができます。このような注意の機能はスポットライトあるいはズームレンズに例えられ，説明されてきました。

　私たちは視線の方向とは異なる視野の特定の位置に注意を向けることができます。たとえばサッカーやバスケットボールで相手にフェイントをかけるときに，ある方向に視線を向けながら，別の方向にいる味方にパスを出すことがで

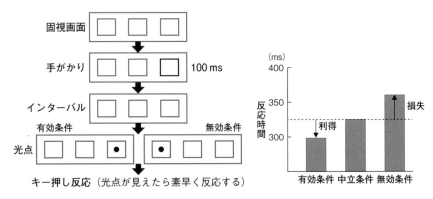

図 10.2　**先行手がかり法**

先行手がかり法の実験手続きと結果。光点の検出課題において，手がかりが出現しない中立条件と比較して，有効条件の場合には反応時間が速く，無効条件の場合には反応時間が遅くなります。

きます。このように，視線と独立に動いて，ある範囲の情報だけを選択する注意があります。これを実験的に明らかにしたのがポズナー（Posner, 1980）です。

　彼の研究では，実験参加者の注意を誘導する手がかりを時間的に先んじて提示する先行手がかり法と呼ばれる方法が用いられました。この実験では，実験参加者は画面の中央に出現する点を凝視した後，左右のいずれかに出現するターゲットが出現したらできるだけ速く手元のボタンを押すように求められました（図 10.2）。このとき，ターゲットが出現する場所と同じ位置に前もって手がかりが与えられる先行手がかり有効条件と，ターゲットとは異なる位置に手がかりが与えられる先行手がかり無効条件，先行手がかりが提示されない統制条件とがありました。結果として，有効条件では統制条件や無効条件よりも反応時間が短く，無効条件は統制条件や有効条件よりも反応時間が長くなることが示されました。有効条件と統制条件との反応時間の差は先行手がかりによって注意がターゲットのある位置に向けられたために生じたことから利得（benefit）と呼ばれ，無効条件と統制条件との反応時間の差は先行手がかりによりターゲットとは別の位置に注意が向けられたために遅延が生じたことから損失

（cost）と呼ばれています。

　また，注意はズームレンズのように，その大きさを変えることができるという説明もあります。ラベルジュ（LaBerge, 1983）の実験では，実験参加者は提示される5文字からなる単語に対して，カテゴリー判断課題と，3文字目のアルファベットは何かを答える文字判断課題の2種類を行いました。カテゴリー判断課題では単語全体に注意を向ける必要があり，文字判断課題では単語の一部分だけに注意を向けることで解答が可能でした。また，単語提示直後に，いずれかの文字の位置に刺激が提示され，刺激に気づいたらできるだけ速く反応するよう教示されました。こうすることで，単語全体に注意を向けている場合と，単語の中央にのみ注意を向けている場合とでの反応の違いを調べることができました。結果として，カテゴリー判断課題の場合では，文字のどの位置に刺激が出ても反応時間に差はなく，文字判断課題の場合では中央に提示された刺激への反応が単語の端の位置に出現した刺激への反応よりも有意に速いことが示されました。このことから，注意の範囲は必要に応じて調節することが可能であると示唆されました。

10.2.2　視覚探索

　注意の理論の説明で述べたように，私たちは受け取った情報の中から特定のものだけに反応しています。日常場面では，たとえば人波の中から友人を探し出すといったような，多くの似ているものの中から特定のものだけを見つけ出すということをしばしば行っていて，これを視覚探索といいます。その際，1つの特徴だけでターゲットを見つける場合を特徴探索といい，複数の特徴が組み合わされた条件のもとでターゲットを見つける場合を結合探索といい，両者の難易度は異なります（5.5.2項参照）。単純な例を挙げると，丸がたくさん書かれた図の中から四角を見つけ出すのは容易です。しかしながら，赤色の丸や青色の四角などがたくさん書かれた図形の中から，青色の丸を見つけ出すのには時間がかかります。特徴探索の場合は妨害刺激が増えても探索時間に影響はありませんが，結合探索の場合は妨害刺激が多くなると時間がかかることが示されています。

10.2.3　特徴統合理論

　視覚探索の課題から得られる知見は，トリーズマンとゲラード（Treisman & Gelade, 1980）によって提案された**特徴統合理論**とも合致しています（5.5.2項参照）。この理論には，物体認識は2つの段階を経て進むというアイディアが含まれています。第1段階では，色や傾きといった物体の視覚的特性が並列的に分析されます。第2段階では，分析された特徴が1つの物体として結合されます。この特徴を統合する段階において注意が介入すると考えられています。この段階の処理は直列的なので，時間がかかると考えられています。そのため，複数の特徴を結びつけてターゲットを見つけ出さなければならない結合探索課題においては，妨害刺激が多くなるとターゲットの探索に時間がかかるのです（図10.3）。

　注意が向けられていない場合や適合する知識がない場合には，分析された特徴がランダムに結合されることがあります。特徴が間違って結合されることを

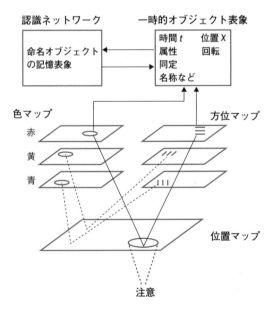

図10.3　特徴統合理論の概念図（Treisman & Gormican, 1998）
色と傾きでターゲットが定義されている結合探索において，それぞれの特徴が空間的に抽出され，特徴マップ上に符号化されたのち，選択的注意によって結合されます。

結合錯誤といいます。

10.2.4　ストループ効果

　普段の生活の中で私たちが見るものは色や形，それが意味するものなど，さまざまな特徴を兼ね備えています。そのため，ある特徴のみに注意を向け，それ以外を無視しようとしても，不要な情報が自動的に処理されることで注意に影響することがあります。不要な情報による注意への影響を干渉といいます。これを示すものとして，ストループ課題が挙げられます（Stroop, 1935）。ストループ課題では，たとえば「あお」という文字が赤いインクで書かれているような，色の名前を異なる色のインクで書いた刺激が用いられています。実験参加者の課題は，文字の意味を無視しつつ文字が何色で書かれているかをできるだけ速く答えるという色命名課題です。統制条件は四角形を上記と同じ色で塗ったものであり，実験の結果，言葉が示す色とインクの色とがちぐはぐな条件のほうが，反応時間が長くなることがわかりました。これはストループ効果と呼ばれます。

10.3　不　注　意

10.3.1　復　帰　抑　制

　ポズナーとコヘン（Posner & Cohen, 1984）は先行手がかり課題を用いて実験を行ったところ，手がかりが出現してターゲットが出現するまでの時間間隔（stimulus onset asynchrony; SOA）が 300 ms 以内だと同じ位置に出現するターゲットへの反応時間が短くなりました。一方で，SOA が 300 ms より長くなると手がかりと同じ位置に出現するターゲットへの反応時間は長くなりました。このように，一度注意を向けた場所に再度注意を向けることが困難になる現象を復帰抑制（inhibition of return; IOR）といいます。

10.3.2　注意の瞬き

　注意には，空間的な限界だけでなく時間的な限界があることが示されていま

す。同じ位置に複数の刺激を1秒間に10個程度の割合で素早く連続して提示
する RSVP（Rapid Serial Visual Presentation；高速逐次視覚提示）という刺激
提示方法があります。たとえば妨害刺激であるアルファベットが連続提示され
る中に，ターゲットである数字を2つ挿入し，実験参加者に2つのターゲット
を報告するよう求めます。この課題において，先行するターゲットは正確に報
告できる一方で，後続するターゲットは見落とされることが示されました。こ
の現象を注意の瞬き（attentional blink）といいます（Broadbent & Broadbent,
1987; Raymond et al., 1992）。注意の瞬きは先行ターゲットと後続ターゲットの
提示間隔が約200〜300 ms 付近の場合に生じ，約500〜700 ms より間隔が空
くと生じなくなるとされています。また，先行ターゲットの直後に出現する場
合には見落としがなくなる現象も報告されています（Potter et al., 1998；図
10.4）。

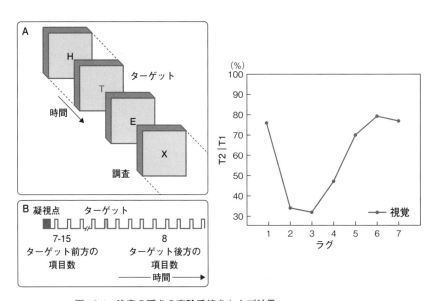

図 10.4　**注意の瞬きの実験手続きおよび結果**
(Broadbent & Broadbent, 1987; Potter et al., 1998)
先行ターゲット（T1）正答時の T2 の正答率をグラフにしたもの。結果のグラフはブロー
ドベントらの実験を改変したポッターらの文献より。

10.3.3　変化の見落とし

　あなたは周りの変化によく気づくことができると思いますか。自分では対象をよく見ているつもりでも，その変化に気づかないことがあります。また，後から考えると見落としようのない大きな変化でも気づかないことがあります。これを変化の見落とし（change blindness）といいます。レンシンクら（Rensink et al., 1997）は，一部だけ変化を加えた2枚の写真を，ブランクを挟みながら繰返し提示するフリッカーパラダイムを用いて変化検出実験を行いました（図10.5）。変化の種類としては，物体の消失，色の変化，物体の移動が挙げられます。

　変化検出の有名な実験に，バスケットボールのパス回しの動画の中で，着ぐ

コラム 10.1　視覚探索

　マーティン・ハンドフォードによる『ウォーリーをさがせ！』という絵本は，ページの中からウォーリーをはじめとする登場人物や動物，巻物を探すというもので，1987年に出版されて現在に至るまで，多くのファンから支持されています。また，ジーン・マルゾーロとウォルター・ウィックによる『ミッケ！』は見開きページに描かれた絵の中から，文章で示しているものを探す絵本です。こちらも人気のあるシリーズで，2021年現在で累計900万部を突破しています。いずれの絵本も特定の人物やものを探すという単純なものですが，多くの人々から人気を得ています。

　このように，多くの妨害刺激の中から特定のターゲットを見つけることを視覚探索といいます。その中でも，1つの特徴に基づいて見つける場合は特徴探索，複数の特徴の組合せの中から見つける場合は結合探索といい，結合探索のほうが課題としては困難です。『ウォーリーをさがせ！』では，赤と白のボーダーのシャツを着たウォーリーを探そうとすると，同じような服装の人や縞模様の敷物や傘を持った人があちこちにいるので見つけるのに時間がかかります。

　上記の絵本が子どもだけでなく大人でも楽しめる要因には，この視覚探索の難しさと，時間をかければ誰でも変化を見つけることがあるためだと考えられます。

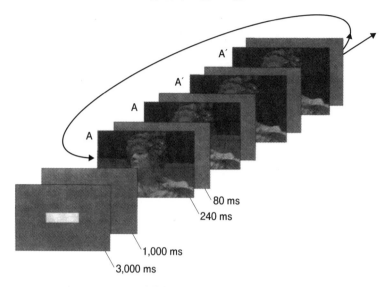

図 10.5　変化検出 (Rensink et al., 1997)
２枚の写真がブランクを挟んで提示されるフリッカー法。図の実験では，60 秒間でオリ
ジナルの A の画像と修正された B の画像とが灰色の画面を挟み２回ずつ交互に提示され
ます。

るみのゴリラが出現するというものがあります。特定の色のユニフォームを着
ている人物たちのパスの回数を数えるよう教示すると，そちらに注意が向くた
めに，目立つはずの刺激に気づくことができないことが示されています
(Simons & Chabris, 1999)。

　その他にも，より日常に近い場面として，実験者が通行人に道を尋ねている
際に，大きな板を運んでいる人物がその間を横切り，実験者が入れ替わるとい
う実験があります。その際も，道を尋ねられた通行人は人物の入れ替わりに気
づかず，会話を続けるということが示されました (Simons & Levin, 1998)。

10.4　注意の障害

10.4.1　半側空間無視

　右の頭頂葉や運動前野の障害から，視野の左側の空間を無視してしまう症状

のことを**半側空間無視**といいます（2.3.7 項，**コラム 2.2** 参照）。半側空間無視
を確認するための課題として，星印抹消課題と線分二等分課題が挙げられます。
星印抹消課題は，A4 サイズの用紙にサイズの異なる星印や文字がちりばめら
れており，その中から小さい星にペンで印をつけるという内容です。半側空間
無視患者がこの課題を行うと，A4 用紙の右半分にある星だけに印をつけて終
わってしまい，左半分にある星にはまったく印がつきません。また，線分二等
分課題では，A4 サイズの用紙に 3 種類の長さの直線が引かれており，それぞ
れの線分の真ん中だと思う箇所に印をつけるように求められます。この課題に
おいて半側空間無視患者は，線分の右側寄りの箇所に印をつけます。いずれの
課題でも，患者は頭や目を自由に動かしてもいいため，刺激は視野の中に必ず
含まれることになります。日常の場面では，食事の際にお皿に盛られたおかず
の左半分を残したり，身支度を整えようとしたときに顔の左半分はひげを剃ら
ないあるいは化粧をしないということが起こったりします。また，何かの絵を
描こうとしても，対象の左半分を描かないといったこともあります。

コラム 10.2　変化の見落としの実験

　皆さんは，間違い探しは得意でしょうか。2つの絵が横並びに並んでいて，いくつかの間違いがあることは明白に提示されているにもかかわらず，すべて見つけ出すのには時間がかかります。このように，部分的に異なる2つの刺激を見たときに，その変化に気づきにくい現象のことを変化の見落としといいます（10.3.3 項参照）。

　ここでは，スマートフォンを使って本文中で紹介した変化の見落とし課題の難しさを体験してみたいと思います。授業中ならば，近くの人とペアを作ったりグループを作ったりしてから実施してみましょう。

　まずは，実験刺激として，2枚の写真を準備します。写真を撮るときに，1カ所だけ何かを増やしたり減らしたりして変化させておきます。それらの写真の間に真っ黒な画像を挟みながら，交互に入れ替えてみてください（図 10.6）。お互いが作成した刺激の変化に気づくことはできるでしょうか？　また，変化に気づきやすい場合と変化に気づきにくい場合とがあるか，あるとすればどのような条件（刺激の大きさや場所，変化対象の文脈としての重要性）のときに変化に気づきやすいかを考察してみるのも面白いのではないかと思います。

　多くの場合は，私たちは変化に気づくことができるという考えを抱きますが，そのような予想は簡単に覆されます。このように，変化の見落としについての自覚がないことを変化の見落としの見落としといいます。実験前に，変化を見つけられる自信があるかどうかも合わせて尋ねてみてもいいでしょう。

図 10.6　実験刺激の例
間に何もない画像を 1 枚挟むようにします。

復 習 問 題

1. 注意の初期選択説と後期選択説とは何か説明してください。
2. 選択的注意の実験にはどのようなものがあるか挙げてください。

参 考 図 書

河原 純一郎・横澤 一彦（2015）．注意──選択と統合──　勁草書房

　注意に関する古典的な研究から最先端の研究まで網羅された専門書。

**熊田 孝恒（2012）．マジックにだまされるのはなぜか──「注意」の認知心理学──
　化学同人**

　マジックと人間の認知機能を関連づけ，さまざまな注意現象について説明された，初学者でも読みやすい入門書。

引用文献

第1章

Andreassi, J. L.（2000）．*Psychophysiology: Human behavior and physiological response*（4th ed.）. Mahwah, NJ: Lawrence Erlbaum.

Bradley, M. M., Miccoli, L., Escrig, M. A., & Lang, P. J.（2008）．The pupil as a measure of emotional arousal and autonomic activation. *Psychophysiology, 45*（4）, 602-607.

Fukuda, K., & Matsunaga, K.（1983）．Changes in blink rate during signal discrimination tasks. *Japanese Psychological Research, 25*, 140-146.

Fukuda K., Stern, J. A., Brown, T. B., & Russo, M. B.（2005）．Cognition, blinks, eye-movements, and pupillary movements during performance of a running memory task. *Aviation, Space, and Environmental Medicine, 76*（7）, Section 2, C75-C85.

福田 恭介・早見 武人・志堂寺 和則・松尾 太加志（2008）．英語・アラビア数字の奇数・偶数弁別課題における瞬目潜時と反応時間　第26回日本生理心理学会発表要旨集　p.129

福田 恭介・水口 美咲・松尾 太加志・志堂寺 和則・早見 武人（2021）．「喉まで出かかっている」ときの瞬目の抑制と発生　心理学研究, *92*（2），122-128.

Gregory, R. L.（1997）．*Eye and brain: The psychology of seeing*（5th ed.）. Princeton University Press.
　　　（グレゴリー，R. L.　近藤 倫明・中溝 幸夫・三浦 佳世（訳）（2001）．脳と視覚――グレゴリーの視覚心理学――　ブレーン出版）

Hess, E. H., & Polt, J. M.（1960）．Pupil size as related to interest value of visual stimuli. *Science, 132*, 349-350.

堀 忠雄（2008）．生理心理学――人間の行動を生理指標で測る――　培風館

Kahneman, D., & Beatty, J.（1966）．Pupil diameter and load on memory. *Science, 154*（3756）, 1583-1585.

松田 壮一郎（2016）．シリーズ・脳とニューロン 第1回　ニュートン，4月号，66-79.

宮内 哲（2013）．脳を測る――改訂 ヒトの脳機能の非侵襲的測定――　心理学評論, *56*（3），414-454.

宮内 哲・星 詳子・菅野 巖・栗城 眞也（著）徳野 博信（編）（2016）．脳のイメージング　共立出版

文部科学省（2006）．研究機関等における動物実験等の実施に関する基本指針（https://www.mext.go.jp/b_menu/hakusho/nc/06060904.htm）

森 久美子・福田 恭介・松尾 太加志・志堂寺 和則・早見 武人（2014）．感情語提示時における大学生の瞳孔反応と抑うつ・不安との関連　福岡県立大学人間社会学部紀要, *23*（2），33-44.

入戸野 宏（2016）．心理生理学の情報　大阪大学大学院人間科学研究科認知心理生理学研究室　Retrieved from http://cplnet.jp/index.php?Psychophysiology

Pinel, L.（2002）．*Biopsychology*（5th ed.）. Boston, MA: Allyn & Bacon.
　　　（ピネル，L.　佐藤 敬・若林 孝一・泉井 亮・飛鳥井 望（訳）（2005）．ピネル バイオサイコロジー――脳―心と行動の神経科学――　西村書店）

Ridder, W. H., & Tomlinson, A.（1997）．A comparison of saccadic and blink suppression in normal observers. *Vision Research, 37*（22）, 3171-3179.

Stern, J. A.（1964）．Toward a definition of psychophysiology. *Psychophysiology, 1*, 90-91.

田多 英興・山田 冨美雄・福田 恭介（編著）（1991）．まばたきの心理学――瞬目行動の研究

を総括する―― 北大路書房

第2章

Azouvi, P., Bartolomeo, P., Beis, J-M., Perennou, D., Pradat-Diehl, P., & Rousseaux, M. (2006). A battery of tests for the quantitative assessment of unilateral neglect. *Restorative Neurology and Neuroscience, 24*, 273-285.

言語障害者の社会参加を支援するパートナーの会　和音（編）（2008）．改訂　失語症の人と話そう――失語症の理解と豊かなコミュニケーションのために――　中央法規

Geschwind, N.（1975）．The apraxias: Neural mechanisms of disorders of learned movement. *American Scientist, 63*, 188-195.

Goodglass, H.（1993）．*Understanding aphasia.* New York: Academic Press.

Heilman, K. M., Maher, L. M., Greenwald, M. L., & Rothi, L. J. G.（1997）．Conceptual apraxia from lateralized lesions. *Neurology, 49*, 457-464.

Heilman, K. M., Watson, R. T., & Valenstein, E.（1993）．Neglect and related disorders. In K. M. Heilman, & E. Valenstein（Eds.）, *Clinical neuropsychology*（3rd ed.）．New York: Oxford University Press.

東山 雄一・武田 克彦（2009）．失行症　*Journal of Clinical Rehabilitation, 18*, 806-812.

石合 純夫（2008）．半側空間無視へのアプローチ　高次脳機能研究, *28*, 247-256.

石合 純夫（2012）．高次脳機能障害学　第2版　医歯薬出版

石合 純夫・杉下 守弘・李 英愛・綿引 定清・中山 貴裕・小寺 実（1993）．失書における文字書き下し過程――角回性失読失書, 頭頂葉性純粋失書各1例の検討――　失語症研究, *13*, 264-271.

Lezak, M. D., Howieson, D. B., & Loring, D. W.（2004）．*Neuropsychological assessment*（4th ed.）．New York: Academic Press.

Liepmann, H.（1920）．Apraxia. *Ergebnisse der Gesamten Medizin, 1*, 516-543.

Lissauer, H.（1890）．Ein Fall von Seelenblindheit nebst einem Beitrage zur Theorie derselben. *Archiv für Psychiatrie und Nervenkrankheiten, 21*, 222-270.
　（リサウアー, H.　波多野 和夫・浜中 淑彦（訳）（1982）．精神盲の1症例とその論理的考察（第1回）　精神医学, *24*, 93-106.）

Maeshima, S., Truman, G., Smith, D. S., Dohi, N., Itakura, T., & Komai, N.（1997）．Functional outcome following thalamic haemorrhage: Relationship between motor and cognitive function and ADL. *Disability and Rehabilitation, 19*, 459-464.

三村 將（2002）．高次脳機能障害とその問題点――精神科の立場から――　失語症研究, *22*, 185-193.

中島 恵子（2009）．理解できる高次脳機能障害　三輪書店

中楚 聡美・斉藤 秀之（2014）．高次脳機能障害――半側空間無視――　リハビリナース, *7*, 258-260.

大橋 正洋（2002）．一般用語になりつつある高次脳機能障害　失語症研究, *22*, 194-199.

太田 久晶（2010）．視覚失認――3つのタイプによる症状区分とそれぞれの責任領域について――　高次脳機能研究, *30*, 271-276.

太田 久晶・石合 純夫（2010）．半側空間無視についてのオーバービュー　*Journal of Clinical Rehabilitation, 19*, 1018-1024.

Polster, M. R., & Rose, S. B.（1998）．Disorders of auditory processing: Evidence for modularity in audition. *Cortex, 34*, 47-65.

Riddoch, M. J., & Humphreys, G. W.（1987）．A case of integrative visual agnosia. *Brain, 110*,

1431-1462.

Sakurai, Y., Takeuchi, S., Takada, T., Horiuchi, E., Nakase, H., & Sakuta, M.（2000）. Alexia caused by a fusiform or posterior inferior temporal lesion. *Journal of the Neurological Science, 178*, 42-51.

関田 杏美・斉藤 秀之（2014）. 高次脳機能障害（1）失語　リハビリナース, *7*, 252-254.

Sohlberg, M. M., & Mateer, C. A.（1986）. *Attention process training.* Washington, DC: Association for Neuropsychological Research and Development.

Squire, L. R.（1987）. *Memory and brain.* New York: Oxford University Press.

鈴木 寿夫・酒田 英夫（編）（1988）. 新生理科学体系 12──高次脳機能の生理学──　医学書院

東京都高次脳機能障害者実態調査研究会（2000）. 平成 11 年度高次脳機能障害者実態調査報告書　東京都衛生局医療計画部医療計画課

豊倉 譲（2009）. 遂行機能障害　*Journal of Clinical Rehabilitation, 18*, 790-798.

渡辺 雅彦（2008）. みる見るわかる脳・神経科学入門講座（後編）──はじめて学ぶ, 情報伝達の制御と脳の機能システム──　改訂版　羊土社

第 3 章

Boring, E. G., Langfeld, H. S., & Weld, H. P.（Eds.）.（1959）. *Foundations of psychology*（Modern Asia ed.）. Tokyo: Charles E. Tuttle.（Original work published 1948, New York: John Wiley & Sons.）

Fechner, G. T.（1966）. *Elements of psychophysics.*（Vol. 1, H. E. Adler, Trans.）New York: Holt, Rinehart & Einston.（Original work published 1860）

Green, D. M., & Swets, J. A.（1974）. *Signal detection theory and psychophysics.* New York: Robert E. Krieger.（Original work published 1966, New York: John Wiley & Sons.）

Macmillan, N. A., & Creelman, C. D.（2004）. *Detection theory: A user's guide*（2nd ed.）. Routledge.

日本工業標準調査会（2004）. 官能評価分析─用語　JIS Z 8144：2004　日本規格協会

Stevens, S. S.（1948）. Sensation and psychological measurement. In E. G. Boring, H. S. Langfeld, & H. P. Weld（Eds.）, *Foundations of psychology*（pp.250-268）. New York: John Wiley & Sons.

Stevens, S. S.（2008）. *Psychophysics: Introduction to its perceptual, neural, and social prospects.* NJ: Transaction.（Original work published 1975, New York; John Wiley & Sons.）

第 4 章

Berson, D. M., Dunn, F. A., & Takao, M.（2002）. Phototransduction by retinal ganglion cells that set the circadian clock. *Science, 295*, 1070-1073.

Dacey, D., & Lee, B. B.（1994）. The 'blue-on' opponent pathway in primate retina originates from a distinct bistratified ganglion cell type. *Nature, 367*, 731-735.

福田 淳・佐藤 宏道（2002）. 脳と視覚──何をどう見るか──　共立出版

Hecht, S., Haig, C., & Chase, A. M.（1937）. The influence of light adaptation on subsequent dark adaptation of the eye. *Journal of General Physiology, 20*（6）, 831-850.

Hubel, D. H.（1988）. *Eye, brain, and vision.* New York: W. H. Freeman.

Hubel, D. H., & Wiesel, T. N.（1959）. Receptive fields of single neurones in the cat's striate cortex. *The Journal of Physiology, 148*（3）, 574-591.

Hubel, D. H., & Wiesel, T. N.（1968）. Receptive fields and functional architecture of monkey striate cortex. *The Journal of Physiology, 195* (1), 215-243.

池田 光男 (1988). 眼はなにをみているか──視覚系の情報処理── 平凡社

Livingstone, M., & Hubel, D. H. (1988). Segregation of form, color, movement, and depth: Anatomy, physiology, and perception. *Science, 240* (4853), 740-749.

Riggs, L. A., Ratliff, F., Cornsweet, J. C., & Cornsweet, T. N. (1953). The disappearance of steadily fixated visual test objects. *Journal of the Optical Society of America, 43* (6), 495-501.

Rovamo, J., Virsu, V., & Nasanen, R. (1978). Cortical magnification factor predicts the photopic contrast sensitivity of peripheral vision. *Nature, 271*, 54-56.

篠田 博之・藤枝 一郎 (2007). 色彩工学入門──定量的な色の理解と活用── 森北出版

Spillmann, L. (1994). The Hermann grid illusion: A tool for studying human perceptive field organization. *Perception, 23* (6), 691-708.

Tong, F., Nakayama, K., Vaughan, J. T., & Kanwisher, N. (1998). Binocular rivalry and visual awareness in human extrastriate cortex. *Neuron, 21* (4), 753-759.

Xu, X., Ichida, J. M., Allison, J. D., Boyd, J. D., Bonds, A. B., & Casagrande, V. A. (2001). A comparison of koniocellular, magnocellular and parvocellular receptive field properties in the lateral geniculate nucleus of the owl monkey (*Aotus trivirgatus*). *The Journal of Physiology, 531* (1), 230-218.

Yamakawa, T., Tsujimura, S., & Okajima, K. (2019). A quantitative analysis of the contribution of melanopsin to brightness perception. *Scientific Reports, 9*, 7568.

第5章

Biederman, I. (1987a). Recognition-by-components: A theory of human image understanding. *Psychological Review, 94*, 115-147.

Biederman, I. (1987b). Matching image edges to object memory. In *Proceedings of the first international conference on computer vision* (pp.384-392). IEEE Computer Society, 384-392.

Fraser, J. (1908). A new visual illusion of direction. *British Journal of Psychology, 2* (3), 307.

Gibson, J. J. (1950). *The perception of the visual world.* Houghton Mifflin.

Gregory, R. L., & Heard, P. (1979). Border locking and the Café Wall illusion. *Perception, 8* (4), 365-380.

Idesawa, M. (1991). "Perception of illusory solid object with binocular viewing." In *Proceedings IJCNN-91 Seattle International Joint Conference of Neural Networks* (Seattle, WA), Vol.II, A-943.

Ito, H. (2012). Cortical shape adaptation transforms a circle into a hexagon: A novel afterimage illusion. *Psychological Science, 23* (2), 126-132.

Kitaoka, A. (1998). Apparent contraction of edge angles. *Perception, 27*, 1209-1219.

Kitaoka, A., Pinna, B., & Brelstaff, G. (2001). New variations of spiral illusions. *Perception, 30*, 637-646.

Kitaoka, A. (2007). Tilt illusions after Oyama (1960): A review. *Japanese Psychological Research, 49* (1), 7-19.

Marr, D., & Nishihara, H. K. (1978). Representation and recognition of the spatial organization of three-dimensional shapes. *Proceedings of the Royal Society of London. Series B, Biological Sciences, 200* (1140), 269-294.

Metelli, F. (1974). The perception of transparency. *Scientific American, 230* (4), 90-99.

Münsterberg, H.（1897）. Die verschobene Schachbrettfigur. *Zeitschrift für Psychologie und Physiologie der Sinnesorgane, 15*, 184-188.

Naito, S., & Cole, J.B.（1994）. The gravity lens illusion and its mathematical model. In G. H, Fischer, & D. Laming（Eds.）, *Contributions to mathematical psychology, psychometrics, and methodology*（pp.39-50）. New York: Springer.

Pinna, B., & Brelstaff, G. J.（2000）. A new visual illusion of relative motion. *Vision Research, 40*, 2091-2096.

Rubin, E.（1915）. *Synsoplevede figurer: Studier i psykologisk Analyse*. Første Del. Copenhagen and Christiania: Gyldendalske Boghandel, Nordisk Forlag.

Takahashi, K.（2017）. Curvature blindness illusion. *I-Perception*. doi:10.1177/2041669517742178

Treisman, A. M., & Gelade, G.（1980）. A feature-integration theory of attention. *Cognitive Psychology, 12*（1）, 97-136.

Wagemans, J., Elder, J. H., Kubovy, M., Palmer, S. E., Peterson, M. A., Singh, M., & von der Heydt, R.（2012）. A century of Gestalt psychology in visual perception: I. Perceptual grouping and figure-ground organization. *Psychological Bulletin, 138*（6）, 1172-1217.

第6章

von Békésy, G.（1960）. *Experiments in hearing*（E. G. Wever, Ed. & Trans.）. New York: Acoustical Society of America.

Bregman, A. S.（1990）. *Auditory scene analysis: The perceptual organization of sound*. Cambridge, MA: MIT Press.

Brownell, W. E.（1983）. Observations on a motile response in isolated outer hair cells. In W. R. Webster, & L. M. Aitkin（Eds.）, *Mechanisms of hearing*（pp.5-10）. Clayton, Victoria, Australia: Monash University Press.

Brownell, W. E., Bader, C. R., Bertrand, D., & de Ribaupierre, Y.（1985）. Evoked mechanical responses of isolated cochlear outer hair cells. *Science, 227*（4683）, 194-196.

Cooper, N. P., Vavakou, A., & van der Heijden, M.（2018）. Vibration hotspots reveal longitudinal funneling of sound-evoked motion in the mammalian cochlea. *Nature Communications, 9*（1）. doi: 10.1038/s41467-018-05483-z

Durlach, N. I., Mason, C. R., Kidd, G. Jr., Arbogast, T. L., Colburn, H. S., & Shinn- Cunningham, B. G.（2003）. Note on informational masking（L）. *The Journal of the Acoustical Society of America, 113*（6）, 2984-2987.

Durrant, J. D., & Lovrinic, J. H.（1995）. *Bases of hearing science*（3rd ed.）. Baltimore: Williams & Wilkins.

Fletcher, H.（1940）. Auditory patterns. *Reviews of Modern Physics, 12*（1）, 47-65.

Glasberg, B. R., & Moore, B. C. J.（1990）. Derivation of auditory filter shapes from notched-noise data. *Hearing Research, 47*（1）, 103-138.

Handel, S.（1989）. *Listening: An introduction to the perception of auditory events*. Cambridge, MA: The MIT Press.

Iida, K., Itoh, M., Itagaki, A., & Morimoto, M.（2007）. Median plane localization using a parametric model of the head-related transfer function based on spectral cues. *Applied Acoustics, 68*（8）, 835-850.

Klumpp, R. G., & Eady, H. R.（1956）. Some measurements of interaural time difference thresholds. *The Journal of the Acoustical Society of America, 28*（5）, 859-860.

Lee, H. Y., Raphael, P. D., Park, J., Ellerbee, A. K., Applegate, B. E., & Oghalai, J. S.（2015）.

Noninvasive in vivo imaging reveals differences between tectorial membrane and basilar membrane traveling waves in the mouse cochlea. *Proceedings of the National Academy of Sciences, 112* (10), 3128.

Macpherson, E. A., & Middlebrooks, J. C. (2002). Listener weighting of cues for lateral angle: The duplex theory of sound localization revisited. *The Journal of the Acoustical Society of America, 111* (5), 2219-2236.

Mammano, F., & Ashmore, J. F. (1993). Reverse transduction measured in the isolated cochlea by laser Michelson interferometry. *Nature, 365* (6449), 838-841.

Mayer, A. M. (1876). LXI. Researches in acoustics. *The London, Edinburgh, and Dublin Philosophical Magazine and Journal of Science, 2* (14), 500-507.

Møller, A. R. (2013). *Hearing: Anatomy, physiology, and disorders of the auditory system.* San Diego, CA: Plural Publishing.

Moore, B. C. J., & Glasberg, B. R. (1983). Suggested formulae for calculating auditory-filter bandwidths and excitation patterns. *The Journal of the Acoustical Society of America, 74* (3), 750-753.

Olson, E. S., & Strimbu, C. E. (2020). Cochlear mechanics: New insights from vibrometry and optical coherence tomography. *Current Opinion in Physiology, 18,* 56-62.

Patterson, R. D. (1976). Auditory filter shapes derived with noise stimuli. *The Journal of the Acoustical Society of America, 59* (3), 640-654.

Pickles, J. O. (2013). *An introduction to the physiology of hearing* (4th ed.). Leiden: Brill.

Plack, C. J. (2018). *The sense of hearing* (3rd ed.). Abingdon, Oxon: Routledge.

Pollack, I. (1975). Auditory informational masking. *The Journal of the Acoustical Society of America, 57* (S1), S5-S5.

Raykar, V. C., Duraiswami, R., & Yegnanarayana, B. (2005). Extracting the frequencies of the pinna spectral notches in measured head related impulse responses. *The Journal of the Acoustical Society of America, 118* (1), 364-374.

Rayleigh, L. (1907). XII. On our perception of sound direction. *The London, Edinburgh, and Dublin Philosophical Magazine and Journal of Science, 13* (74), 214-232.

Rhode, W. S. (1971). Observations of the vibration of the basilar membrane in squirrel monkeys using the mössbauer technique. *The Journal of the Acoustical Society of America, 49* (4B), 1218-1231.

Rose, J. E., Brugge, J. F., Anderson, D. J., & Hind, J. E. (1967). Phase-locked response to low-frequency tones in single auditory nerve fibers of the squirrel monkey. *Journal of Neurophysiology, 30* (5), 69-793.

Rose, J. E., Brugge, J. F., Anderson, D. J., & Hind, J. E. (1968). Patterns of activity in single auditory nerve fibres of the squirrel monkey. In A. V. S. de Reuck, & J. Knight (Eds.), *Hearing mechanisms in vertebrates* (pp.144-168). London: Churchill.

Ruggero, M. A., Rich, N. C., Recio, A., Narayan, S. S., & Robles, L. (1997). Basilar membrane responses to tones at the base of the chinchilla cochlea. *The Journal of the Acoustical Society of America, 101* (4), 2151-2163.

Scharf, B. (1964). Partial masking. *Acustica, 14,* 16-23.

Schnupp, J., Nelken, I., & King, A. J. (2011). *Auditory neuroscience: Making sense of sound.* Cambridge, MA: MIT Press.

生物音響学会（編）(2019). 生き物と音の事典　朝倉書店

Watson, C. S. (1987). Uncertainty, informational masking, and the capacity of immediate auditory memory. In W. A. Yost, & C. S. Watson（Eds.）, *Auditory processing of complex sounds*（pp.267-277）. Mahwah, NJ: Lawrence Erlbaum.

Wegel, R. L., & Lane, C. E.（1924）. The auditory masking of one pure tone by another and its probable relation to the dynamics of the inner ear. *Physical Review, 23*, 266-285.

Yasin, I., & Plack, C. J.（2003）. The effects of a high-frequency suppressor on tuning curves and derived basilar-membrane response functions. *The Journal of the Acoustical Society of America, 114*（1）, 322-332.

Zwicker, E., Flottorp, G., & Stevens, S. S.（1957）. Critical band width in loudness summation. *The Journal of the Acoustical Society of America, 29*（5）, 548-557.

第 7 章

Chiba, T., & Kajiyama, M.（1942）. *The vowel: Its nature and structure.* Tokyo: Tokyo-Kaiseikan.

Ching, T. Y. C., Dillon, H., Button, L., Seeto, M., Van Buynder, P., Marnane, V., ...Leigh, G.（2017）. Age at intervention for permanent hearing loss and 5-year language outcomes. *Pediatrics, 140*（3）, e20164274. doi: 10.1542/peds.2016-4274

Denes, P. B., & Pinson, E. N.（1993）. *The speech chain: The physics and biology of spoken language*（2nd ed.）. New York: Freeman.

Derrick, D., Hansmann, D., & Theys, C.（2019）. Tri-modal speech: Audio-visual-tactile integration in speech perception. *The Journal of the Acoustical Society of America, 146*（5）, 3495-3504.

de Saussure, F.（1916）. *Cours de linguistique générale.* Paris: Payot & Rivages.
（ド・ソシュール，F. 町田 健（訳）（2016）. 新訳 ソシュール一般言語学講義 研究社）

de Saussure, F.（1959）. *Course in general linguistics*（W. Baskin, Trans.）. New York: McGraw-Hill.（Original work published 1916, Paris: Payot & Rivages）

de Saussure, F.（1983）. *Course in general linguistics*（R. Harris, Trans.）. London: Duckworth.（Original work published 1916, Paris: Payot & Rivages）

Diehl, R. L., Lotto, A. J., & Holt, L. L.（2004）. Speech perception. *Annual Review of Psychology, 55*, 149-179.

French, N. R., & Steinberg, J. C.（1947）. Factors governing the intelligibility of speech sounds. *The Journal of the Acoustical Society of America, 19*, 90-119.

Gick, B., & Derrick, D.（2009）. Aero-tactile integration in speech perception. *Nature, 462*（7272）, 502-504.

Grange, J. A., & Culling, J. F.（2018）. The factor analysis of speech: Limitations and opportunities for cochlear implants. *Acta Acustica united with Acustica, 104*, 835-838.

Hill, F. J., McRae, L. P., & McClellan, R. P.（1968）. Speech recognition as a function of channel capacity in a discrete set of channels. *The Journal of the Acoustical Society of America, 44*（1）, 13-18.

Hillenbrand, J., Getty, L. A., Clark, M. J., & Wheeler, K.（1995）. Acoustic characteristics of American English vowels. *The Journal of the Acoustical Society of America, 97*, 3099-3111.

Kishida, T., Nakajima, Y., Ueda, K., & Remijn, G. B.（2016）. Three factors are critical in order to synthesize intelligible noise-vocoded Japanese speech. *Frontiers in Psychology, 7*, 517. doi: https://doi.org/10.3389/fpsyg.2016.00517

Ladefoged, P., & Broadbent, D. E.（1957）. Information conveyed by vowels. *The Journal of the Acoustical Society of America, 29*, 98-104.

Lee, B. S.（1950）. Effects of delayed speech feedback. *The Journal of the Acoustical Society of America, 22,* 824-826.

Lenarz, T.（2017）. Cochlear implant: State of the art. *Laryngo-Rhino-Otologie, 96*（S 01）, S123-S151. doi: 10.1055/s-0043-101812

Liberman, A. M., & Mattingly, I. G.（1985）. The motor theory of speech perception revised. *Cognition, 21,* 1-36.

McGurk, H., & MacDonald, J.（1976）. Hearing lips and seeing voices. *Nature, 264*（5588）, 746-748.

Miller, G. A.（1956）. The magical number seven, plus or minus two: Some limits on our capacity for processing information. *Psychological Review, 63*（2）, 81-97.

Miller, G. A.（1962）. *Psychology: The science of mental life.* New York: Harper & Row.
（ミラー, G. A. 戸田 壹子・新田 倫義（訳）（1967）. 心理学の認識――ミラーの心理学入門―― 白揚社）

Miller, G. A., & Licklider, J. C. R.（1950）. The intelligibility of interrupted speech. *The Journal of the Acoustical Society of America, 22*（2）, 167-173.

Nakajima, Y., Matsuda, M., Ueda, K., & Remijn, G. B.（2018）. Temporal resolution needed for auditory communication: Measurement with mosaic speech. *Frontiers in Human Neuroscience, 12*（149）, 1-8. doi: 10.3389/fnhum.2018.00149

中島 祥好・佐々木 隆之・上田 和夫・レメイン, G. B.（2014）. 聴覚の文法 コロナ社

Nakajima, Y., Ueda, K., Fujimaru, S., Motomura, H., & Ohsaka, Y.（2017）. English phonology and an acoustic language universal. *Scientific Reports, 7*（46049）, 1-6. doi: 10.1038/srep46049

Poeppel, D., & Assaneo, M. F.（2020）. Speech rhythms and their neural foundations. *Nature Reviews Neuroscience, 21*（6）, 322-334.

Powers, G. L., & Wilcox, J. C.（1977）. Intelligibility of temporally interrupted speech with and without intervening noise. *The Journal of the Acoustical Society of America, 61*（1）195-199.

Raphael, L. J., Borden, G. J., & Harris, K. S.（2011）. *Speech science primer: Physiology, acoustics, and perception of speech*（6th ed.）. Philadelphia: Lippincott Williams & Wilkins.

Remez, R. E., Rubin, P. E., Pisoni, D. B., & Carrell, T. D.（1981）. Speech perception without traditional speech cues. *Science, 212*（4497）, 947-950.

Shafiro, V., Luzum, N., Moberly, A. C., & Harris, M. S.（2022）. Perception of environmental sounds in cochlear implant users: A systematic review. *Frontiers in Neuroscience, 15.* doi: 10.3389/fnins.2021.788899

Shannon, R. V., Zeng, F.-G., Kamath, V., Wygonski, J., & Ekelid, M.（1995）. Speech recognition with primarily temporal cues. *Science, 270,* 303-304.

Studebaker, G. A., Pavlovic, C. V., & Sherbecoe, R. L.（1987）. A frequency importance function for continuous discourse. *The Journal of the Acoustical Society of America, 81*（4）, 1130-1138.

Sumby, W. H., & Pollack, I.（1954）. Visual contribution to speech intelligibility in noise. *The Journal of the Acoustical Society of America, 26*（2）, 212-215.

Ueda, K., Kawakami, R., & Takeichi, H.（2021）. Checkerboard speech vs interrupted speech: Effects of spectrotemporal segmentation on intelligibility. *JASA Express Letters, 1*（7）, 075204. doi: 10.1121/10.0005600

Ueda, K., & Nakajima, Y.（2017）. An acoustic key to eight languages/dialects: Factor analyses of critical-band-filtered speech. *Scientific Reports, 7*（42468）, 1-4. doi: 10.1038/srep42468

Ueda, K., Takeichi, H., & Wakamiya, K. (2022). Auditory grouping is necessary to understand interrupted mosaic speech stimuli. *The Journal of the Acoustical Society of America, 152* (2), 970-980.

Warren, R. M., Bashford, J. A. Jr., James A., & Lenz, P. W. (2004). Intelligibility of bandpass filtered speech: Steepness of slopes required to eliminate transition band contributions. *The Journal of the Acoustical Society of America, 115* (3), 1292-1295.

Zhang, Y., Nakajima, Y., Ueda, K., Kishida, T., & Remijn, G. B. (2020). Comparison of multivariate analysis methods as applied to English speech. *Applied Sciences, 10* (7076), 1-12. doi: 10.3390/app10207076

第8章

Affleck, G., Tennen, H., Urrows, S., & Higgins, P. (1994). Person and contextual features of daily stress reactivity: Individual differences in relations of undesirable daily events with mood disturbance and chronic pain intensity. *Journal of Personality and Social Psychology, 66*, 329-340.

Berridge, K. C. (2004). Motivation concepts in behavioral neuroscience. *Physiology and Behavior, 81*, 179-209.

de Brito Sanchez, G., & Giurfa, M. (2011). A comparative analysis of neural taste processing in animals. *Philosophical Transactions of the Royal Society B, Biological Sciences, 366*, 2171-2180.

Buck, L., & Axel, R. (1991). A novel multigene family may encode odorant receptors: A molecular basis for odor recognition. *Cell, 65*, 175-187.

Distel, H., Ayabe-Kanamura, S., Martínez-Gómez, M., Schicker, I., Kobayakawa, T., Saito, S., & Hudson, R. (1999). Perception of everyday odors-correlation between intensity, familiarity and strength of hedonic judgement. *Chemical Senses, 24*, 191-199.

Eisenberger, N. I., Lieberman, M. D., & Williams, K. D. (2003). Does rejection hurt? An FMRI study of social exclusion. *Science, 302*, 290-292.

服部 兼敏・東山 弥生 (2010). 看護における日本語オノマトペの意味 看護研究, *43*, 315-323.

服部 政治 (2006). 日本における慢性疼痛保有率 日本薬理学雑誌, *127*, 176-180.

Hsieh, C., Kong, J., Kirsch, I., Edwards, R. R., Jensen, K. B., Kaptchuk, T. J., & Gollub, R. L. (2014). Well-loved music robustly relieves pain: A randomized, controlled trial. *PLoS ONE, 9*, e107390. doi: https://doi.org/10.1371/journal.pone.0107390

一色 俊行 (2000). 痛みと心理 理学療法科学, *15*, 99-103.

伊藤 和憲 (2011). 図解入門 よくわかる痛み・鎮痛の基本としくみ——なぜ痛むのか？どう治すのか？を図解で学ぶ！痛覚の不思議—— 秀和システム

岩堀 修明 (2011). 図解 感覚器の進化——原始動物からヒトへ 水中から陸上へ—— 講談社

Jaremka, L. M., Fagundes, C. P., Glaser, R., Bennett, J. M., Malarkey, W. B., & Kiecolt-Glaser, J. K. (2013). Loneliness predicts pain, depression, and fatigue: Understanding the role of immune dysregulation. *Psychoneuroendocrinology, 38*, 1310-1317.

Kaneko-Goto, T., Sato, Y., Katada, S., Kinameri, E., Yoshihara, S., Nishiyori, A., ...Yoshihara, Y. (2013). Goofy coordinates the acuity of olfactory signaling. *Journal of Neuroscience, 33*, 12987-12996.

Kinnamon, S. C. (2009). Umami taste transduction mechanisms. *The American Journal of*

Clinical Nutrition, 90, 753S-755S.

Koyama, T., McHaffie, J. G., Laurienti, P. J., & Coghill, R. C.（2005）. The subjective experience of pain: Where expectations become reality. *Proceedings of the National Academy of Sciences, United States of America, 102*, 12950-12955.

栗原 堅三（1998）. 味と香りの話　岩波書店

Li, A., Wang, Y., Xin, J., Lao, L., Ren, K., Berman, B. M., & Zhang, R-X.（2007）. Electro-acupuncture suppresses hyperalgesia and spinal Fos expression by activating the descending inhibitory system. *Brain Research, 1186*, 171-179.

松田 隆夫（2000）. 知覚心理学の基礎　培風館

Melzack, R., & Wall, P. D.（1965）. Pain mechanisms: A new theory. *Science, 150*, 971-979.

Mennella, J. A.（2014）. Ontogeny of taste preferences: Basic biology and implications for health. *The American Journal of Clinical Nutrition, 99*, 704S-11S.

森 憲作（2010）. 脳のなかの匂い地図　PHP研究所

Morrot, G., Brochet, F., & Dubourdieu, D.（2001）. The color of odors. *Brain and Language, 79*, 309-320.

Nagai, K., Niijima, A., Horii, Y., Shen, J., & Tanida, M.（2014）. Olfactory stimulatory with grapefruit and lavender oils change autonomic nerve activity and physiological function. *Autonomic Neuroscience: Basic and Clinical, 185*, 29-35.

Natori, S., Yoshimi, K., Takahashi, T., Kagohashi, M., Oyama, G., Shimo, Y., ...Kitazawa, S.（2009）. Subsecond reward-related dopamine release in the mouse dorsal striatum. *Neuroscience Research, 63*, 267-272.

小川 尚（2011）. 霊長類の脳内味覚伝導路と大脳皮質味覚野　口腔・咽頭科, *24*, 1-5.

Osaka, N., Osaka, M., Morishita, M., Kondo, H., & Fukuyama, H.（2004）. A word expressing affective pain activates the anterior cingulate cortex in the human brain: An fMRI study. *Behavioral Brain Research, 153*, 123-127.

Rawson, N. E., Gomez, G., Cowart, B. J., Kriete, A., Pribitkin, E., & Restrepo, D.（2012）. Age-associated loss of selectivity in human olfactory sensory neurons. *Neurobiology of Aging, 33*, 1913-1919.

Rollins, B. Y., Riggs, N. R., Spruijt-Metz, D., McClain, A. D., Chou, C-P., & Pentz, M. A.（2011）. Psychometrics of the Eating in Emotional Situations Questionnaire（EESQ）among low-income Latino elementary-school children. *Eating Behaviors, 12*, 156-159.

斉藤 幸子（2008）. 匂いと情動　内川 恵二・近江 政雄（編）味覚・嗅覚　朝倉書店

坂井 信之・今田 純雄・斉藤 幸子・小早川 達・高島 靖弘（2003）. ニオイと視覚刺激との一致/不一致がニオイの強度評定に及ぼす効果　日本味と匂学会誌, *10*, 483-486.

坂井 信之・斉藤 幸子（2008）. 味覚の特性　内川 恵二・近江 政雄（編）味覚・嗅覚　朝倉書店

Schiffman, S. S.（1974）. Physicochemical correlates of olfactory quality. *Science, 185*, 112-117.

富永 真琴（2006）. TRPチャネルと痛み　日本薬理学雑誌, *127*, 128-132.

Valdivia, S., Patrone, A., Reynaldo, M., & Perello, M.（2014）. Acute high fat diet consumption activates the mesolimbic circuit and requires orexin signaling in a mouse model. *PLoS ONE, 9*, e87478. doi: 10.1371/journal.pone.0087478

山田 冨美雄（2003）. 行動科学的介入法としてのストレスマネジメント教育　ストレスマネジメント研究, *1*, 15-22.

Yamamoto, T.（2007）. Brain regions responsible for the expression of conditioned taste aversion in rats. *Chemical Senses, 32*, 105-109.

山本 隆（2008）．味覚の神経生理学　内川 恵二・近江 政雄（編）味覚・嗅覚（p.25）　朝倉
書店

第9章

Aschoff, J.（1998）. Human perception of short and long time intervals: Its correlation with body temperature and the duration of wake time. *Journal of Biological Rhythms, 13*（5）, 437-442.

Baddeley, A. D.（1966）. Time-estimation at reduced body-temperature. *American Journal of Psychology, 79*（3）, 475-479.

Behar, I., & Bevan, W.（1961）. The perceived duration of auditory and visual intervals: Cross-modal comparison and interaction. *The American Journal of Psychology, 74*, 17-26.

Block, R. A., & Zakay, D.（1997）. Prospective and retrospective duration judgments: A meta-analytic review. *Psychonomic Bulletin and Review, 4*, 184-197.

Bobko, D. J., Thompson, J. G., & Schiffman, H. R.（1977）. The perception of brief temporal intervals: Power functions for auditory and visual stimulus intervals. *Perception, 6*（6）, 703-709.

Brown, S. W.（1985）. Time perception and attention: The effects of prospective versus retrospective paradigms and task demands on perceived duration. *Perception and Psychophysics, 38*, 115-124.

Brown, S. W.（1995）. Time, change, and motion: The effects of stimulus movement on temporal perception. *Perception and Psychophysics, 57*, 105-116.

Craig, J. C.（1973）. A constant error in the perception of brief temporal intervals. *Perception and Psychophysics, 13*（1）, 99-104.

Fraisse, P.（1984）. Perception and estimation of time. *Annual Review of Psychology, 35*, 1-36.

Gibbon, J., Church, R. M., & Meck, W. H.（1984）. Scalar timing in memory. *Annals of the New York Academy of Sciences, 423*, 52-77.

Goldstone, S., & Lhamon, W. T.（1974）. Studies of auditory-visual differences in human time judgment: 1. Sounds are judged longer than lights. *Perceptual and Motor Skills, 39*（1）, 63-82.

Hawkes, G. R., Joy, R. J. T., & Evans, W. O.（1962）. Autonomic effects on estimates of time: Evidence for a physiological correlate of temporal experience. *The Journal of Psychology, 53*（1）, 183-191.

Hicks, R. E., & Brundige, R. M.（1974）. Judgments of temporal duration while processing verbal and physiognomic stimuli. *Acta Psychologica, 38*, 447-453.

Hoagland, H.（1933）. The physiological control of judgments of duration: Evidence for a chemical clock. *Journal of General Psychology, 9*, 267-287.

一川 誠（2008）．大人の時間はなぜ短いのか　集英社

Kuriyama, K., Uchiyama, M., Suzuki, H., Tagaya, H., Ozaki, A., Aritake, S., …Takahashi, K.（2003）. Circadian fluctuation of time perception in healthy human subjects. *Neuroscience Research, 46*（1）, 23-31.

Lewis, P. A., & Miall, R. C.（2003）. Distinct systems for automatic and cognitively controlled time measurement: Evidence from neuroimaging. *Current Opinion in Neurobiology, 13*, 250-255.

Lichtenstein, M.（1961）. Phenomenal simultaneity with irregular timing of components of the visual stimulus. *Perceptual and Motor Skills, 12*, 47-60.

松田 文子・調枝 孝治・甲村 和三・神宮 英夫・山崎 勝之・平 伸二（編著）（1996）．心理的

時間——その広くて深いなぞ—— 北大路書房

Michon, J. A. (1978). The making of the present: A tutorial review. In J. Requin (Ed.), *Attention and performance VII* (pp.89-111). Hillsdale, NJ: Erlbaum.

Moore, R. Y. (1997). Circadian rhythms: Basic neurobiology and clinical applications. *Annual Review of Medicine, 48*, 253-266.

Ono, F., Horii, S., & Watanabe, K. (2012). Individual differences in vulnerability to subjective time distortion. *Japanese Psychological Research, 54* (2), 195-201.

Ono, F., & Kawahara, J. (2007). The subjective size of visual stimuli affects the perceived duration of their presentation. *Perception and Psychophysics, 69*, 952-957.

Pastore, R. E. (1983). Temporal order judgment of auditory stimulus offset. *Perception and Psychophysics, 33* (1), 54-62.

Rachlin, H. C. (1966). Scaling subjective velocity, distance, and duration. *Perception and Psychophysics, 1*, 77-82.

Sato, M., Murakami, M., Node, K., Matsumura, R., & Akashi, M. (2014). The role of the endocrine system in feeding-induced tissue-specific circadian entrainment. *Cell Reports, 8* (2), 393-401.

Sawyer, T. F., Meyers, P. J., & Huser, S. J. (1994). Contrasting task demands alter the perceived duration of brief time intervals. *Perception and Psychophysics, 56*, 649-657.

Servière, J., Miceli, D., & Galifret, Y. (1977). A psychophysical study of the visual perception of "instantaneous" and "durable". *Vision Research, 17* (1), 57-63.

Stetson, C., Fiesta, M. P., & Eagleman, D. M. (2007). Does time really slow down during a frightening event? *PLoS ONE, 2* (12), e1295. doi: 10.1371/journal.pone.0001295

Theodor, L. H. (1972). The detectability of a brief gap in a pulse of light as a function of its temporal location within the pulse. *Perception and Psychophysics, 12* (2), 168-170.

Thomas, E. A. C., & Cantor, N. E. (1975). On the duality of simultaneous time and size perception. *Perception and Psychophysics, 18*, 44-48.

Tse, P. U., Intriligator, J., Rivest, J., & Cavanagh, P. (2004). Attention and the subjective expansion of time. *Perception and Psychophysics, 66* (7), 1171-1189.

Warm, J. S., Stutz, R. M., & Vassolo, P. A. (1975). Intermodal transfer in temporal discrimination. *Perception and Psychophysics, 18*, 281-286.

Watts, F. N., & Sharrock, R. (1984). Questionnaire dimensions of spider phobia. *Behaviour Research and Therapy, 22*, 575-580.

Wearden, J. H., & Penton-Voak, I. S. (1995). Feeling the heat: Body temperature and the rate of subjective time, revisited. *The Quarterly Journal of Experimental Psychology, 48* (2), 129-141.

Zakay, D. (1993). Time estimation methods: Do they influence prospective duration estimates? *Perception, 22*, 91-101.

第 10 章

Broadbent, D. E., (1958). *Perception and communication*. New York: Pergamon Press.

Broadbent, D. E., & Broadbent, M. H. P. (1987). From detection to identification: Response to multiple targets in rapid serial visual presentation. *Perception and Psychophysics, 42*, 105-113.

Cherry, E. C. (1953). Some experiments on the recognition of speech with one and two ears. *The Journal of the Acoustical Society of America, 25*, 975-979.

Deutsch, J. A., & Deutsch, D. (1963). Attention: Some theoretical considerations. *Psychological Review, 70* (1), 80-90.

LaBerge, D. (1983). Spatial extent of attention to letters and words. *Journal of Experimental Psychology: Human Perception and Performance, 9,* 371-379.

Lindsey, P. H., & Norman, D. A. (1977). *Human information processing: An introduction to psychology* (2nd ed.). Academic Press.
(リンゼイ, P. H.・ノーマン, D. A. 中溝 幸夫・箱田 裕司・近藤 倫明 (訳) (1984). 情報処理心理学入門II──注意と記憶── サイエンス社)

Moray, N. (1959). Attention in dichotic listening: Affective cues and the influence of instructions. *The Quarterly Journal of Experimental Psychology, 11* (1), 56-60.

Posner, M. I. (1980). Orienting of attention. *Quarterly Journal of Experimental Psychology, 32,* 3-25.

Posner, M. I., & Cohen, Y. (1984). Components of visual orienting. In H. Bouma, & D. G. Bouwhuis (Eds.), *Attention and performance X: Control of language processes* (pp.531-556). Hillsdale, NJ: Erlbaum.

Potter, M. C., Chun, M. M., Banks, B. S., & Muckenhoupt, M. (1998). Two attentional deficits in serial target search: The visual attentional blink and an amodal task-switch deficit. *Journal of Experimental Psychology: Learning, Memory, and Cognition, 24,* 979-992.

Raymond, J. E., Shapiro, K. L., & Arnell, K. M. (1992). Temporary suppression of visual processing in an RSVP task: An attentional blink? *Journal of Experimental Psychology: Human Perception and Performance, 18,* 849-860.

Rensink, R. A., O'Regan, J. K., & Clark, J. J. (1997). To see or not to see: The need for attention to perceive changes in scenes. *Psychological Science, 8,* 368-373.

Simons, D. J., & Chabris, C. F. (1999). Gorillas in our midst: Sustained inattentional blindness for dynamic events. *Perception, 28* (9), 1059-1074.

Simons, D. J., & Levin, D. T. (1998). Failure to detect changes to people during a real-world interaction. *Psychonomic Bulletin and Review, 5,* 644-649.

Stroop, J. R. (1935). Studies of interference in serial verbal reactions. *Journal of Experimental Psychology, 18,* 643-662.

Treisman, A. M. (1960). Contextual cues in selective listening. *Quarterly Journal of Experimental Psychology, 12,* 242-248.

Treisman, A. M., & Gelade, G. (1980). A feature-integration theory of attention. *Cognitive Psychology, 12,* 97-136.

Treisman, A., & Gormican, S. (1988). Feature analysis in early vision: Evidence from search asymmetries. *Psychological Review, 95,* (1), 15-48.

人 名 索 引

事 項 索 引

執筆者紹介

【編 者 略 歴】

原 口 雅 浩（まえがき）
はら ぐち まさ ひろ

1982 年　九州大学文学部卒業

1988 年　九州大学大学院文学研究科博士課程単位修得満期退学

現　　在　久留米大学文学部心理学科教授

主要著書・訳書・論文

『ビジュアル・イリュージョン――芸術と心理学の融合――』（共訳）（誠信書房，
　　1989）

『視覚情報処理モデル入門――計算論的アプローチ――』（共訳）（サイエンス社，
　　1989）

『まばたきの心理学――瞬目行動の研究を総括する――』（分担執筆）（北大路書房，
　　1991）

「運動視差による形態刺激の奥行知覚相対的大きさ手がかりとの相互作用」（共著）
　　（VISION，5，1993）

「顔配列における追加・削除変化の認知に及ぼす顔印象の効果」（共著）（心理学研究，
　　71，2000）

「HSP による絵画の周波数解析」（共著）（久留米大学心理学研究，16，2017）

【執筆者】名前のあとの括弧内は執筆担当章を表す。

福田 恭介（第1章）福岡県立大学人間社会学部特任教授
ふく　だ　きょうすけ

岡村 尚昌（第2章）久留米大学文学部准教授
おか　むら　ひさ　よし

志堂寺 和則（第3章）九州大学大学院システム情報科学研究院教授
し どう じ　かずのり

須長 正治（第4章）九州大学大学院芸術工学研究院教授
す　ながしょうじ

伊藤 裕之（第5章）九州大学大学院芸術工学研究院教授
い　とう　ひろ　ゆき

中島 祥好（第6章6.1, コラム6.1, コラム6.2, 第7章7.1, コラム7.1）
なか じま よし たか　　九州大学名誉教授

上田 和夫（第6章6.2, 6.3, 第7章7.2, コラム7.2）
うえ　だ　かず　お　　九州大学大学院芸術工学研究院准教授

廣中 直行（第8章）（社）マーケティング共創協会研究主幹
ひろ なか なお ゆき

小野 史典（第9章）山口大学教育学部准教授
お　の　ふみ のり

原口 恵（第10章）鹿児島国際大学福祉社会学部講師
はら ぐち　めぐみ

ライブラリ 心理学を学ぶ=2

知覚と感覚の心理学

2022 年 12 月 10 日ⓒ　　　　初 版 発 行

編　者　原 口 雅 浩　　　発行者　森 平 敏 孝
　　　　　　　　　　　　印刷者　中 澤 　 眞
　　　　　　　　　　　　製本者　松 島 克 幸

発行所　　**株式会社　サイエンス社**

〒151-0051　東京都渋谷区千駄ヶ谷 1 丁目 3 番 25 号
営業 TEL　(03) 5474-8500 (代)　　振替 00170-7-2387
編集 TEL　(03) 5474-8700 (代)
FAX　　　(03) 5474-8900

組版　ケイ・アイ・エス
印刷　㈱シナノ　　　　　　製本　松島製本
《検印省略》

ISBN978-4-7819-1551-7

PRINTED IN JAPAN

サイエンス社のホームページのご案内
https://www.saiensu.co.jp
ご意見・ご要望は
jinbun@saiensu.co.jp　まで.